人权责任的分担与合作

王瑞雪 著

中国法制出版社
CHINA LEGAL PUBLISHING HOUSE

编委会委员（按姓氏拼音排序）：

常鹏翱　车　浩　陈杭平　陈新宇　侯　猛
劳东燕　雷　磊　李　昊　栗　峥　宋华琳
王　莹　谢海定　许德峰　尤陈俊　张　红
张　翔　张　龑　赵　宏　赵　磊　朱　腾

问渠那得清如许

经过两年多的策划和工作,《青蓝文库》终于面世了。这中间,凝聚了很多人的努力和期待。中国法制出版社邀我写一个总序,考虑到丛书包涉法学各个专业,自己所学狭薄,我一开始有些犹豫。但又想到司马迁所言:"序者,绪也,所以助读者,使易得其端绪也。"参与和见证一段历史,无形中就承载了记录绍介的义务。读者可能希望了解到这套文库的来龙去脉,如果我的序能够有所帮助,那还是义不容辞的。

说来话长。这套文库的大致雏形,最早涌现于2016年3月某日,中国法制出版社的马颖女士与我在陈明楼办公室的一番叙谈。马颖在法律出版界是资深编辑,那时刚接任编辑六部主任一职,很想为法制社的学术出版再开局面,拓展出一些新气象。而我自己当时手头文债积压,并无新货,于是,我们就聊到其他出版项目,其中就包括,法制社打算资助出版一批优秀博士论文。

如所周知,博士论文凝聚了一个人以学术为业的最初心血,是他走上学术之路的叩门砖,意味着从汲取导向的学生,开始向创新导向的学者蜕变。而且,从学术史经验来看,博士论文中也不乏经受住了时间检验的经典之作。尽管意义与价值如此之大，但是，在当下的出版环境中，博士论文出版却非常之难。一来，是由于纯粹的学术著作的受众市场本身就非常狭小；二来，在逼仄的市场中，书的销量和效益又往往与作者的知名度挂钩。于是，一个名不见经传、初出茅庐的学者，捧着手中新鲜出炉的博士论文，既不容易得到学术市场的认可，也因此很难获得出版社的支持。名家大腕被争相约稿，而刚出道的新人，即使自掏腰包自费出版，恐也难逃被冷落敷衍的命运。所以，尽管每年中国的法学院校里有很多博士生毕业，但是，即使是其中最优秀的博士论文，想要立即出版也非易事，往往是"养在深闺人未识"，直到作者闯出腕儿来、有了学术名声的那一天，蒙尘的明珠才可能绽放光芒。

然而，此时出版，已有些错过，不再是学术新人最渴望自我肯定和向学界证明的迫切时机，也不是学者在最艰难的出道之初，最急需的支持和鼓励，因而，可能只是锦上添花。过往，中国人民公安大学出版社的《北大刑法博士文丛》，以及武汉大学出版社的《武汉大学刑法学博士文库》，为很多刚毕业的刑法博士提供了论文出版的平台，成就了他们人生中的第一本书，那是颇有高义的雪中送炭之举。不过，这两套文库作者限于特定高校和刑法专业，影响不免有限。如今，法制社有意精心打造一套文库，推出全国法学院各专业的优秀博士论文，这种对学术新人鼎力相助的力度，可谓前所未有，出版社的学术情怀和社会担当更是令人敬佩。因此，当听到马颖提出这个出版计划并征询我的具体建议时，我也感到很振奋，愿意尽自己绵薄之力，帮助她绘成这个蓝图。

我当时向马颖建议，可以通过民间渠道邀请一批中青年学者，而非官方机构来遴选优秀论文。这不仅是由于，机构评选论文的形式已成窠臼，更主要是考虑，如果评审人与被评审人年龄代际相近，那么无论是个人的学术潜质还是论文情况，都一定更为熟悉。而且，相对于年长的学界大家来说，中青年学者距离在毕业前后的艰难岁月中努力跋涉的经历，时间还未久远，因此，对学术新人出头的不易，以及博士论文出版的困难，大都有尚未淡化和忘却的切身体会，可能更愿意去投入精力帮助后来人。加之较少社会杂务，更多爱惜学术羽毛，评选上也会更加认真、负责和公允。

马颖是个很有决断力的人，她听了我的建议后，完全赞同这个新的民间方案，并请我推荐和联系编委会人选。我被马颖的热诚感染，受她之托，给一些学界朋友打了电话。大家在了解到这个出版计划后，几乎都是毫不犹豫地应允下来，愿意义务承担审查来稿和推荐优秀论文的工作。编委会的人员组成很快就确定下来。这也让我颇有感触，一个有情怀的出版项目，不需要多少鼓吹，自会焕发出它的光彩，吸引和召唤着有学术责任感的学者们汇集。

万事俱备，只欠开会。2016年4月18日，第一次神仙会胜利召开。根据出版社的记录，第一次与会的学者名单如下：车浩、陈新宇、侯猛、劳东燕、雷磊、栗峥、王莹、许德峰、张翔、张龑、赵宏、朱腾、谢海定。舒丹、马颖、王雯汀三位法制社编辑策划主持了第一次聚会。聚会之日适逢当年的北京电影节，于是，由我提议，大家在小西天附近餐叙后，又集体遛弯到中国电影资料馆，看了一场银河映像系列之《暗花》。从电影院出来，仍然意犹未尽，找了一处胡同里的茶馆继续聊。

这次聚会颇有成果。商定的内容包括：（1）在全国范围内面向各个高校和专业征求优秀论文。（2）采用作者自荐和编委推荐两种方式确立稿源。（3）编委会的工作制度和推荐评审的义务。（4）兼顾图书质量和出版规模等基本理念和规则。其实，答应参与编务的学者，虽然是法学各个专业里出类拔萃的青年才俊，但毕竟有学校和专业的隔离，相互间并没有想象中那么熟悉，甚至是闻名已久但从未谋面的神交，是《青蓝文库》这个出版项目中包含的学术理想和情怀，调动了每个人的学术热忱，大家才聚到一起来。每个人都很珍重自己的责任。在集聚餐、喝茶、看电影于一体的聚会中，严肃活泼地讨论了问题，达成了共识，像这样的交游轶事，对我们每个参与者都是很奇妙的体验，也是一次弥足珍贵的回忆。

第一次聚会后不久，法制社就在征求各位编委意见的基础上，面向全国，推出了正式的征稿启事。"《青蓝文库》是由中央级法律专业出版社中国法制出版社创设的重大出版项目，专门出版中国法学专业优秀博士学位论文。文库旨在发现有潜质的学术新星，为法学博士论文的发表搭建优质平台。文库支持和推动高校不断推出创新性成果，与学界一起探索和确立中国法学博士论文的优秀标准。"这份启事，包括我本人在内，多位老师参与修改润色，应当说，完整地表达了出版社编辑和我们编委会成员的共同心声。

在这份启事中，中国法制出版社郑重承诺：《青蓝文库》的出版无需任何资助；出版社会精心打磨每一部作品，以精美的版式设计和装帧风格匹配作品的学术价值；对《青蓝文库》的出版成果，出版社会积极联系各学术刊物、报刊媒体、学校官方平台等进行大力宣传；每一年度出版社将邀请出版论文作者参加"青蓝出版沙龙"，享受一次打破学科专业界限相互交流的盛会。显而易见，这些承诺如能一一实现，那么，进入《青蓝文库》，对于博士毕业的学术新人在学界影响力的彰显和提升，将会有极大的助力。这可能是青年学者能在国内出版界得到的最好的亮相机会了。当然，这份启事中也写明了我们这些编委的承诺，即编委会成员将尊重学术研究视角和立场的多元化，本着充分的学术包容精神，对挑选出真正有价值的论文怀有使命感，力求评选结果客观公正。

出版社与编委会的第一次碰头议事，设在小西天，以独特的方式，取得了非常好的效果。在其乐融融的气氛中，沟通了感情，增进了对《青蓝文库》这项共同事业的认同度和使命感。可能是受此激励，三个月后的一个周末（2016年7月23、24日），马颖很快又趁热打铁组织了第二次编委会会议，地点设在京郊。报到当天下午，大家就开始了分组审稿的工作。第二天，在北京实创西山科技培训中心，召开了正式的评审会。针对符合征稿要求的 21 篇博士论文，按照"严格筛选、宁缺毋滥"的原则，以编委的个人初审为基础，经过分组审稿、分组讨论以及集中评审后，编委会成员进行匿名投票。再由出版社统计全体编委的推荐意见，当场公布获得三分之二（即 12 名以上）编委推荐的论文名单。针对入选的论文，编委会确定一至两名编委，综合全体编委的修改意见，会后与论文作者直接沟通，提出完善建议。至此，第一次评审会圆满完成，共评选出 4 篇优秀论文，作为《青蓝文库》第一批次推出的作品。

这是一次非常成功的论文评审会。这首先得益于，马颖、王雯汀、罗莎、侯鹏、吴宇辰等几位出版社的编辑及工作人员，为这次评审会付出了大量的心力来准备、策划和安排。其次，参加评审会的编委会成员，包括陈杭平、侯猛、劳东燕、雷磊、栗峥、王莹、许德峰、尤陈俊、张翔、张龑、朱腾、赵磊以及本人在内，都本着珍重这份责任的态度，对评审投入了很大精力。会前，出版社就已经通过邮件把论文发给了编委进行预审，等到开会当天，各学科组的编委对所推荐论文和存在争议的论文讨论得非常深入，争论得也十分激烈，可以说是充分且坦诚地交换了意见。

之后很长时间，我都常常想起这次令人难忘的评审会。马颖等各位编辑老师的策划安排，可谓煞费苦心。会议所在之地离龙泉寺很近，龙泉寺是全国有名的佛教古刹，出过很多高僧，常常以现代人喜闻乐见的方式传播佛法，寺内香火旺盛，游客如织，置身其中，感受到一种出世般的内心宁静，但也不会斩断与人间烟火的勾连。浸染在这种情绪中，特别适合投入接下去的评审工作。因为学术一途，本来也是素心人之事，要能脱心志于俗谛之桎梏，而付出精力去评审和推荐他人的论文，更是要有一种对学术共同体的使命感。所以，我觉得法制社的这次会议策划颇有禅机、值得回味。

半年之后，我们又在法制社的会议室召开了第三次编委会，也是第二次论文评审会。有了前两次成功的会议打下的基础，编委会磨合日趋顺畅，后面的评审会就进入了良性运转的正常轨道。值得一提的是，在几次会议中，大家逐渐达成一项共识，即《青蓝文库》支持的对象，不仅仅是优秀论文本身，而且是论文作者的学术之路。因此，虽然论文质量不错，但是作者博士毕业后就不再从事学术工作的，原则上不纳入出版计划之列。

受命作序，回想往事，点点滴滴都涌上来。这样不厌其详地叙述过往细节，正如开头所言，因为要向读者诸君讲述《青蓝文库》的来龙去脉，希望文库的每一位作者都能记住历史。法制出版社多次表示，他们有能力、有信心将《青蓝文库》的项目坚持下去，十年、二十年甚至更久。我也相信，未来将有更多的青年才俊，以这套文库为阶，走上学术舞台的中心。序中所记，是在这套文库诞生过程中，出版社编辑和编委会成员付出的热情和心血，当然，肯定还有很多我不了解的幕后工作无法呈现。我一直认为，缺乏学术传承和积累，是中国法学曾被人讥为"幼稚"的重要原因。而学术传统的形成，不是某一两个人甚至一两代人就能毕功的事业。我们每个人，都是在无尽的历史长河中来承担各自的使命。我们努力完成自己的作品，也不要淡忘先行者的努力和恩惠，同样，有能力时，更应尽力去帮助和支持学术之路上的后来人。由此，学术共同体才可能写下历史记忆，中国法学才可能形成绵延不断的积累。

问渠那得清如许？我想，年轻学者们锐意十足的作品、学界同仁间相互守望和提携的赤诚、出版界襄助学术的热忱，就是那永不枯竭的源头活水吧。愿中国法学的学术传统涓涓不息，清水长流！

是为序。

2018年4月9日于北大陈明楼

推荐序

很荣幸有机会为王瑞雪老师这本《人权责任的分担与合作》写序，但很惭愧，我并非人权法研究的专家，我也努力恪守自己学术的边界，尽量在不超出自己专业的范围内展开评论，但瑞雪是我多年的同事与朋友，也是我最早的学生，尽管我无法从学术层面把握这本新书的所有精髓，但从学术情谊角度，却深感责无旁贷。

调整国家与社会间的关系，重新界定不同主体的角色，是法学、社会学和行政学等学科共同关注的课题。并非所有公共利益都需要国家来实现，私主体应当承担对公共利益的责任，同时国家也承担不同责任。因此，从社会科学的角度，责任分配构成了一个跨学科的概念，是说明合作治理、公私合作等共同执行公共任务现象的关键。责任分配显示出国家和私主体有实现公益的共同责任，并将私主体纳入，强调国家和私主体各自的角色责任，进而通过责任阶层的划分，来揭示国家不同责任下的任务、功能、行为方式与标准。[1] 责任分配不是国家的撤退，而是国家和私主体之间为达成共同目的的分工合作。

---

[1] 参见许登科：《德国担保国家理论为基础之公私协力法制》，台湾大学法律学研究所 2008 年博士学位论文。

在合作治理背景下，如何审视行政法学与人权责任的结构转型？对国家责任的强调表明，国家仍是民主法治国家运作下保障人民自由的基石，它也担保和保障社会及个人自主决定的开展，并将多元主体之间合作执行公共任务的内在联结予以正当化。合作治理提升了行政相对人对行政行为的影响力，但弱化了行政行为的可预测性、可量度性与确定性，也有可能导致责任机制的缺失。在传统行为模式下，行政机关是决定的主导者，也是责任的明确承担者。但当行政与私人分享了决定权限，将行政行为塑造成一种公私协作的共同决定时，在公私协作、私人参与的基础上做出行政行为，将导致很难明确相应的责任归属。[1] 在合作治理背景下，治理主体的多元化以及行为过程的弹性、灵活性等，都为之后的司法审查和监督带来严重困难。合作治理有可能弱化行政控制，降低行政确定性，削弱行政的可问责性，这构成了对法治国家基本价值的挑战。[2]

作者作为行政法学者，在这部植根于博士学位论文的学术著作中，较为细致地描摹了人权责任的概念，认为人权责任既包括尊重、保护、满足和促进人权的责任，也包括承担人权责任的机制，以及违反人权义务的否定性后果。如何系统性地阐释国家之外的其他主体如何承担人权责任，建构整体性、融贯性的人权理论，以探索人权责任的分担与合作，这是一场颇具探险性的学术挑战。作者试图融合宪法、行政法、规制法、治理法于一体，来探索多中心治理背景下人权责任的分担与合作，探索人权责任为何、如何向私人主体拓展，探索人权责任分担与合作的理论证成，并试图给出人权责任分担的规范路径。这就要求研究者既有较为深厚的理论素养，又具备对真实世界公法现象的敏锐洞察力。而瑞雪还是迎难而上，呈现出

---

[1] 赵宏：《合作行政与行政法的体系变革》，载姜明安主编：《行政法论丛》第17卷，法律出版社2015年版，第44页。

[2] 赵宏：《合作行政与行政法的体系变革》，载姜明安主编：《行政法论丛》第17卷，法律出版社2015年版，第44页。

一幅论证较为周延且颇具学术洞见的学术图景。

作者试图在"国家—社会—市场"的维度下审视国家形态、国家义务及其履行义务方式的发展与变迁。诚如作者所指出的,国家与社会既非同质,亦非分立,而是相互区分、相互依赖和渗透的,因此人权保障的责任并非国家向社会的"转移",而是一种"分担"。在笔者看来,这实际上是合作治理图景下人权责任的变迁。合作治理强调从传统行政管理向公私伙伴关系和治理网络的转变。在治理过程中,不同主体有不同的立场、知识、信息、资源和能力,有自己的优势与不足,很难由某个主体来独力"包打天下",独自完成行政任务。因此,合作治理的重心从科层结构转向多中心治理网络,它强调多元主体的合作与参与,以更为合作、互动性更强的方式,形成相对更持续、更稳定的关系,通过不同主体来共享、动员和聚合分散的资源,协调利益和行动,进而实现行政任务。[1]诚如德国行政法学家阿斯曼教授所言,"只有利害相关人共同承担责任并共同参与,在个人自由与社会需求之间,才能有平衡的关系"[2]。

作者以相当笔墨论述了人权责任承担主体的多元化。作者结合我国实践,对公共治理中的私人主体地位予以类型化,提出了颇具新意与实际价值的分类。作者指出,作为私人规制者的私人主体,可以构成规则制定者、认证认可者、看门人与平台性权力行使者、纠纷裁决者;作为掌握关键资源与提供核心服务的私人主体,公用事业企业、国有企业等承担公共任务、承接公共职能、掌握公共资源、提供公共服务,在公共服务与福利供给中扮演重要角色;具有结构性优势地位的私人主体,则应对女性、儿童、劳动者、大型平台用户等的权益予以关照。由于基本权利日益呈现"敏锐化"

---

[1] 参见李玫:《西方政策网络理论研究》,人民出版社2013年版,第111页;宋华琳:《论政府规制中的合作治理》,载《政治与法律》2016年第8期。

[2] Eberhard Schmidt-Aßmann:《行政法总论作为秩序理念——行政法体系建构的基础与任务》,林明锵等译,元照出版有限公司2009年版,第129页。

的趋势，更需健全人权责任网络，对人权保障机制加以合理配置与体系化设计，将"人的尊严"纳入整个规制与治理体系。

作者从治理理论出发，提出了人权责任分担与合作的理论模型，将治理责任分解为"谁承担责任""对谁承担责任""遵循什么样的标准来承担责任""对何事项""通过什么程序""应当产生何种结果"六个要素，并主张通过责任、能力、获益等不同维度来均衡地配置人权责任，以实现尊重与保障人权的目标。作者继而讨论了软法规范与软法治理工具在人权责任保障中的作用，这实际上也涉及什么是"法"的问题，涉及治理工具创新与行政行为形式多元化的前沿论题。

瑞雪老师这部著作是一部将人权法、行政法、规制法结合的学术新作，她在此书中试图搭建人权责任分担与合作的理论模型，尝试在行政任务变迁、行政法律关系论、行政行为形式改革背景下，探索人权责任的共享与分担，这是一场艰辛而有成效的学术之旅。在笔者看来，或许可以进一步研究，在具体的合作治理情境下，国家责任为何？私人责任为何？如何对国家责任与私人责任加以分担？如何审视国家责任中的"执行责任""担保责任""承接责任"？学术研究未有穷期。未来，相信瑞雪还可以在这个领域继续精耕细作，以法释义学之"解剖刀"，在具体场景的"显微镜"下审视不同主体的责任共享与分担，进而给出更为精细的法学作业。

行文至此，也让我回忆起许多与瑞雪老师交往的点滴。我还记得 2007 年春天，作为新教师的我给南开大二学生讲行政法课程的情形。瑞雪属于经常坐在第一排、勤学好问的女生。在那个暑假，她和几个同学来我宿舍，我借给她们《城市规划三十年》《三支箭》等书籍，让她们去感悟其间蕴含的行政计划、行政指导等课题。瑞雪大三时参加了我在南开最初组织的公法研习会，大四参与了我主持的药法比较研究课题研究，2009 年又成为我名下正式指导的首届法学硕士生。2011 年她到北大攻读宪法学与行政法学专业博士学位，师从行政法学名家罗豪才先生与沈岿教授，深耕软法、行政法与人权法的接合部。2015年瑞雪博士毕业，回母校南开法学院任教。八年来，瑞雪致力于行政法学的教学、科研与社会服务工作，为南开宪法行政法学科的建设发挥了重要作用。她在信用治理、声誉制裁领域展开了一系列学术研究，逐步开拓了新的学术方向，在比较行政法、规制与治理、信用法治等领域，瑞雪已逐步成为我国一位颇受关注的优秀青年行政法学者，对此我也倍感欣喜。

2007年至今，瑞雪是我持续交流时间最长、学术研讨最为深入、交流互动最为频繁的新一代青年行政法学者，这样说实际上已经是自觉或不自觉地将自己归为中年之列。瑞雪为人谦逊，做事认真，学术上步步为营，不断推进。这部人权责任著作的付梓，是瑞雪对过往研习生涯的小结，也是未来继续研究的新起点。期待她未来能在声誉制裁、信用治理、行政行为法等领域不断推陈出新，为学术界奉献更多、更好、更有体系性的学术成果。为此当馨香而祝之。

宋华琳
2023年8月

序

　　王瑞雪是恩师罗豪才教授亲手带完的最后一位博士生，在罗老师的嘱托之下，我有幸辅助恩师对瑞雪进行了一定的指导。2011年，她从南开考入北大。那年开学前，我与刘权、瑞雪共赴东莞市调研"三旧改造"，为期一周左右。瑞雪的热情、谦逊、勤勉、好学，以及在访谈记录、整理方面的高效工作，给我留下了深刻印象。入学后，瑞雪逐渐进入罗老师已经倡导多年的软法研究领域，同时，因为罗老师担任了中国人权研究会会长，人权与软法如何结合的课题成为罗老师寄希望瑞雪完成的博士论文之方向。这对于年轻的、以行政法专业为基本功底的瑞雪而言，无疑是极具挑战性的。然而，罗老师和我都非常欣喜地看到，瑞雪凭借着扎实的法学和行政法学专业功底、对跨领域研究和比较研究方法的习得与运用以及刻苦钻研、执着挖掘的精神，最终完成了一部难得的佳作。

　　《人权责任的分担与合作》一书的主要内容，即来自她2015年完成答辩的博士论文。与法理学、宪法学与国际法学等其他学科的人权研究不同，瑞雪致力于从公共治理视角切入。这同其在攻读博士学位期间一直致力于公共治理与软法议题上研习相关。多元主体分担公共治理任务后人权责任如何配置，是该视角引发的独到的问题意识。如果说"谁还在行使权力"是关注权力、关注如何通过法律规训权力的研究者始终需要面对的经典问题，那么，在人权领域，"谁应当承担人权责任"则是人权研究者一直以来特别关心的问题。瑞雪尝试在公共治理现象中找到这个问题的部分答案，是相当有洞见的。

然而，这显然不是一项容易的工作。与经典的行政法理论关注控制行政主体权力、保障相对人权利不同，在多元主体参与规制、治理过程的情境中，研究视野须扩展到跨国治理机构、大型企业、各类社会组织等其他治理主体，关注控制其他治理主体的权力、保障弱势者的权利。尤其是在科技不断发展的背景下，不同主体治理权力的行使方式不断迭代，有可能使人权减损越发隐蔽，难以完全定性、定量表达并严格厘清责任归属。对此，瑞雪的研究指出，网络化的治理模型应当是与人权责任的配置模型同构的，国家承担最终的、保障性的人权责任，而其他治理主体则应当依据自己的角色、能力、获益等要素承担相应的人权责任。

此外，在公共治理兴起的时代，国家法即便不能说相对式微，也可以肯定地说不再是所有治理规范的渊源，大量国家以外的公共治理主体制定的不具有强制实施效力的规范（亦即软法）发挥着日益重要的作用。由此，多元治理主体共担人权责任的规范，也就不可避免地既有硬法，也有软法。软法具有强调沟通、协商、说服、共识的特质，有助于对多元主体共担人权责任的机制予以探索、整合。瑞雪在书中特别指出，一方面，落实多元主体承担人权责任所应当遵循的规范，应当更多地诉诸软法；另一方面，人权原则与要求应当被嵌入多元主体产生的软法规范中。

整体而言，《人权责任的分担与合作》一书，选取了颇为独特的研究角度，尝试在公共治理视域下将规制法、人权法、软法以及行政法基本原则、理论进行融合。这种努力既为人权研究提供了崭新的维度与视野，也为行政法理论基础的发展贡献了新的空间。当然，人权作为"一种可以适用于一切人类关系的道德标准"[1]，应该是不限于对国家以及其他公共治理主体提出要求的，是不必然与"权力"建立勾连的。即便不是权力的行使者，

---

[1] [英] A. J. M. 米尔恩：《人的权利与人的多样性——人权哲学》，夏勇、张志铭译，中国大百科全书出版社1995年版，中文版序。

不是公共治理体系之中的治理者，也应当尊重和保护共同体其他成员所享有的"人之为人所应得的权利"。这是瑞雪的著作所不曾涉及的，但又必须在此指出，以免读者对其观点造成不必要的误解。

近年来，瑞雪的研究兴趣逐渐向治理工具（尤其是与信息、信用、声誉相关的治理工具）转移。研究治理工具、探索更为具体的议题，也是她在毕业之际与我交流未来研究方向时，我对她的建议。在这些议题上的研究成果，事实上与她博士论文的核心意旨一脉相承。权力主体在治理工具的创制与选择过程中，应当恪守人权要求、尊重个人的自治与自决，将保护人的尊严、有利于人的发展作为决策的核心考量因素，这是瑞雪的核心立场与主张。我衷心为她取得的成就感到高兴，相信罗老师也会手捋银发，开心地说："瑞雪，做得好！"

谨以许多年前的一段文字，作为这篇序的结语：

> 我们不可能也无须借助基督教来拥有"让每一个人成其为人"的信仰，因为对人的内在价值的情感确认和追求，是可以超越自我而为所有理性人共同享有的。……只有当我们确信每个人都是理性的、向善的，当我们由此信念进而树立起为每个人的存在、自我实现和发展提供保障的信念时，才会在手中握有坚实的藤条，去鞭笞和约束任何人（无论是公职人员还是普通人）侵害其他人自然权利的恶行，才会积极主动地去制定符合理性的法律、创设维护人类尊严的权利，以抵抗任何扼杀和压制向善人性充分实现的恶行以及纵容这种恶行的制度。

沈 岿
2023 年 8 月

目 录

第一章 绪 论

002 一、问题的提出

007 二、研究回顾

016 三、本书结构、创新之处与研究方法

第二章 国家人权责任的发展变迁

023 一、什么是人权责任

033 二、国家人权责任的历史发展

048 三、国家并非唯一的人权责任主体

054 四、本章小结

第三章 人权责任承担主体的多元化

058 一、缘何迈向分担与合作

074 二、人权责任向私人主体的扩展

104 三、本章小结

第四章　人权责任分担与合作的理论模型

109　一、治理理论的启示

123　二、平衡理论的形塑

129　三、模型的核心要素

143　四、本章小结

第五章　人权责任的规范机制

147　一、人权责任与软法治理

172　二、责任分担的规范路径

183　三、增进合作的规范路径

192　四、本章小结

195　**结　语**

203　**参考文献**

215　**后　记**

第一章

绪 论

一、问题的提出

人权以国家为义务主体，曾经是一个公法常识；人权的最初立意，在于抵抗国家对个体权利的侵犯。2004年修宪，我国将"国家尊重和保障人权"条款作为第33条第3款写入宪法，进一步昭示尊重和保障人权的主体是各国家机关。[1] 但随着人权受到国家之外其他主体影响的范围与程度日益加深，公众越发容易感受到其他主体对基本权利的增益或损害，人权责任的归属不再是单一而清晰的。[2] 换言之，国家是最重要的人权责任主体，

---

[1] 参见焦洪昌：《"国家尊重和保障人权"的宪法分析》，载《中国法学》2004年第3期。
[2] 例如阿斯曼教授指出，"基本权全面性的效力主张也将视野渐渐移往过去没有注意到的行政过程，结果是，看到部分基本权保护利益，但这过程本身并未满足所有传统的干预要素。除了能轻易归属于国家控制工具呈现的过程，例如，某种非正式行政行为，还有很多私的第三人所引起的侵害，唯有经过许多中介才能回溯到国家的共同作用，还有侵害乃国家活动产生之个别扩散或始料未及的效果"。参见[德]施密特·阿斯曼：《秩序理念下的行政法体系建构》，林明锵等译，北京大学出版社2012年版，第69—70页。

却并非唯一主体。在一些情境下，人权损害越发迂回地才能溯至国家责任，甚至无法清楚地归于国家责任，于是私人主体是否应当承担责任，责任如何共担，成为学界日益关注的重要议题。[1] 对人权责任的深化扩展进行解释与探索，充满了理论挑战与现实艰辛。[2] 由此，系统性地阐释国家之外的其他主体如何承担人权责任，建构整体性的、连贯性的人权理论，成为本书关注的焦点。

与通常的法理学、宪法学视角不同，本书从行政法学的角度关注人权责任的分担与合作问题。"公共治理"[3]"公私合作"[4]"合作规制"[5]——这些晚近行政法研究的"高频词"以及"放管服"[6]"多元共治"[7]"政府购买服

---

[1] 例如芦部信喜教授指出，"随着资本主义发展的高度化，社会中出现了很多像企业、劳工组织、经济团体、职能团体等那样的拥有巨大势力、类似国家的私团体，产生了威胁一般国民人权的事态"。参见〔日〕芦部信喜:《宪法学》，林来梵、凌维慈、龙绚丽译，北京大学出版社 2006 年版，第 106 页。

[2] 例如安德鲁·克拉帕姆教授指出，"为什么会有这么大的争议，而最大的分歧又是什么？答案在于，有人认为，当前法律秩序的功能是保护私人自治和私人权利，而如果人权或宪法性权利延伸至私人领域，便会扰乱这种秩序"。参见〔英〕安德鲁·克拉帕姆:《非国家行为人的人权义务》，陈辉萍等译，法律出版社 2013 年版，第 574 页。

[3] 例如姜明安:《完善软法机制，推进社会公共治理创新》，载《中国法学》2010 年第 5 期；杜辉:《面向共治格局的法治形态及其展开》，载《法学研究》2019 年第 4 期。

[4] 例如周佑勇:《公私合作语境下政府购买公共服务现存问题与制度完善》，载《政治与法律》2015 年第 12 期；章志远:《迈向公私合作型行政法》，载《法学研究》2019 年第 2 期；李霞:《公私合作合同：法律性质与权责配置——以基础设施与公用事业领域为中心》，载《华东政法大学学报》2015 年第 3 期。

[5] 例如高秦伟:《私人主体与食品安全标准制定基于合作规制的法理》，载《中外法学》2012 年第 4 期；李洪雷:《迈向合作规制：英国法律服务规制体制改革及其启示》，载《华东政法大学学报》2014 年第 2 期；孙娟娟:《从规制合规迈向合作规制：以食品安全规制为例》，载《行政法学研究》2020 年第 2 期。

[6] 2015 年 5 月，国务院召开全国推进简政放权放管结合职能转变工作电视电话会议，首次提出了"放管服"改革的概念，旨在实现市场在资源配置中的决定性作用和更好地发挥政府作用。

[7] 例如《国务院关于印发"十四五"市场监管现代化规划的通知》将"多元共治的监管格局加快构建，市场监管制度型开放水平进一步提高"作为市场监管现代化发展的主要目标之一。

务"[1]"平台治理"[2]"促进社会组织健康有序发展"[3]——这些晚近政策领域中的"热点",若沿着"行政法新发展—国家角色变革—人权理论的可能更新"之分析路径,都有可以推衍出人权责任机制正在迈向分担与合作这一结论的可能性。转变中的行政法治模式,隐喻了变迁中的"国家—社会—市场"关系,同时与人权责任的分担与合作机制直接关涉。

概言之,观察我国目前的公法实践,人权责任分担与合作的现实图景已然徐徐展开。

第一,在社会规制领域,面对保护环境、保证健康与安全等核心规制任务,倡导多元共治、强化企业自我规制已经成为法规范中的核心要求。例如,2015年修订的《食品安全法》[4]将"社会共治"作为食品安全监督管理制度的原则之一加以强调,改变了监管机构长期奉行的"命令—控制"型管理模式,倡导建立政府、食品生产与经营企业、食品交易第三方平台、消费者权益保护组织、行业协会等责任共担的法律体系。[5]"食品安全权"是与"充足的食物权"相关但又有所不同的人权细分类型,其有效保障既依赖于国家监管责任的有效履行,取决于"统一权威高效的监管体制"有效发挥作用;也依赖于"企业作为第一责任人"的法律责任体系的有效建

---

[1] 政府向社会力量购买服务,就是通过发挥市场机制作用,把政府直接向社会公众提供的一部分公共服务事项,按照一定的方式和程序,交由具备条件的社会力量承担,并由政府根据服务数量和质量向其支付费用。参见《政府购买服务管理办法》《国务院办公厅关于政府向社会力量购买服务的指导意见》。

[2] 例如《国务院关于印发"十四五"数字经济发展规划的通知》提出完善多元共治新格局,建立完善政府、平台、企业、行业组织和社会公众多元参与、有效协同的数字经济治理新格局,形成治理合力,鼓励良性竞争,维护公平有效市场。

[3] 例如《中共中央关于全面深化改革若干重大问题的决定》专门论及"激发社会组织活力";更加具体的内容,参见《中共中央办公厅、国务院办公厅关于改革社会组织管理制度促进社会组织健康有序发展的意见》(2016年8月21日)。

[4] 本书中简称加书名号。法律、法规名称中"中华人民共和国"省略,其余一般不省略。例如,《中华人民共和国民法典》简称《民法典》。

[5] 关于食品安全监管方式的转型,参见霍龙霞、徐国冲:《走向合作监管:改革开放以来我国食品安全监管方式的演变逻辑——基于438份中央政策文本的内容分析(1979—2017)》,载《公共管理评论》2020年第1期。

构，取决于社会共治的理念与方案被有效贯彻与执行。[1]

第二，在经济规制领域，为保障市场经济的良性发展，面对经济、金融新要素对传统监管的挑战，合作治理的新型监管样态日渐发展。实践中，政府在经济规制工具的整合与创新中高度重视引入外部力量，多元主体均在人权保障目标的实现中发挥着不可替代的作用，其至少具有三种可能的情形。其一，政府通过将部分业务委托给私人主体来完成监管任务。例如，阿里巴巴集团通过阿里云提供的数据平台承担天津市"互联网+监管"系统的构建，搭建了金融风险预警、监管效能评估、协同监管调度等系统。[2]其二，政府通过鼓励第三方机构发挥作用来实现监管目标。仍以金融风险防控为例，政府不仅通过构建统一的金融信用信息基础数据库[3]和公共信用信息系统[4]来降低市场风险，还支持商业信用评级机构的发展，使其在促进市场信用方面发挥更为基础性的作用。[5]其三，政府与私人主体建立协同联动的信息共享与"执法"机制。例如，平台企业基于《电子商务法》《网络安全法》等法律的要求以及与政府职能部门签订的合作协议，须向监管部门报送与有效监管和个人调查相关的数据信息；政府则有义务在特定情形下基于相关信息进行执法决策，保护企业与个人利益。[6]

第三，在给付行政领域，政府购买服务等方式成为公用事业开展的主要

---

[1] 参见涂永前：《食品安全权及其法律构造》，载《科技与法律》2014年第1期；胡颖廉：《国家治理现代化中的食品安全：起点、体系和任务》，载《宏观质量研究》2020年第2期。

[2] 王兰：《论互联网金融的公私协同共治》，载《厦门大学学报（哲学社会科学版）》2022年第4期。

[3] 对于金融信用信息基础数据库的相关法治要求，《征信业管理条例》第5章予以专章规定。

[4] 对于公共信用信息系统的相关法治要求，参见《关于进一步完善失信约束制度构建诚信建设长效机制的指导意见》。

[5] 例如《社会信用体系建设规划纲要（2014—2020年）》明确提出，"推进并规范信用评级行业发展。培育发展本土评级机构，增强我国评级机构的国际影响力。规范发展信用评级市场，提高信用评级行业的整体公信力。探索创新双评级、再评级制度。鼓励我国评级机构参与国际竞争和制定国际标准，加强与其他国家信用评级机构的协调和合作"。相关研究参见汪习根、王康敏：《论金融危机下发展权面临的挑战与出路》，载《法律科学（西北政法大学学报）》2011年第3期；赵炳昊：《个人信息保护法颁布后征信体系的调整与完善》，载《东方法学》2022年第3期。

[6] 参见刘权：《论网络平台的数据报送义务》，载《当代法学》2019年第5期。

形式之一，市场化成为社会保障高效实现的基本支撑。[1] 国家承担人权责任的方式趋向于多元化，既包括直接给付金钱以保障公民的生存权，也包括组织社会保险项目、建设公共设施、补贴公共企事业单位来促进社会福利供给。[2] 例如，《国务院办公厅关于促进养老托育服务健康发展的意见》一方面着重提出"强化政府保基本兜底线职能"，另一方面重点要求"大力发展成本可负担、方便可及的普惠性养老托育服务"，强调"扩大多方参与、多种方式的服务供给"。又如，在我国乡村振兴实践中，政府开展行政给付的基本方案不是在优势群体与弱势群体间直接进行利益转移，而是通过政府与社会合作，融合公法与私法治理工具，完善社会组织捐赠的渠道，吸引贫困群体加入互助基金组织，为多元社会治理提供制度保障。[3]

第四，在晚近兴起的互联网平台企业监管领域，平台责任已经成为既不同于政府责任又不同于传统企业责任的重要责任形态，并在特定情境下受人权法约束。[4] 例如，国家市场监管总局等七部门联合印发的《关于落实网络餐饮平台责任 切实维护外卖送餐员权益的指导意见》中明确提出，"外卖送餐员的工作任务来源于平台，通过平台获得收入，平台应通过多种方式承担劳动者权益保障方面的责任"。面对劳动权保障的新近挑战，政府与新业态用工平台应当展开协同治理，对新就业形态劳动者的劳动权保障承担基础性责任，关注其劳动就业权、报酬权与条件权等细分权利的改善，实现劳动权的精细化保障。[5]

尽管很多现象还没有得到充分总结，但其带来的研究任务至少有四项：

---

[1] 参见胡敏洁：《给付行政范畴的中国生成》，载《中国法学》2013年第2期；刘志刚：《基本权利在特类民事行为领域的适用》，载《现代法学》2009年第6期。

[2] 参见凌维慈：《给付行政中的行政行为》，载沈岿主编：《行政法论丛》第28卷，法律出版社2022年版，第74—91页。

[3] 参见解志勇：《基于中国式扶贫实践的给付行政法治创新》，载《法学研究》2022年第6期。

[4] 参见谢增毅：《平台用工劳动权益保护的立法进路》，载《中外法学》2022年第1期。

[5] 参见张成刚：《新就业形态劳动者的劳动权益保障：内容、现状及策略》，载《中国劳动关系学院学报》2021年第6期；谢德成：《新时代劳动法的功能拓展与制度调适》，载《当代法学》2019年第4期。

其一，国家之外的其他主体是否具有尊重、保障与发展人权的法律责任，如果有，其人权责任渊源为何；其二，国家如何履行积极义务防止平等主体之间的人权侵害，国家又应当在什么程度上承担因私人主体过错而导致的监管责任或其他责任；其三，如何通过法规范对国家之外的其他主体设定人权责任，人权责任分担与合作机制的实际效果是否有可能被准确评估；其四，是否有可能通过软法的自我规制、激励与协商功能，在每一个微观领域都构建充分的人权保障网络，亦即国家充分承担基础责任与担保责任，其他主体以自益为激励，在非强制的状态下承担超越法律义务的、更高程度的人权责任。对此，笔者主张建构连贯的人权责任理论，即在任何法律关系中均须贯彻人权法的要求，尤其重视公私合作语境下的人权责任分担与合作。换言之，无论行使权力的主体是公抑或私，人权法都依然适用。

二、研究回顾

公共治理与人权责任这两组概念构成本书的研究重心。法学学者之所以在现代规制情境下反复探讨相关议题，一方面出于通过公法理论解释"国家—社会—市场"关系的需要；另一方面则源于对控制公权力、保护相对人权利的公法目标之坚持。[1]与此相关的理论文献数量众多，从不同的角度构成了人权责任分担与合作议题的知识基础。

（一）宪法相关理论的溯源

宪法中的相关理论主要有三项，分别是基本权利作为客观价值秩序、基本权利的保护义务功能以及基本权利的第三人效力，这三个要点既彼此相连，又都具有各自的核心侧重点。正如"每一种行政法理论背后，皆蕴

---

[1] 参见沈岿：《"为了权利与权力的平衡"及超越——评罗豪才教授的法律思想》，载《行政法学研究》2018年第4期。

藏着一种国家理论"[1]所揭示的，几乎所有的行政法新发展，都可以溯至宪法理论的指引。

第一，基本权利作为客观价值秩序。在德国宪法理论中，基本权利不仅是一种主观公权利，还是一种"客观的价值秩序"，国家公权力应将基本权利视为宪法的价值决定，从而在一切活动中将基本权利的实现作为基本的指向，为基本权利的实现提供实质性的前提条件。该主张是解释为何人权法能够进入私域的重要宪法渊源。按照"基本权利的双重性质"理论，基本权利既是个人对抗国家的"主观防御权"，又是国家公权力必须遵守的"客观价值秩序"。客观价值秩序是指基本权利具有法规范效力，不仅构成立法机关建构国家各种制度的原则，还构成行政权和司法权在执行和解释法律时的上位指导原则，同时还能够笼罩社会生活的一切侧面，产生扩散的效力。[2]因此，该理论要求司法机关在处理民事案件中应当将基本权利的精神融入传统上只受民法调整的私人关系，例如在名誉侵权争议中考虑言论自由的价值，在房屋租赁合同争议中考虑承租人的生存权。[3]基本权利作为客观价值秩序理论支持国家采取积极措施实现基本权利，与我国宪法强调国家保障人权的积极作为理念是高度契合的。[4]在这样的理论关怀下，连贯的人权法观念才能够得以顺利建立。

第二，基本权利的保护义务功能。其与基本权利的客观价值秩序一脉相承，能够解释一方私人主体的基本权利遭受另一方私人主体侵害时，具有向国家要求保障的权利。依据大陆法系公法理论，基本权利首先具有保

---

[1] [英]卡罗尔·哈洛、理查德·罗林斯：《法律与行政》，杨伟东等译，商务印书馆2005年版，前言。

[2] 参见张翔：《基本权利的规范建构》，高等教育出版社2008年版，第112页；李海平：《基本权利客观价值秩序理论的反思与重构》，载《中外法学》2020年第4期；赵宏：《主观权利与客观价值——基本权利在德国法中的两种面向》，载《浙江社会科学》2011年第3期；郑贤君：《作为客观价值秩序的基本权——从德国法看基本权保障义务》，载《法律科学》2006年第2期。

[3] 参见张翔：《基本权利的体系思维》，载《清华法学》2012年第4期。

[4] 参见李海平：《基本权利客观价值秩序理论的反思与重构》，载《中外法学》2020年第4期。

障个体不受国家权力侵犯的防御权功能，并且具有制度性保障功能，同时还具有国家保护义务功能。国家保护义务功能的意旨在于，既然宪法规定基本权利的目的就是真正实现公民的自由与平等，那么当公民基本权利遭到私人主体侵害时，国家有义务采取积极有效的保护措施。[1]为实现尊重与保障人权的目标，国家有可能通过积极作为来介入私人间法律关系；而国家对私人主体之中侵害方的干预，则有可能引致侵害方所承担的法律责任具有人权法意义。

第三，大陆法系的基本权利第三人效力理论[2]，英美法中亦称为宪法的水平效力理论[3]。第三人效力是建立在前述基本权利的客观价值的基础上的。其核心旨趣即为防止社会主体侵害基本权利，这是有别于防止国家权力侵害基本权利的新的宪法问题。[4]基本权利的第三人效力，是指在平等主体之间发生基本权利冲突的时候，如果民法条款不足以解决这一冲突，则宪法上的基本权利可通过法官对民法的"概括条款"或者"不确定概念"

---

[1] 参见李海平：《基本权利的国家保护：从客观价值到主观权利》，载《法学研究》2021年第4期；陈征：《基本权利的国家保护义务功能》，载《法学研究》2008年第1期；杜承铭：《论基本权利之国家义务：理论基础、结构形式与中国实践》，载《法学评论》2011年第2期；上官丕亮：《论国家对基本权利的双重义务——以生命权为例》，载《江海学刊》2008年第2期；王进文：《基本权国家保护义务的疏释与展开——理论溯源、规范实践与本土化建构》，载《中国法律评论》2019年第4期。

[2] 参见张巍：《德国基本权第三人效力问题》，载《浙江社会科学》2007年第4期；[德]克劳斯-威尔海姆·卡纳里斯：《基本权利与私法》，曾韬、曹昱晨译，载《比较法研究》2015年第1期。学界亦有对此解释路径表示反对的理论研究，参见黄宇骁：《论宪法基本权利对第三人无效力》，载《清华法学》2018年第3期。在更为基础的维度上，图依布纳教授提出社会的片段化强化了各种自主的沟通系统和人之间的界线，这种界线也导致了严格意义上的基本权利的"第三人效应"力有不逮。参见[德]贡特尔·图依布纳：《匿名的魔阵：跨国活动中"私人"对人权的侵犯》，泮伟江译，高鸿钧校，载高鸿钧、张建伟主编：《清华法治论衡》第10辑，清华大学出版社2008年版，第280—313页。

[3] See Deryck Beyleveld, Shaun D. Pattinson, *Horizontal Applicability and Horizontal Effect*, 118 Law Quarterly Review 623, 623-646（2002）；刘连泰、左迪：《宪法权利间接水平效力的类型》，载《厦门大学学报（哲学社会科学版）》2013年第5期。

[4] 参见李海平：《论基本权利对社会公权力主体的直接效力》，载《政治与法律》2018年第10期；李海平：《基本权利间接效力理论批判》，载《当代法学》2016年第4期；

的"合宪性解释"对私人之间的关系发生间接效力,从而也就要求司法机关在处理民事案件中应当将基本权利的精神融入传统上只受民法调整的私人关系。[1] 在这样的语境下,基本权利是社会组成部分互相对抗的权利,而不仅仅存在于行政机关与相对人的法律关系中。[2]

不过令私人主体中的强者承担类似于公法上的负担,在实践中一直存在一定的困难。法院对依据人权的第三人效力进行判决时慎之又慎,正如日本最高法院在1973年"三菱树脂事件"的判决中所表达的,"在私人自治名义之下无限制地承认优势者的支配力,难以否认有可能严重侵害或限制劣势者的自由和平等,但以此为由认为应该承认宪法的基本权保障规定的适用以及类推适用的见解也不能采用。因为上述事实上的支配关系,其支配力之形态、程度、规模等各种各样,什么样的场合应该将此与国家或公共团体的支配同视,难以判断……"此外,基本权利的第三人效力理论将非国家主体的人权责任限定在了"尊重"即"不侵犯"的层面上,对于"保障"与"发展"人权责任则鲜少直面。

(二)公共治理与公法变迁

权威主体的分散、治理任务的分担以及公私合作的理论与实践基础是构成人权责任分担与合作的思考前提,相关文献可以从三个层次予以发掘。

第一,政治学、行政管理学对治理现象的提炼与治理理论的建构。公共治理作为一种世界潮流,是一种由共同的目标支持的活动,这些管理活动的主体未必是政府,也无须依靠国家的强制力量实现。[3] 不同研究者的

---

[1] 参见张翔:《基本权利冲突的规范结构与解决模式》,载《法商研究》2006年第3期。
[2] 参见[德]贡特尔·图依布纳:《匿名的魔阵:跨国活动中"私人"对人权的侵犯》,泮伟江译,高鸿钧校,载高鸿钧、张建伟主编:《清华法治论衡》第10辑,清华大学出版社2008年版,第280—313页。
[3] 参见俞可平主编:《治理与善治》,社会科学文献出版社2000年版,第1—15页。

视角分别聚焦于以政府为主导[1]、多主体共同参与的公共治理模式[2]以及各个治理主体在不同情境下扮演的多元角色[3]。中外研究者以多中心治理为着眼点，尝试解决复杂系统中的公共规制难题、完成公共事务治理任务。[4]在对公共治理的观察中，人权保障被看作治理目标的重要方面[5]；在对善治目标的研究中，人权保障的情况通常被认为是评价公共治理体系绩效的重要指标[6]。

第二，公共治理理论对公法学理的形塑。公共治理兴起与公法变革之间具有相辅相成、彼此强化的内在关联性。[7]权力的多元化、治理的多中心化成为学界对实践变迁的重要回应。[8]在合作规制、公共治理的背景下，原先调整行政主体与相对人二元关系的公法理论，开始着眼于多元关系的调整。原先旨在确保行政机关履行义务和承担责任的制度安排，逐渐迈向更多主体进行自我规制或参与规制过程，行政机关承担保护性责任或担保责任的样态。[9]在公共治理的过程中，确保兑现"国家尊重和保障人权"

---

[1] 参见郁建兴:《治理与国家建构的张力》，载《马克思主义与现实》2008年第1期。

[2] 参见王诗宗:《治理理论及其中国适用性》，浙江大学出版社2009年版。

[3] See John Braithwaite, Cary Coglianese, David Levi-Faur, *Can regulation and governance make a difference?*, 1 Regulation & Governance1, 1-7（2007）.

[4] 张克中:《公共治理之道：埃莉诺·奥斯特罗姆理论述评》，载《政治学研究》2009年第6期；王名、蔡志鸿、王春婷:《社会共治：多元主体共同治理的实践探索与制度创新》，载《中国行政管理》2014年第12期。

[5] 参见张成福、李丹婷:《公共利益与公共治理》，载《中国人民大学学报》2012年第2期。

[6] 参见俞可平:《增量民主与善治》，社会科学文献出版社2005年版，第142页；何翔舟、金潇:《公共治理理论的发展及其中国定位》，载《学术月刊》2014年第8期；包国宪、王学军:《以公共价值为基础的政府绩效治理——源起、架构与研究问题》，载《公共管理学报》2012年第2期。

[7] 参见罗豪才、宋功德:《公域之治的转型——对公共治理与公法互动关系的一种透视》，载《中国法学》2005年第5期；罗豪才、宋功德:《认真对待软法——公域软法的一般理论及其中国实践》，载《中国法学》2006年第2期。

[8] 参见郭道晖:《权力的多元化与社会化》，载《法学研究》2001年第1期；徐靖:《论法律视域下社会公权力的内涵、构成及价值》，载《中国法学》2014年第1期。

[9] 参见胡敏洁:《论政府购买公共服务合同中的公法责任》，载《中国法学》2016年第4期；程莹:《元规制模式下的数据保护与算法规制——以欧盟〈通用数据保护条例〉为研究样本》，载《法律科学（西北政法大学学报）》2019年第4期；谭冰霖:《论政府对企业的内部管理型规制》，载《法学家》2019年第6期；朱学磊:《论我国宪法实施主体的多元化》，载《江汉学术》2017年第1期。

承诺是治理体系建构的关键性内容。换言之，合作行政亦以实现公共利益、增进民众福祉、提高人权保障水平为首要目标。[1]

第三，新行政法学研究趋势的兴起。西方行政法学界自二十世纪六七十年代起，就开始不断以"重构""转型""新行政法"等语词描述行政法的发展。相当多的公法理论变迁与公共治理发展趋势直接相关，例如国家职能的重新定位、行政任务的私有化等。[2] 进入二十一世纪以来，"新行政法"已经成为行政法学研究中的共识之一，很多议题都可以归于新行政法的视野，如"合同治理"[3]等。这些研究议题的关注侧重虽有差别，但基本的学术关怀是类似的，都是研究公共服务从政府向私人主体的有序让渡，探究公共行政部门与私人部门之间伙伴关系的理论建构与实际运行规则，研讨复杂治理语境下如何实现行政过程的合法性与正当性。[4] 在治理模式与规制工具的转型发展中，行政法学研究始终关注人的尊严与人权保障，试图在规制分析与制度体系中厘清多元主体的法律责任[5]；同时超越传统人权法的框架来关注社会正义与社会安全的实现，通过设计应对风险社

---

[1] 参见罗豪才、宋功德：《行政法的治理逻辑》，载《中国法学》2011年第2期。

[2] 例如德国学者提出众多行政法变革议题，包括国家职能的重新定位、法律保留向给付行政的扩张、设计新的行政活动方式、公民主观公权利的具体化和系统化、进一步研究私法的活动方式或者组织形式、行政任务的私有化、市场经济手段的应用和秩序法的退缩，等等。参见[德]沃尔夫、奥托·巴霍夫、罗尔夫·施托贝尔：《行政法》（第三卷），高家伟译，商务印书馆2007年版，第88页。

[3] 参见李鸻：《通过契约实现行政任务：美国环境自愿协议制度研究》，载《行政法学研究》2014年第2期；骆梅英：《通过合同的治理——论公用事业特许契约中的普遍服务条款》，载《浙江学刊》2010年第2期；宋华琳：《公用事业特许与政府规制——中国水务民营化实践的初步观察》，载《政法论坛》2006年第1期。

[4] 参见姜明安：《全球化时代的"新行政法"》，载《法学杂志》2009年第10期；王锡锌：《行政正当性需求的回归——中国新行政法概念的提出、逻辑与制度框架》，载《清华法学》2009年第2期；章志远：《民营化、规制改革与新行政法的兴起——从公交民营化的受挫切入》，载《中国法学》2009年第2期；李海平：《论基本权利对社会公权力主体的直接效力》，载《政治与法律》2018年第10期。

[5] 参见喻文光：《德国社会救助法律制度及其启示——兼论我国行政法学研究领域的拓展》，载《行政法学研究》2013年第1期。

会的规制框架来调和基本权利冲突、提高整体的人权保障水平[1]。

(三) 多元主体的公法责任

公法研究者普遍主张,在行政机关之外,其他行使公共权力、扮演治理角色、参与公共事务的主体亦须承担公法责任。相关论证大体从以下三个角度展开。

第一,通过对"公权力"(Public Power)或"公共职能"(Public Function)进行扩张解释,将"公共性"或"权威性"赋予法律形式上的非公权力主体,而并不拘泥于法律形式上的政府机构。[2] 这一解释路径典型体现在参与公用事业运营的企业人权责任方面。[3] 公用事业基本服务权是一项人权意义上的权利,它要求公民有权获得合理非歧视可负担的公用事业服务,且负担能力有缺陷的公民能够获得最低程度的供应保障。[4] "国家行为"理论(State Action Doctrine)即为这种思路的典型发展。根据"国家行为"理论,私人原则上被排除在人权的约束力范围之外,除非其行为中具有政府行为的因素,或者由于私人承担了公共职能,或者由于政府实际参与其中。[5] 在比较法的视野下,国家行为的判断标准有可能是公共职能标准、紧密关联标准、是否强制私人主体实施、私人

---

[1] 参见李洪雷:《中国行政法(学)的发展趋势——兼评"新行政法"的兴起》,载《行政法学研究》2014年第1期;于立深:《概念法学和政府管制背景下的新行政法》,载《法学家》2009年第3期;杜辉:《挫折与修正:风险预防之下环境规制改革的进路选择》,载《现代法学》2015年第1期。

[2] 参见卢超:《民营化时代下的信息公开义务——基于公用事业民营化的解读》,载《行政法学研究》2011年第2期;李蕊佚:《私人主体受公法约束的裁判模式》,载《浙江社会科学》2021年第4期。

[3] See Hallo de Wolf, Antenor, *Human Rights and the Regulation of Privatized Essential Services*, 60 Netherlands International Law Review 165, 165-204 (2013). 公共服务可以大致分为核心服务、辅助服务和商业服务,参见李海平:《政府购买公共服务法律规制的问题与对策——以深圳市政府购买社工服务为例》,载《国家行政学院学报》2011年第5期。

[4] 参见骆梅英:《论公用事业基本服务权》,载《华东政法大学学报》2014年第1期。

[5] 参见彭亚楠:《谁才有资格违宪?——美国宪法的"政府行为理论"》,载赵晓力主编:《宪法与公民》,世纪出版集团、上海人民出版社2004年版,第230页。

主体的日常运行是否处于行政机关的直接监管之下，等等。[1] 此外，英国法通过对"公共权力机构"（Public Authority）进行扩张解释亦实现了基于公共职能判断责任性质的进路。对公共性进行扩张解释，背后隐喻的事实上仍然是公私分立思维，但这样的思维又反过来用于甄别非国家主体承担公法责任的行为，致力于救济所有可以归咎于政府的侵权，即使这种侵权是由私人直接导致的。这样的解释路径实际上并非真正承认私人主体的人权责任，而且以公私分立为名化解公私分立之实，常常在具体问题的解释上力有不逮。

第二，"非国家行为体"（Non-State Actors）研究。在全球行政法与国内公法相统合的视野下，联合国机构、世界贸易组织、跨国公司、非政府组织、武装冲突中的非国家交战方、区域人权机构、国内私人主体等全部进入人权法视野。[2] 当非国家行为体与民众个体发生冲突时，有权机关不应当仅仅通过侵权法、刑法等法律体系解决，亦应诉诸人权法体系。例如，通过"企业社会责任""企业人权责任"的纽带，跨国公司、大型企业等成为人权法的重点关注对象。[3] 这一研究并非全然从国内公法的角度出发，而是关注国内法和国际法视域中的全部权力主体，以促进全球善治的视角来观察主权国家行政机关之外的行动者。[4] 相关研究者主张，如果要形成一种保护人权的连贯理论，使之能够切实适用于保护所有人权尊严受伤害者，就需要形成一套关于非国家行为人的理论架构，重新审视公行为与私

---

[1] 参见李年清：《私人行政司法审查受案标准的美国经验——兼论我国私人行政责任机制的建构》，载《法制与社会发展》2015年第3期；王军：《私主体何时承担公法义务——美国法上的"关系标准"及启示》，载《中外法学》2019年第5期。

[2] 参见［英］安德鲁·克拉帕姆：《非国家行为人的人权义务》，陈辉萍等译，法律出版社2013年版，第618—619页。

[3] 商业与人权（Business and Human Right）是晚近人权研究的重要分支。See Danwood Mzikenge Chirwa, *The Doctrine of State Responsibility as A Potential Means of Holding Private Actors Accountable For Human Rights*, 5 Melbourne Journal of International Law 1, 1—65（2004）. 李莎莎：《企业人权责任边界分析》，载《北方法学》2018年第3期。

[4] 参见袁曙宏：《建立统一的公法学》，载《中国法学》2003年第5期。

行为、政府行为与非政府行为的效果。[1]

第三，针对政府之外其他权力主体的具体研究。其他公权力主体主要包括行业协会、社会组织等。由于社会团体在行使惩戒权力时有可能对成员的财产权、营业自由、名誉权等方面造成重大影响，因此这些主体行使权力的范围与边界是公法研究关注的重点内容。[2] 在其他公权力主体之外，私权力主体晚近日益兴起，其典型例证为平台企业。[3] 尤其在互联网经济业已发挥基础性角色的情境下，平台企业在基础服务、开放资源、网络安全、公平交易、用工权益保障、消费者权益保障等方面的法律义务，往往均具有公法义务的属性。[4] 此外，随着"社会法"研究的兴起，部分学者主张"社会法"领域带有典型的公私法相互融合的属性。[5] 相当多在社会治理中发挥重要角色的私人主体，均在一定程度上须承担类似于公法性质的责任，具有扶助弱者的义务。[6]

总之，人权责任的分担与合作和公共治理的发展潮流相契合，而这一潮流又与"国家—社会—市场"关系的变迁在一个复杂的维度上互为因果，因此本书议题建立在诸多理论研究成果之上。

---

[1] 参见周长征：《从探底竞赛到全球治理——公司社会责任中的劳动标准问题探析》，载《中外法学》2006年第5期。

[2] 参见黎军：《行业组织的行政法问题研究》，北京大学出版社2002年版，第55—89页；石佑启：《论协会处罚权的法律性质》，载《法商研究》2017年第2期；高俊杰：《行业协会内部惩戒的公法限制》，载郭春镇主编：《厦门大学法律评论》第33辑，厦门大学出版社2022年版，第143—160页；鲁篱：《行业协会限制竞争行为的责任制度研究》，载《中国法学》2009年第2期。

[3] 参见刘权：《网络平台的公共性及其实现——以电商平台的法律规制为视角》，载《法学研究》2020年第2期。

[4] 参见赵鹏：《超越平台责任：网络食品交易规制模式之反思》，载《华东政法大学学报》2017年第1期；陈越峰：《关键信息基础设施保护的合作治理》，载《法学研究》2018年第6期；胡凌：《从开放资源到基础服务：平台监管的新视角》，载《学术月刊》2019年第2期。

[5] 参见吴文芳、刘洁：《新技术变革时代"人"的变迁与社会法回应》，载《学术月刊》2021年第8期。

[6] 参见张淑芳：《私法渗入公法的必然与边界》，载《中国法学》2019年第4期。

三、本书结构、创新之处与研究方法

（一）本书结构

针对前述问题，本书研究思路如下：首先讨论什么是人权责任的问题。全面、开放性地理解人权责任，而不是仅将其完全看作国家的人权义务，是本书的研究基础。进而本书将考察承担人权责任的主体，详细讨论国家人权责任的发展进路，论述国家角色变迁的趋势，阐明国家不再是唯一的人权责任主体的内在原因与背景。本书将更进一步地对为何人权责任呈现分担与合作的态势进行阐述。最后在相关理论的基础上，尝试构建人权责任分担与合作的理论模型，分析人权责任分担与合作的规范与实现机制。

秉承这样的研究思路，本书的研究分为五章。

第一章为"绪论"。本章的主要任务是介绍问题意识、选题背景并进行文献回顾，同时说明研究方法、研究思路及基本结构。

第二章为"国家人权责任的发展变迁"。首先，本章聚焦于什么是人权责任，在反驳人权责任仅是国家的人权义务的论点后，对人权责任作出更全面的定义。其次，本章针对国家人权责任进行了细致研究，详细梳理中西方国家人权责任的发展变迁。这一过程既是国家承担人权责任的方式不断变化的过程，也是人权责任不断深化与扩展的过程。最后，本章对国家不再作为唯一人权责任主体的观点进行论证，阐明国家角色变迁的背景、缘由与主要表现，揭示在人权责任分担与合作框架下国家的角色与地位。

第三章为"人权责任承担主体的多元化"。首先，本章聚焦于人权责任承担主体迈向多元化的原因，从全球治理、公私合作、社会公权力、私权力主体崛起等角度出发，揭示基本权利更加"敏锐"地受到其他权力主体影响的现象，阐明经典理论中只有国家才能大规模、结构性侵犯人权，才有义务尊重、保障与发展人权的理念受到冲击。其次，本章进一步将研究视角置于私人主体，对承担人权责任的多元主体进行类型化思考，分别对作为规制者的私人主体、掌握关键资源与提供核心服务的私人主体、具有结构性优势地位的私人主体进行阐述。在这些私人主体之中，有些承接了公共任务和公共职能，具有准公共主体的性质；有些则于市场与社会发展过程中形成金钱、组织与信息等方面的权威，例如平台企业等。

第四章为"人权责任分担与合作的理论模型"。首先，本章将公共治理理论作为人权责任分担与合作应然模型的基础，认为人权责任模型是按照治理网络中每一个发挥治理角色的主体都应当承担相应责任的原理建构的。其次，本章从平衡理论的视角，将平衡多元主体交互的过程作为理解人权责任分担与合作的理论渊源之一，指出责任配置的平衡、权力权利的平衡与权利义务的平衡在人权责任网络建构中的重要性。最后，本章提出人权责任分担与合作的理论模型，即国家承担担保与保障的人权责任，扮演掌舵者与最终责任人的角色；而其他责任主体依据角色、能力与获益等理据进行责任配置。

第五章为"人权责任的规范机制"。首先，本章指出人权责任的分担与合作机制带来了更大的规范难题——硬法立法维艰且不足以对复杂的治理实践进行回应；进而对软法如何提供规范性进行全面阐述，厘清人权与软法之间的联系。其次，本章分别对政府与其他承担治理角色的主体承担人权责任的规范路径进行阐发，突出软法的规范作用，其有助于灵活回应不同情形，充分尊重并整合多元主体作用。最后，本章从增进协商对话与落实权责两个维度出发，对软法如何支持与促进多元主体合作履行人权责任进行探讨。

（二）创新之处

囿于笔力所限，本书对于连贯人权责任的建构定然多有疏漏，其可能的学术贡献在于以下几个方面。

第一，本书立足于宪法与法律规范，主要凭借行政法基础理论和部门行政法的发展成果，尝试厘清人权责任的归属与实现机制。在公法理论的运用中，人权责任的变迁与行政任务、行政法律关系、行政行为、行政责任等相关理论高度融合。相关工作承担了行政法研究如何直面人权责任充分实现之公法目标的理论任务，既强化了对权力行使主体公法约束的研究，又对个体权利的保护提出了明确的学术主张，彰显了行政法基础理论研究的题中之义。

第二，本书试图对人权责任议题进行体系化思考，建构人权责任分担与合作的理论模型。在人权理论的阐发中，"国家—社会—市场"关系的变迁，行政组织形态的变化，人权责任主体及其责任履行方式的变迁，规范形式的变迁，都在一个较为通顺的逻辑进路中交相呼应、相互印证。相关工作为人权研究系统性地引入了开放性的人权责任概念与连贯性的人权责任理论，推进人权理论进一步向纵深发展。

第三，本书对公共治理、合作规制等方面的理论与实践高度关注，将人权法研究与行政规制、合作规制、自我规制与规制政策研究相互结合。在公共治理与合作规制模型的梳理中，本书重视提炼政府之外其他主体活动中具有人权法属性和价值的部分，尝试将人权价值全面嵌入规制与治理过程。相关工作对于在规制法研究中增加人权理论关怀进行了初步探索。

（三）研究方法

1. 规范的分析方法

本书以宪法、法律与其他法规范为基础，运用行政法学的解释方法，结合具体领域的个案分析，挖掘相关议题的理论意涵。因此，绝大多数篇章在规范分析的基础上展开，以法规范文本为依据，思考不同主体在相关领域法规范框架下各自的人权责任履行机制；同时，运用体系化思维，从纷繁复杂的相关法规范中揭示出隐含于法秩序背后的意义脉络，寻找法规范的解释与适用路径，将其系统化表达。[1]

---

[1] 参见赵宏：《基本原则、抽象概念与法释义学——行政法学的体系化建构与体系化均衡》，载《交大法学》2014年第1期。

2. 历史的分析方法

人权责任的分担与合作是一种逐步发展的结果，其样态是在多因素的作用下形成的。人权责任承担主体、方式的变迁，与国家与社会发展、科技进步、规制政策转型等历史因素密切相关。本书将围绕人权法发展主线尽可能地将相关复杂的历史因素与实践因素进行勾连，以呈现相关议题的全貌。

3. 比较的分析方法

相当多的国家在法律制度发展过程中，经历了人权责任不断深化与拓展的历程。实践中不断涌现出国家之外的其他主体承担人权责任的情形，公法理论亦对之进行了回应。本书将对不同国家相关法律规定与相关学说进行总结和举例，采取比较分析的方法，寻找相关制度与我国实践的接洽点，在功能的视角下展开分析。

4. 其他社会科学的借鉴

本书是建立在"国家—社会—市场"关系理论框架下的，与相关的经济学、政治学、行政管理学、社会学研究关系密切。法学本不应止于形塑出法律规则与法律制度，也必须处理促进法规范实效性之条件。[1] 由于人权是一个基础性议题，涉及人权的法规范众多，同时，人权责任的分担与合作又涉及诸多主体的诸多维度的责任，因此，法规范的形成、发展、变迁以及不同规范中的内在关联是在借鉴其他社会科学研究成果时尤其应当注意的问题。

概言之，本书希冀综合多元研究方法，强化多种法学研究进路的合作，对人权责任分担与合作议题予以阐发。[2]

---

[1] 参见陈爱娥：《行政法学的方法——传统行政法释义学的续造》，载《行政法论丛》第17卷，法律出版社2014年版，第1—20页。

[2] 参见谢海定：《法学研究进路的分化与合作——基于社科法学与法教义学的考察》，载《法商研究》2014年第5期。

第二章

国家人权责任的发展变迁

本章尝试对人权责任作一个更加全面的解释，旨在说明人权责任的分担与合作并非对国家人权责任的否定，而是一种发展。在人权责任分担与合作的实现机制中，国家仍然位于最为核心和重要的地位，亦即向市场与社会分担的是人权的直接履行责任，国家仍须承担保障与担保的最终责任。

本章有三个主题，其一，对什么是人权责任进行详细探讨，尝试阐发一个更具有开放性的人权责任概念，启迪一个具有开放性的人权责任体系；其二，对国家人权责任的发展有一个历史性的概观，这一发展过程也是人权受保护的种类、方法与形式的历史发展过程；其三，对国家不再作为唯一人权责任主体的观点进行论证，对国家角色变迁的公法映射进行阐述。本章既对后文中的私人主体承担人权责任交代一部分背景性缘由，也旨在阐明在人权责任分担与合作框架下国家的角色与地位。

一、什么是人权责任

（一）人权责任不仅是国家义务

"人权"具有丰富的内涵。通常而言，人们在三个意义上使用"人权"：第一，"人权"描述一种制度安排：其中，个人利益和个人选择得到法律保护，商品和机遇在有法律保障的基础上提供给个人；第二，"人权"表达一种正当合理的要求，即上述制度安排应该建立并得到尊重和维护；第三，表达上述要求的一种特定的正当理由，亦即一种基本的道德原则，该原则赋予诸如平等、自主等某些基本的个人价值以重要意义。[1] 根据学术界的一般讨论，人权的核心是人的尊严，是人作为人应该享有的自由或资格。[2] 无论侵害主体如何，国家的义务都应该是保持其统治下的所有个人享受人作为人所具有的尊严。

国家的人权义务是一种综合性的道德与法律要求，包括多样化的内容。国家的人权义务具体可分为四个方面：其一，尊重的义务；其二，保护的义务；其三，满足或确保的义务；其四，促进的义务。尊重的义务是指国家进行自我约束，避免侵害个人自由的义务；保护的义务是指国家防止和阻止他人对个人权利侵害的义务；满足或确保的义务是指国家满足个人所需、希求和愿望的义务；促进的义务是指国家为在整体上促进上述人权而应采取一定措施的义务。[3] 从消极义务与积极义务划分的角度而言，尊重的义务是消极义务；而保护的义务、满足或确保的义务、促进的义务均可归入积极义务。[4]

2004年修宪，"国家尊重和保障人权"这一条款被作为第33条第3款写入宪法："尊重"意味着不侵犯，那么就需要建立一套审查公权力行为合

---

[1] 参见张文显：《二十世纪西方法哲学思潮研究》，法律出版社1996年版，第508页。

[2] 参见［日］真田芳宪：《人的尊严与人权》，鲍荣振译，载《环球法律评论》1993年第2期；胡玉鸿：《"人的尊严"在现代法律中的地位》，载《公法研究》2008年第6期。

[3] 参见韩大元：《宪法文本中"人权条款"的规范分析》，载《法学家》2004年第4期。

[4] 参见上官丕亮：《论国家对基本权利的双重义务——以生命权为例》，载《江海学刊》2008年第2期。

宪性的思考框架；而"保障"的含义则更复杂，涵盖了国家一切的促进基本权利实现的行为可能性，本质上就是宪法理论中国家积极义务的合集。这两种义务类型可以整合各个单项基本权利条款中所规定的国家义务，宪法第13条（财产权）、第36条（宗教信仰自由）、第38条（人格尊严）、第39条（住宅自由）、第41条（申诉、控告、检举权）等条款中的"不受侵犯""不得强制""禁止用任何方法""不得压制和打击报复"等规定的就是"尊重"的义务，是消极义务；而宪法第42条所使用的"创造条件"、第43条所提及的"发展休息和休养的设施"、第45条规定的"获得物质帮助的权利"、第47条的"鼓励和帮助"等体现的就是"保障"的义务，是积极义务。

在明确规定人权责任归属于国家的条款之外，还有部分宪法条款蕴含了其他主体亦负有宪法责任的意涵。例如在第36条、第40条和第41条中，宪法将尊重信仰自由、通信自由和申诉检举自由的义务归于任何国家机关、组织和个人，"任何人"的措辞将这些条款的义务主体扩散到所有主体。第5条第4款在表述宪法义务主体时提及"各社会团体、各企业事业组织"；第51条在设定基本权利限制时在公民与"社会的、集体的利益"之间建立联结，亦属于对国家机关作为唯一义务主体的突破。[1]

事实上，在部分领域中，无论是防御国家之外的权威性主体的侵害，还是向其请求给付或服务，都已经是极为常见的现象。也就是说，宪法规定给国家的"积极义务"与"消极义务"，在一定情境下适用于国家之外的其他主体。譬如，平台企业具有"保护用户合法利益"和"禁止恶意行为"的双重义务，前者包括"保证用户享有知情权、选择权和个人信息安全"，后者包括"禁止恶意排斥、拦截、歧视性对待"以及"对其他企业的终端产品进行评测时应客观公正，不得利用评测结果欺骗、误导或强迫用户对被评测产品作出处置"等。[2] 从中依稀可以分辨，平台企业已经具备了某

---

[1] 参见李海平：《论基本权利对社会公权力主体的直接效力》，载《政治与法律》2018年第10期。

[2] 参见2013年12月中国互联网协会发布的《互联网终端安全服务自律公约》、2019年发布的《中国互联网协会会员管理办法》和《中国互联网协会会员争议调解处理办法》。

种准公共性质的权力，也具有类似的消极义务与积极义务，具有两方面属性的公法责任。[1] 其中所关涉的权利，由于其基础性和重要性而具有人权法上的意义；这里所关涉的权力，基于其准公共性和广泛影响性也应当受到制约与平衡。

类似的情形还有很多，它们揭示了无论是在"尊重"维度上，还是在"保障"维度上，人权责任并不只由国家承担，甚至也并不仅由宪法和法律规定，国家之外的其他主体也在某些情境下具有人权责任，私人主体发布的"章程""规约"等软法规范也在人权规范上扮演着重要角色。例如，短视频平台推出《银龄互联网使用手册》，帮助老年用户跨越数字鸿沟、搭建防沉迷体系、进行反诈干预，承担保障老年人权益的人权责任。[2]

在这个意义上，人权责任的概念不宜被看作国家宪法义务的同义语。当人权内嵌于整个宪制过程中，嵌入行政法理论与实践中时，就不会在公法疆域的扩展前停滞：无论是原本属于行政机关的职能被授权给私人主体的情形，还是原本就由私人主体主导、组织具有公共性质的活动的情形，均应当在相关情境下、于某种程度上受到人权价值和公法原则的约束，重视对人权目标的考量。

（二）人权责任的全面定义

"人权"和"责任"，都是先贤在极高水平上曾反复讨论的复杂概念。下文将对其各自含义进行分别重述，进而阐发"人权责任"的基本内涵。

1. 人权概念的重述

就"人权"而言，无论是将其理解为"自然权利"[3] 或"最低限度的普

---

[1] 参见刘权：《网络平台的公共性及其实现——以电商平台的法律规制为视角》，载《法学研究》2020年第2期。

[2] 《抖音"老友计划"升级 多举措守护老年人健康用网》，载搜狐网，https://www.sohu.com/a/533667312_120952561，2023年1月1日访问。

[3] 参见张文显：《二十世纪西方法哲学思潮研究》，法律出版社1996年版，第49—53页。

遍道德权利"[1]，还是将其理解为"人的尊严"[2]，表达特定的原则与制度要求，都必须在特定场域中去判断某种权利应当获得何种程度上的保障。例如，在《国家人权行动计划（2021—2025年）》"经济、社会和文化权利"之"基本生活水准权利"中，明确列举了国家具有"统筹推进智慧城市与数字乡村建设，促进城乡信息化融合发展，提升全民数字素养与技能"的人权责任，该项任务在《国家人权行动计划（2009—2010年）》中未曾出现，是数字信息技术发展带来的新兴（新型）人权保障义务。概言之，人权的具体范畴是不断发展演变的，生存权、劳动权、教育权等诸多人权类型的保障程度与重心均随着时代发展而不断更新。[3]

面对越发多元、全面、复杂、深入的人权发展需求，公私合作的进路具有客观必要性。如果希望建立一个连贯的人权理论，人权责任就应当是一种开放的责任体系——国家是最重要的责任承担主体，也是最终的责任主体，但不是唯一的责任承担者。在行政法实践中日益崛起的扮演规制者角色或处于优势地位的私人主体，基于其能力、角色、利益或者是否承担公共任务等理据，均须在某些领域或某种程度上承担人权责任，这种责任并不仅仅限于在"尊重"的意义上"不侵犯"人权，也在一些情境下包含了在"积极"的层面"保护""满足""发展"人权。

2. 责任概念的重述

责任是基于一定义务产生的合理的负担。[4] 法律视角下的责任，可以被理解为"因某种行为而产生的受惩罚的义务及对引起的损害予以赔偿或用别的方法予以补偿的义务"[5]。在民事法律关系中，责任是民事主体违反民事义务应当承担的民事法律后果；民事责任的主要社会功能是

---

[1] 参见［英］A. J. M. 米尔恩：《人的权利与人的多样性——人权哲学》，夏勇、张志铭译，中国大百科全书出版社1995年版，第153—160页。

[2] 参见刘志强：《论人权法的三种法理》，载《法制与社会发展》2019年第6期。

[3] 参见胡玉鸿：《新时代民生保障法治中的"弱有所扶"原则》，载《法学家》2022年第5期；常健：《发展主义人权理论及其基本建构》，载《学术界》2021年第12期。

[4] 参见刘作翔、龚向和：《法律责任的概念分析》，载《法学》1997年第10期。

[5] 周永坤：《法律责任论》，载《法学研究》1991年第3期。

防止和补救对个人的损害，基本的分配问题在于如何平衡每个人的行动自由和人身及财产安全这两方面的利益。[1] 在刑事法律关系中，责任是实施犯罪行为的人应受惩罚、制裁的法律后果；责任的分配不仅需要平衡个人行动自由与人身财产利益之间的关系，还须平衡社会秩序与安全利益。[2]

在行政法体系中，"责任"贯穿了行政组织、行政过程和行政救济的全程，主要指向行政主体的义务，以及其违反法定职责承担的否定性后果。其核心功能在于平衡利益关系，首先平衡行使公共职能的公众利益和公民的个人利益；进而还须平衡行使公共职能不同主体之间的关系。[3] 随着政府管理向公共治理的转型，治理主体和治理过程均呈现出分散化、复杂化的态势。在"国家—社会—市场"联动的治理过程中，在环境治理[4]、食品安全[5]、社会保险[6]、儿童与老年人权利保障[7]等领域，都可以较清晰地看到多元主体合作承担治理责任的现象。

---

[1] 参见冯珏：《我国民事责任体系定位与功能之理论反思》，载《政法论坛》2022年第4期。
[2] 参见车浩：《责任理论的中国蜕变——一个学术史视角的考察》，载《政法论坛》2018年第3期。
[3] 参见［澳］皮特·凯恩：《法律与道德中的责任》，罗李华译，商务印书馆2008年版，第376—377页。
[4] 例如，《环境保护法》第6条规定："一切单位和个人都有保护环境的义务。地方各级人民政府应当对本行政区域的环境质量负责。企业事业单位和其他生产经营者应当防止、减少环境污染和生态破坏，对所造成的损害依法承担责任。公民应当增强环境保护意识，采取低碳、节俭的生活方式，自觉履行环境保护义务。"
[5] 例如，《食品安全法》第3条规定："食品安全工作实行预防为主、风险管理、全程控制、社会共治，建立科学、严格的监督管理制度。"
[6] 例如，《国务院关于整合城乡居民基本医疗保险制度的意见》指出，"合理划分政府与个人的筹资责任，在提高政府补助标准的同时，适当提高个人缴费比重"。《国务院关于机关事业单位工作人员养老保险制度改革的决定》指出，"机关事业单位工作人员要按照国家规定切实履行缴费义务，享受相应的养老保险待遇，形成责任共担、统筹互济的养老保险筹资和分配机制"。
[7] 例如，《老年人权益保障法》第7条规定："保障老年人合法权益是全社会的共同责任。国家机关、社会团体、企业事业单位和其他组织应当按照各自职责，做好老年人权益保障工作。基层群众性自治组织和依法设立的老年人组织应当反映老年人的要求，维护老年人合法权益，为老年人服务。提倡、鼓励义务为老年人服务。"《未成年人保护法》第6条第1款规定："保护未成年人，是国家机关、武装力量、政党、人民团体、企业事业组织、社会组织、城乡基层群众性自治组织、未成年人的监护人以及其他成年人的共同责任。"

3. 人权责任的界定

脱离依附于国家的定义方式，人权责任应当具有更广泛的含义。在一个全面的意义上，人权责任既包括尊重、保护、满足与促进人权的责任；也包括承担人权责任的机制以及违反人权义务的否定性后果。

人权责任至少具有以下三个层次上的含义。

第一，狭义层面上，人权责任是指行为主体因违反法定人权义务而承担的否定性法律后果，这个意义上的人权责任作为法院裁判语境下的法律责任（Legal Liability），指向正式的、制度性的不利后果，是一种指向过去的责任（Prospective Responsibility）。作为否定性的法律后果，通常包括补偿或赔偿。哈特在《惩罚与责任》一书中对"责任"的核心定位，就是将其与"惩罚"联结。[1] 在比较法的视野下，英国 1998 年《人权法案》是一部规定以惩罚为后盾的人权责任的立法例，该法系统梳理了英国社会存在的人权清单，明确了英国人权保护中司法适用的法律渊源，这个意义上的人权责任是在受害人与公权力主体之间发生的。在我国公法实践中，《刑事诉讼法》《行政诉讼法》《国家赔偿法》等法规范均发挥着至关重要的人权法作用。[2]

第二，中观层面上，人权责任是一种行为主体基于其角色或任务，通过某种正式或非正式机制，所承担的在人权事项上创造良好效果的责任（Productive Responsibility）和规避不良后果的责任（Preventive Responsibility）。[3] 产生责任的主要原因在于公共授权，政府无论是通过立法、契约还是其他机制将权威性分散给不同主体，都应当设计更适宜的责任机制使不同主体有施展空间，既实现角色任务，又要有一定的控制，因

---

[1] 参见［英］H.L.A. 哈特：《惩罚与责任》，王勇、张志铭、方蕾等译，华夏出版社 1989 年版，第 212 页。

[2] 在最高人民法院发布的 25 起国家赔偿法颁布实施二十五周年典型案例中，多个案例在"入选理由"与"典型意义"中重点提及司法的人权保障作用。参见《国家赔偿法颁布实施二十五周年典型案例》，载最高人民法院网站，https://www.court.gov.cn/zixun-xiangqing-281861.html，2023 年 3 月 15 日访问。

[3] See Peter Cane, Responsibility in Law and Morality, Hart Publishing, 2002, pp.29-31.

此这种责任都在一定程度上具备确保其履行的责任机制（Accountability）。[1] 譬如私有化的公用事业（如水电煤气等企业），即使从国家机器中剥离出去，由于其企业的性质和任务，仍负有普遍服务、持续服务以及合理价格服务的人权义务。类似的责任通常在法律规定与政府监管之下履行。例如，针对持续服务义务，《城市供水条例》第 22 条规定，"城市自来水供水企业和自建设施对外供水的企业应当保持不间断供水"；第 33 条则针对"擅自停止供水或者未履行停水通知义务的"行为设定了罚则。

第三，广义层面上，人权责任是一种开放的责任体系，为人际关系提供了一张宽松织就的最低标准和程序规则网络，这些标准和规则不仅适用于政府，而且原则上适用于商业企业、国际组织和私人个体。[2] 这个意义上的人权责任，既有可能表现为一种法律责任，也有可能表现为政治责任、道德责任。甚至分解复杂的法律关系，我们并非总能找到清晰的"权利—义务"对应。此时的责任在总体上指向对人的尊重，在经济、社会、文化、环境、正当程序等方面均松散地联结起不同主体之间的法律关系。开放性的责任体系至少具有横纵两个维度：在履责程度方面，人权责任不断深化；在责任主体方面，人权责任不断扩展。这两个方面既同时发生，又有内在关联。

这样的人权责任定义也就回应了从经典人权理论中衍生出的诘问：无论社会与市场中的私人主体能力多强、力量多大、影响多深刻，它们对个人权利的侵犯都可以归入民事侵权法框架或刑法框架，于公法何涉？开放的人权责任概念对此的回应是，以司法裁判为中心的人权理论，最重视的是直接的因果关系，但正如公法研究的重点从司法裁判为中心渐趋以行政过程为中心、以治理机制为重点，开放的人权责任理念或许亦应将人权实

---

[1] 在公共治理的背景下，责任机制早已成为西方规制与治理论域中的显学，并与软法研究高度相关，其联结在于没有正式的强制执行机制的软法机制，譬如欧盟的开放协调机制，是重要的在"没有政府的治理"的语境下发挥作用的责任机制。See Colin Scott, *Accountability in the Regulatory State*, 27 Journal of Law and Society 38, 38-60（2000）.

[2] 参见［奥］曼弗雷德·诺瓦克：《国际人权制度导论》，柳华文译，北京大学出版社 2010 年版，第 1 页。

现的过程与机制作为焦点：在最直接的因果关系之外，为人权保障与人权的更高程度上的实现进行整体安排；将人权考量纳入公共治理网络的所有环节；将人权责任有秩序地置于所有参与公共治理的主体之上。在这个意义上，人权责任的分担与合作更多地考虑的是责任机制的设计，而不是责任追究救济。

（三）人权责任的分类

为清晰勾勒人权责任的外延，本部分着眼于对人权责任进行分类。分类的依据有两种，一是按照人权的种类进行分类；二是按照责任的类型进行分类。

1. 基于人权种类的划分

"三代人权"理论是对人权种类进行划分的通说。其分别是指形成于美国和法国大革命时期，旨在保护公民自由免遭国家专横之害的第一代人权；形成于俄国革命时期，旨在要求国家积极干预社会经济生活，发展社会福利事业的第二代人权；形成于20世纪下半叶反对殖民主义过程，旨在保障民族自决权、发展权、环境权、和平权等集体人权的第三代人权。[1]

虽然从历史的发展来看，这些权利是以不同的代际呈现的，但观察当今社会，这些权利以及相关的核心保障机制早已经共同存在于整个社会，将之称为三类人权，而不是三代人权，似乎更恰当。[2] 我国宪法和法律对以公民权利和政治权利为代表的第一类人权、以经济社会和文化权利为代表的第二类人权和以集体权利为代表的第三类人权均建立了完整的规范体系。面对尊重和保障不同类型人权的任务，国家人权责任承担的方式以及多元主体扮演的角色有所不同。

针对第一类人权，人权法治规范、理论与实践将更多的关注投射到约束公权力主体之上，人权责任主体在大多数语境下是国家机关。例如，为

---

[1] 参见贺鉴：《论中国宪法与国际人权法对三代人权的保护》，载《法律科学（西北政法大学学报）》2010年第2期。

[2] 参见罗豪才、宋功德：《人权法的失衡与平衡》，载《中国社会科学》2011年第3期。

保障当事人获得公正审判的权利，《刑事诉讼法》《国家赔偿法》等相关法律与制度安排针对国家机关及其工作人员设定了诸多法律责任。

针对第二类人权，人权法治规范、理论与实践则将加诸公权力主体的义务进行了更细化的责任机制设计，国家机关和部分私人主体均有可能承担人权责任。例如，在对公民受教育权的保障方面，国家有义务促进义务教育优质均衡发展、加大对贫困地区教育的投入等，覆盖各阶段的私立教育机构在从事教育行业的同时亦须承担相应的人权责任。除此之外，企事业单位、社会团体等亦有可能在公民受教育权的更高程度实现中发挥重要作用。《教育法》第47条第2款规定，"企业事业组织、社会团体及其他社会组织和个人，可以通过适当形式，支持学校的建设，参与学校管理"；第52条第2款规定，"基层群众性自治组织、企业事业组织、社会团体"等其他主体亦应与教育机构配合，"加强对未成年人的校外教育工作"。

针对第三类人权，人权法规范向国家机关设定了诸多或宽泛或具体的保障责任与监管义务，同时国家外的其他主体亦扮演着重要角色。例如，在妇女权益保障方面，《妇女权益保障法》第2条第2款明确规定，"国家采取必要措施，促进男女平等，消除对妇女一切形式的歧视，禁止排斥、限制妇女依法享有和行使各项权益"。在此基础上，该法对各级人民政府在重视和加强妇女权益保障工作的法律义务予以强调；也对各级妇女联合会、社会团体、企业事业单位等社会不同主体在妇女权益保障方面的相应责任进行了明确规定。[1] 改善或显或隐的性别歧视问题，需要国家、社会与家庭的共同努力。[2]

2. 基于责任类型的划分

如前所述，按照责任的不同种类与程度进行分类，可以将人权责任分为尊重人权的责任、保护人权的责任、满足人权的责任与发展人权的责任。

---

[1] 参见魏健馨：《女性人权保护的宪法学审视》，载《南开学报（哲学社会科学版）》2015年第1期。
[2] 参见常进锋、胡奎：《构建生育友好型社会下青年女职工的权益保障研究》，载《青年探索》2022年第1期。

在尊重人权的责任方面，"尊重"意味着"尊敬与重视"，意指"不侵犯"，国家公权力对人权负有不侵犯的义务。[1] 人权的内在属性是基于人的尊严所享有的权利，因此，尊重的责任是广泛存在的。譬如在企业人权责任的厘定方面，在尊重义务层次的责任是不证自明的，国家有义务阻止侵权行为，并追究侵权行为的责任。[2]

在保护人权的责任方面，"保护"意味着国家对人权具有保护义务，国家须防止他人侵犯个人权利、采取预防手段减少人权主体利益受到不当的危害。国家在履行保障人权责任时，需要选择多种方式。当政府规制越发倚重合作规制、自我规制等新型方式，国家任务越来越多地委托给私人主体，保障人权的责任也在一定维度上发生了转移，这种转移是履行责任的转移，而并非责任的整体转移。国家的人权责任并不是削弱了，只是转变了实现方式。例如，相当多的企业不仅在不侵犯员工利益方面满足合规要求，还进一步承担了保障的人权责任。《民法典》第 1010 条第 2 款不仅要求机关应当采取合理的预防、受理投诉、调查处置等措施，防止和制止利用职权、从属关系等实施性骚扰，承担保护人权的责任；还将积极的作为义务施加给企业、学校等单位，明确要求其积极行使职责、承担保护责任。例如，在最高人民法院指导案例 181 号"郑某诉霍尼韦尔自动化控制（中国）有限公司劳动合同纠纷案"中，未针对性骚扰投诉采取合理处置的管理人员因严重违纪被用人单位解除劳动合同，法院确认用人单位及其管理人员具有积极履行防治性骚扰的法定义务。

在满足人权的责任方面，宪法理论强调国家具有满足个人通过努力也不能实现的个人所需、希求和愿望的人权义务。[3] 例如，个体对生态环境利益的强烈需求只能依靠以国家为核心的保障机制来满足。[4] 在更宏观的

---

[1] 参见严海良：《"国家尊重和保障人权"的规范意涵》，载《法学杂志》2006 年第 4 期。
[2] 参见李莎莎：《企业人权责任边界分析》，载《北方法学》2018 年第 3 期。
[3] 参见韩大元：《国家人权保护义务与国家人权机构的功能》，载《法学论坛》2005 年第 6 期。
[4] 参见周珂、蒋昊君：《论环境人格权的构造与应用场景——基于人权的环境人格利益分析》，载《人权》2023 年第 2 期。

层面上，中国共产党第十九次代表大会的报告体现了以人民为中心的发展观，提出人权的法治保障理念，把不断满足人民日益增长的美好生活需要作为国家发展的基本目标。[1]这类人权责任的实现需要宪法制度与法律制度不断满足人的需求，支持人成为具有尊严的个体。[2]对此，国家需要一方面提高自身人权责任履行能力，另一方面建立健全各项制度，促使社会多元主体参与到人权事业中来。

在发展人权的责任方面，国家在各领域承担提高人权水平的积极义务。在国务院新闻办公室2018年12月发布的《改革开放40年中国人权事业的发展进步》白皮书中，"有效实现各项人权全面发展"作为单独章节予以阐发，着重指出"协调推进各项人权全面实现，经济、社会和文化权利保障水平持续提升，公民权利和政治权利保障机制不断加强"。在这一过程中，越是"国家—社会—市场"深度合作的领域，人权责任的交融也就越显著。例如，在公用事业基本服务权的实现过程中，国家在承担给付义务的同时亦肩负不断提高公共服务提供水平的责任；公用事业单位承担普遍服务义务的同时亦肩负促进人的生活条件的责任。概言之，相关公私主体均对基本公共服务权的更好实现承担相应的人权责任。[3]

二、国家人权责任的历史发展

（一）比较法视野下的人权责任发展历程

西方国家的人权理论深受文艺复兴运动、宗教改革运动与资产阶级启蒙思想发展等的影响，经历了较长时间的发展。[4]下文中仅从人权责任的

---

[1] 参见韩大元：《中国残障人权益保障：理念、体系与挑战》，载《人权》2018年第2期。
[2] 参见韩大元：《中国宪法学研究三十年（1985—2015）》，载《法制与社会发展》2016年第1期。
[3] 参见骆梅英：《论公用事业基本服务权》，载《华东政法大学学报》2014年第1期。
[4] 参见陈佑武：《古典人权理论探源》，载《求索》2010年第8期。

视角来观察人权责任内容、责任主体、责任承担方式等方面的变迁，不对人权思想沿革进行整体评述。

1."夜警国家"时期：以尊重人权的责任为主

在比较法的视野下，纵观人权之发展史，其最初作用在于对抗国家权力，尤其是君主专制与特权阶级，以国家的不作为为主要诉求目标，希冀借此确保自由权、财产权等免受国家侵犯，创设不受国家干预的自由空间。在这一过程中，国家义务在性质上虽属消极义务，但如果认真对待"尊重"和"不侵犯"，国家需要付出的积极努力亦巨大。因此，即使在"夜警国家"模式下，扮演"守夜人"角色的国家的人权责任也是一个艰深的课题，在维护"人的尊严"的基础上建构稳定的社会秩序对于国家而言并不是一种单薄易行的责任。[1] 以刑罚为例，国家机器在每一个案件中尊重犯罪嫌疑人权利的同时为受害人实现矫正正义，需要以复杂的、符合法治原则的、成本高昂的预防机制、侦查程序和裁判体系为依托，需要大量的规则制定、执行、监督与救济，还需要辅以错案纠正制度和国家赔偿制度等。甚至在更宏观的层面上，这些都可以溯至经济、科技的发展和制度、法治的建设。事实上，并不需要完全从历史中汲取答案，仅从当代全球范围内观察人权状况，也很容易发现贫穷而法治落后的国家，很难完善地、完全地保护人的生命权和自由权；即使是富足且法治较为发达的国家，在不同时期、不同发展水平的地域之间也存在巨大差别。[2]

在早期以自由权为核心关注的国家形态下，发达国家并没有将社会权利纳入其制度化保障，但困厄者应当受到扶助却并不是一个现代社会才有的理念，家庭、宗教、协会与社会慈善组织在国家与社会保持更多距离的

---

[1] 政府的"守夜人"角色要求其保证一个和平安全的经济活动环境，使国民财富在自由放任的条件下增长。参见董瑞华：《政府职能：从"守夜人"到全面干预——从经济发展史看政府与市场的关系》，载《上海行政学院学报》2000年第2期。

[2] 参见［美］史蒂芬·霍尔姆斯、凯斯·R. 桑斯坦：《权利的成本——为什么自由依赖于税》，毕竞悦译，北京大学出版社2004年版。

时代承担了大量的人权责任。以英国为例，在十六世纪之前，政府在社会福利领域的作用微乎其微，贫困者的生计主要依赖他们的家庭或者具有慈善动机的富裕人士。[1] 从这个角度而言，"责任分担与合作"原本就不是一个新的人权责任承担形态，只是责任的范围、内容、强度在不同的时期与阶段殊为不同罢了。

2. "行政国家"时期：以保障与发展人权的义务为主

"夜警国家"发展至行政法上常常提及的"行政国家"，并不是一蹴而就的，美国将国家开始从自由放任，到深度介入市场与社会，同时调动多方力量进行改革的十九世纪末二十世纪初期，称为"进步时代"。无数侵犯人权的事实呼唤政府付出更高的保护责任和给付责任。约翰·法比安·维特教授在《事故共和国》中描绘的就是那个环境资源破坏、工伤事故频发、民众社会保障匮乏、国家责任赤字的时代所经历的博弈、变迁与发展。[2] 从权利诉求的出现到上升至法律保障、国家保障的权利，总要经历一个渐进的过程，这既是人权的发展，也是法治的发展，更进一步地，是人类文明的发展。

"二战"后，新的"权利革命"席卷全球，一系列权利清单指向了更多的国家义务，与"战争国家"相对照的"福利国家"迅速崛起。[3] 从摇篮之前到进入坟墓之后的福利体系得以建立。[4] 大量权利在更高的程度上与国家义务相关联，人权作为"最低限度的道德权利"的标准不断上升，政府通过更复杂的机制承担更多的任务，税收和再分配亦以保障与发展权利为主要目的。通过将资本主义"人性化"以及"通过减少矛盾"，福利国家

---

[1] 参见田蓉：《西方非政府组织转型及其影响因素分析》，载《东岳论丛》2010年第11期。

[2] 参见［美］约翰·法比安·维特：《事故共和国：残疾的工人、贫穷的寡妇与美国法的重构》，田雷译，上海三联书店2008年版，第1页。

[3] 参见［美］凯斯·R.桑斯坦：《权利革命之后：重塑规制国》，钟瑞华译，中国人民大学出版社2008年版，扉页。

[4] See G.Esping-Andersen, the Three Political Economies of the Welfare State, in Julia S. O'Connor and Gregg M. Olsen eds, Power Resource Theory and the Welfare State: A Critical Approach, University of Toronto Press, 1998, pp.123-153.

以社会政策立法"促进了社会团结并由此使得社会制度的持续性和稳定性变成可能"。[1]

可以说，十九世纪末二十世纪初逐渐兴起的"行政国"，在二十世纪三四十年代成为固定的、典型的国家形态。很多行政法原则和规范都是在这个时期形成的，美国1947年《行政程序法》亦颁布于该时期。宪法中的基本权利深刻塑造了行政过程，政府职能围绕如何更充分地保障人权而展开。譬如，各国宪法中的福利权在行政法上体现为行政给付，由不同的行政机构负责管理和运行，儿童、退休老人、残疾人、劳动者，都能依据不同的身份、资格以某些标准获得行政给付。行政机构大范围、深程度地通过这些给付进入了社会生活，从制定标准以及基础设施、制度的建设，到具体裁量以及每一项补助的落实发放都以行政机关为主导。在立法、行政及审判中，迅速扩张使用无固定内容的标准和一般性的条款；从形式主义向目的性或政策导向的法律推理转变，从关注形式公正向关心程序或实质公正转变。[2]

行政机关直接履行权利保障责任的模式至少有两点好处：其一，有助于通过行政权威将权利的保障稳定在就本地当时发展水平而言的一个合理水平上，使得个人和家庭能够获得最低收入保障，抵御疾病、失业、老龄化的风险与危机，获得平等而良好的公共服务；其二，以行政责任为后盾，在保障公民权利的同时，也造成了权利的合理期待，避免权利因裁量权的行使或政党更迭、政策变革等更宏观的原因而随意克减。在这样的背景下，国家人权责任日益深化拓展，逐渐被塑造为"被要求的国家，亦即国家要提供个人需要的社会安全，要为公民提供作为经济、社会和文化等条件的各种给付和设施，最后国家还必须对社会和经济进

---

[1] 参见［英］迈克·费恩塔克：《规制中的公共利益》，戴昕译，中国人民大学出版社2014年版，第267页。

[2] 参见［美］R.M.昂格尔：《现代社会中的法律》，吴玉章、周汉华译，译林出版社2001年版，第187页。

行全面的调整和干预"[1]。

3."福利国家"的负担难题及"规制国家"的发展

"保姆式"的行政国家发展至二十世纪七八十年代资本主义世界经济危机时遇到了巨大的困难,由于较高程度的国家给付责任必然带来更庞大的官僚机构和更高的赋税,更多地保障工人权利必然给企业带来更多的限制。危机之下拥护市场主导地位的学者开始对社会权利的崛起给予极大批评,认为日益增长的社会权利损害了穷人的上进心并侵犯了富人的财产权,正所谓"当你从人民手中将责任拿走,你就使他们变得不负责任,而与此相伴而来的是你将传统道德击碎"[2]。于是以英美为代表的收缩派开始放弃充分就业的承诺,尽管政府不敢公然放弃普及性社会服务承诺,但在行动上已经明显开始缩小政府福利开支。[3]

由于通过行政权威和责任建立起来的权利保障制度具有极大的稳定性并针对全体社会成员产生合理期待,因此现代福利社会中的系统问题愈演愈烈。[4] 完全由政府供给福利的方案逐渐向"公地悲剧"的方向发展——民众无论贫富、自愿抑或被迫,都趋于从中尽力攫取、过度利用。[5]

于是在两难的情况下,国家角色从"直接责任"转变为"担保责任""监管责任",成为重要的制度转向。[6] 在许多公共服务领域和行政给付范畴,政府在服务提供和资金筹措等方面纷纷放权,政府角色为

---

[1] 赵宏:《德国行政民营化的制度发展与学理演进》,载《国家检察官学院学报》2016年第5期。

[2] [英]迈克·费恩塔克:《规制中的公共利益》,戴昕译,中国人民大学出版社2014年版,第267页。

[3] 参见彭华民、黄叶青:《福利多元主义:福利提供从国家到多元部门的转型》,载《南开学报》2006年第6期。

[4] 参见徐晓新、高世楫、张秀兰:《从美国社会保障体系演进历程看现代国家建设》,载《经济社会体制比较》2013年第4期。

[5] 参见冯兴元:《"福利国家"的深层困境与替代方案》,载《人民论坛·学术前沿》2015年第9期。

[6] See G. Majone, the Rise of the Regulatory State in Europe, in Robert Baldwin, Colin Scott, and Christopher Hood eds, A Reader on Regulation, Oxford University Press, 1998, pp.192-216.

"掌舵而不是划桨"渐成共识。[1] 公私合作成为重要的行政组织形式之一，行政机构在极大的范围和程度上借助市场主体和社会组织的力量，并通过制度约束来进行监管。[2] 于是，"规制国家"成为更普遍的国家样态。在"规制国家"的语境下，公共服务的直接提供者是市场主体，政府通过监管市场主体达成政策目标，而并非直接提供公共服务。由此与国家直接提供公共服务的"福利国家"和"全能政府"相区别。[3]

私人主体如何承担治理责任，是二十世纪九十年代治理理论兴起后所面对的重要议题。甚至在部分国家的部分领域出现了"没有政府的治理"，制度的良好运行、秩序的有序形成和权利的有效保障全部依赖社会公权力或私人规制者的行为。[4] 不过，事实上，在这些领域内或者事务中，无论是防御新的权威机构的侵害，还是向新的权威机构请求给付或服务，都有国家的作用隐喻其后。国家并不是卸下了社会权利革命之后加诸其身的保障义务，而是转变了具体履行义务的方式和形式。这样的国家理念与治理模式被总结为"元治理"（Mega-governance）模式。它强调国家在治理中的作用，政府必须平衡地方、国家、地区、全球各层次的治理，并相应地协调它们的行动。这样的政府角色不同于过去那个至高无上、控制一切治

---

[1] 参见［美］罗伯特·B.丹哈特、珍妮特·V.丹哈特：《新公共服务：服务而非掌舵》，刘俊生译，载《中国行政管理》2002年第10期。

[2] 对于二十世纪三十年代到八十年代的美国宪法秩序，图施耐特教授将其总结为"新政—大社会"宪法秩序。之后，在新的宪法秩序中，"直接通过法律来追求正义的那种雄心，已经在根本上被消磨了。让个体责任与市场过程——而不是国家的立法——来确认并努力推进正义，已经成为实现雄心的手段"。参见［美］马克·图施耐特：《新宪法秩序》，王书成译，中国人民大学出版社2014年版，第2—3页。

[3] 参见［英］安东尼·奥格斯：《规制：法律形式与经济学理论》，骆梅英译，中国人民大学出版社2008年版，第2页；［英］科林·斯科特：《规制、治理与法律：前沿问题研究》，安永康译，清华大学出版社2018年版，第293页。

[4] "没有政府的治理"一语出自罗西瑙教授主编的名著《没有政府的治理》，认为治理就是秩序加上意向性。与统治相比，治理是一种内涵更丰富的现象。它既包括政府机制，也包含非正式、非政府的机制，随着治理范围的扩大，各色人和各类组织等得以借助这些机制满足各自的需要，并实现各自的愿望。参见［美］詹姆斯·N.罗西瑙主编：《没有政府的治理》，张胜军、刘小林等译，江西人民出版社2001年版，第5页。

理安排的政府，相反，它担当制度设计、提出远景设想的任务，从而促进不同领域的自我组织和自我规制。国家不仅要在治理过程中承担不可或缺的角色，而且在治理失败时，它还是唯一能对结局负责并承担后果的行动者。[1] 对此，缩减国家职能范围的同时提高国家力量的强度成为诸多国家纷纷选择的改革进路。[2]

4."风险社会""数字时代"等新挑战之下的人权责任变革

通过人权视角来观察晚近社会治理中的新趋势和新问题，很容易发现大量权利保障的边界存在不确定性，全球均面临在新领域如何确定人权责任的难题。

风险社会中的人权保障议题是近年来备受关注的焦点。为了适应决策于未然之中的风险社会，法律责任体系已然在部分领域进行调整。正视风险社会的后果，意味着法律有义务"对曾经达成的责任、安全、控制、危害限制和损害后果的分配标准"重新定义。[3] 国家有义务建立更加科学的专家决策机制、危机应对机制和社会秩序协调机制来应对复杂的风险状况。[4] 在国家承担了更繁重的风险调查、风险评价义务的同时，与风险产生密切相关的行业、企业以及在科学评估中扮演关键角色的科学家群体也同时肩负了对行业观点与科学见解在更高程度上说明理由并接受监督的义务。譬如，欧盟发布政策，在表达支持核电的态度基础上要求核电厂的运行和核废物管理公司保持透明度和公开性。[5]

数字时代同样对人权传统要素带来了严峻挑战。人脸识别、人工智能、算法等新技术给普通民众生活带来了巨大便利，但同时给个人隐私和财产

---

[1] 参见王诗宗：《治理理论及其中国适用性：基于公共行政学的视角》，浙江大学公共管理学院2009年博士学位论文。

[2] 参见燕继荣：《变化中的中国政府治理》，载《经济社会体制比较》2013年第1期。

[3] 参见[德]乌尔里希·贝克：《世界风险社会》，吴英姿、孙淑敏译，南京大学出版社2004年版，第97—98页。

[4] 参见赵鹏：《风险社会的自由与安全——风险规制的兴起及其对传统行政法原理的挑战》，载《交大法学》2011年第2卷。

[5] 参见赵洲：《国际法视野下核能风险的全球治理》，载《现代法学》2011年第4期。

带来了无法准确评估的风险。[1] 当科技面临无尽升级的同时，人权被影响的情境与形态也在加速迭代。例如，在社交平台封禁特朗普后，"断平台"（de-platform）是否涉嫌侵犯"言论自由的基本权利"成为世界关注的疑难问题。[2]

在更一般的情境下，个人的隐私权、免受网络暴力的权利、被遗忘权等纷纷成为国家、平台企业与其他相关主体共同应予尊重和保障的权利。对此，世界各国立法普遍展开规制。例如，2018年欧盟《通用数据保护条例》正式生效，其将数据保护与个人隐私保护作为数字人权的保障重心，被誉为"史上最严格的数据保护法"。[3] 但限制数据使用和共享并非保障个人数字权利的良方，它还有可能带来产业的停滞与民众生活的不便，从而引致新的人权问题。由此，2020年《欧洲数据战略》与《数据治理法案》在严格的个人信息保护之外，又额外强调了在"以人为本"价值基础上的数据共享。[4] 数据权利是不是新型人权类型仍有争议，但其所面临的挑战确实是经典人权理论以及传统立法所未曾面对的。在这样的情境下，多国法院均通过法律解释针对不断涌现的新兴（新型）权利形式进行确认。例如，2010年西班牙公民与谷歌公司之间的纠纷被称为欧盟"被遗忘权第一案"，欧洲法院认为谷歌有义务删除相关链接。[5] 又如，法国等部分欧洲国家已经在其劳动法中确立"离线权"，赋予劳动者在非工作时间可以拒绝工作且不使用电子邮件等与工作相关的电子通信媒介的权利。这既是对新时代劳动权的保障，也是对信息技术发展背景下人的主体权利的重视，"以确保尊重休息和休假时间以及个人

---

[1] 参见郭春镇：《数字人权时代人脸识别技术应用的治理》，载《现代法学》2020年第4期。

[2] 参见左亦鲁：《社交平台公共性及其规制——美国经验及其启示》，载《清华法学》2022年第4期。

[3] 参见郭骁然、方元欣、曲东昕：《个人信息保护国际规制比较研究》，载《信息通信技术与政策》2021年第10期。

[4] 参见郭骁然、方元欣、曲东昕：《个人信息保护国际规制比较研究》，载《信息通信技术与政策》2021年第10期。

[5] 参见段卫利：《新兴权利案件的裁判方法分析——以欧盟"被遗忘权第一案"为例》，载《学习与探索》2019年第6期。

和家庭生活"。[1]

概言之，政府在尊重与保障新兴（新型）权利方面的责任承担方式与限度，已经成为当代人权理论与实践的重要议题。

（二）我国人权责任的发展

"人权是历史的、具体的、现实的，不能脱离不同国家的社会政治条件和历史文化传统空谈人权。"[2] 中国传统思想观念与实际国情对我国人权发展具有重大影响。[3]

1. 历史中的人权责任

"呵护人的生命、价值、尊严，实现人人享有人权，是人类社会的共同追求。"[4] 我国历史上"以人为本""以民为本"等思想高度强调民众是国之根本。相关思想见诸《尚书》《礼记》以及一代代史书之中，可以被看作我国人权理念的古代叙事话语，明确要求国家对民众的生计负责。[5] 由于民为国之本，治天下者必先治其民，而要长治久安，就须重民、惠民、保民、安民，解决民众的衣食住行和教育等问题。[6] 这些要求国家对民众负责的国家义务，用现代的人权理论视角来观察，实际上更多地指向了社会经济权利方面的人权保障义务。[7]

在国家为民众生计负责的同时，中国古代政府面对赈灾等无法单一依靠政府力量解决的难题时，往往会通过各种方案调动民间力量。例如，《唐会要》中曾记载当时有"悲田养病坊"由"僧尼"主持的情形；宋朝创建的"常平仓""义仓"等赈灾用粮仓的管理者一般为地方豪

---

[1] 参见韩旭至：《认真对待数字社会的个人拒绝权》，载《华东政法大学学报》2023年第1期。
[2] 《坚定不移走中国人权发展道路 更好推动中国人权事业发展》，载《求是》2022年第12期。
[3] 参见齐延平：《当代中国人权观的形成机理》，载《人权》2022年第2期。
[4] 《坚定不移走中国人权发展道路 更好推动中国人权事业发展》，载《求是》2022年第12期。
[5] 参见吕怡维：《本土化视角下中国人权理念的形成》，载《现代法学》2023年第1期。
[6] 参见王文涛：《论汉代的社会保障思想》，载《苏州大学学报（哲学社会科学版）》2012年第4期。
[7] 参见陈来：《儒家伦理与"人权"价值》，载《北京大学学报（哲学社会科学版）》1998年第5期。

绅。[1]可以说，我国在政府与民间合作方面的经验极其丰富。有研究者指出，明末以来，随着居乡士大夫角色定位的变化，民间力量成为地方公共福利的主要推动者；政府在对民间慈善事业予以监管的同时，也对其提供了不可或缺的财政与行政支持。[2]

而作为在以独立、平等、自由、法治为基础的社会关系中强调人的尊严的概念体系，"人权"概念及其基本范畴是在近代才传入中国的。[3]"在旧时代的中国有两条分离而又对峙的线索，一是为政者面临的人权危机，二是知识界发出的人权呐喊。"[4]在救亡图存的大背景下，近代中国民众争取人权的主要目标是实现独立自主。中国共产党自成立之日起就高举"争民主、争人权"的旗帜，鲜明宣示了救国救民、争取人权的主张。[5]

2. 1949年至改革开放前

1949年中华人民共和国的成立，为中国最广大人民基本权利得到保障奠定了制度基础并开辟了广阔前景。[6] 1954年，第一届全国人民代表大会第一次会议通过了《中华人民共和国宪法》，其第85—103条为"公民的基本权利和义务"。五四宪法多处涉及权利保障条款，例如，在第49条对国务院职权的列举中，第12项为"保护国家利益，维护公共秩序，保障公民权利"；同时，在第58条对地方各级人民代表大会职权的列举中，也包括"保障公民权利"。中华人民共和国成立后，我国积极参与国际人权治理，例如，1956年，我国批准加入四个国际人道法领域的日内瓦国际公

---

[1] 参见李明顺：《中国古代赈灾：措施、动因与经验探论》，载《理论学刊》2008年第10期。

[2] 参见聂鑫：《公私协力传统与中国近代福利国家的起源》，载《政法论坛》2022年第5期。

[3] 参见邓建新：《参与建构：中国何以言说人权》，载《政法论坛》2018年第4期。

[4] 孙笑侠：《汉语"人权"及其舶来后的最初三十年》，载《法学》2022年第3期。

[5] 参见《坚定不移走中国人权发展道路　更好推动中国人权事业发展》，载《求是》2022年第12期。

[6] 参见鲁广锦：《历史视域中的人权：中国的道路与贡献》，载《红旗文稿》2021年第1期。

约。[1] 整体而言，新中国建立和巩固了人民民主的政治制度；开展各项民主改革和社会事业建设；建设独立完整的国民经济体系；彻底否定了民族压迫和民族歧视，为国家承担深刻而广泛的人权责任奠定了根本的政治前提和制度基础。[2]

3. 改革开放后至 2004 年修宪前

改革开放后，各种类型的人权问题集中凸显。百废待兴背后是多元主体的多元权利均需要深化保障的诉求，其所指向的国家义务亦纷繁复杂。国家人权责任的重心并没有在不同类型的人权种类上具有明显差异，刑事审判中以犯罪嫌疑人为核心的人权保障诉求，社会权利的保障诉求、环境权利诉求以及不同群体的集体人权保障诉求，均没有明显代际区分的同时迫切要求满足。

1982 年宪法公布实施后，国家人权责任的建构成为重要的法治发展方向。[3] 人权法治的发展，事实上就是在各法律体系中实现尊重与保障人权。《刑事诉讼法》引入的被告人人权必须加以保障的改革，《行政诉讼法》《国家赔偿法》《行政复议法》明确的相对人遭受公权力主体不法侵害所拥有的救济权利，均为通过司法保障人权的重要举措。《行政处罚法》《行政许可法》《行政强制法》输入的依法行政观念，《民法通则》《合同法》奠定的对市场经济基本规律的尊重，均在不同方面确立了尊重与保障人权的准则。在这样的背景下，人权已经成为内嵌于我国发展过程的重要价值。早有学者指出，"公民权利保护不仅仅应该成为经济体制改革、政治体制改革乃至整个社会发展的一项重要指标，而且应该是每一项改革和发展所不可或缺的动力和要素。社会发展的过程就是公民权利要求和权利积累不断增长的

---

[1] 分别是《改善战地武装部队伤者病者境遇之日内瓦公约》《改善海上武装部队伤者病者及遇船难者境遇之日内瓦公约》《关于战俘待遇之日内瓦公约》《关于战时保护平民之日内瓦公约》。

[2] 参见国务院新闻办公室：《为人民谋幸福：新中国人权事业发展 70 年》，载《人权》2019 年第 6 期。

[3] 有学者指出，人权保障是 1982 年宪法的基本原则之一，参见曹继明、黄基泉：《关于宪法基本原则的探讨》，载《理论与改革》2002 年第 2 期。

过程，同时，这一增长又促进和保证着社会健康、和谐发展"[1]。

4. 2004年修宪后

2004年3月14日，第十届全国人民代表大会第二次会议通过了宪法修正案，首次明确规定"国家尊重和保障人权"。据此，不仅宪法所列举的权利受到国家保护，诸多宪法未明确列举的权利亦有可能经由该条款被推导为基本权利。[2] 我国先后发布了四期《中国人权行动计划》，其中第一期为2009年发布的《国家人权行动计划（2009—2010年）》，对经济、社会和文化的权利保障，公民权利与政治权利的保障，少数民族、妇女、儿童、老年人和残疾人的权利保障，人权教育和国际人权义务的履行及国际人权领域交流与合作等多方面的国家人权责任进行了明确阐发。[3]

党的十八大后，在我国统筹发展民众经济权利、政治权利、社会权利、文化权利和环境权利的过程中，人权实践与人权话语处于交相辉映的样态。例如，"经济建设为中心脱贫攻坚"与"生存权发展权是首要基本人权"[4]、"全面决胜小康社会的实践"与"人民幸福生活是最大人权"[5]之间存在明显的对应与关联，"共同富裕"是中国社会权发展重心的政策表达。[6] 不同于西方"二战"后形成的福利国家，我国共同富裕治理体系呈现出多目标

---

[1] 石秀印等：《"中国社会发展与权利保护"笔谈》，载《法学研究》1994年第3期。

[2] 参见屠振宇：《未列举基本权利的认定方法》，载《法学》2007年第9期。

[3] 其执行情况可见，中华人民共和国国务院新闻办公室：《国家人权行动计划（2009—2010年）评估报告》，载《人民日报》2011年7月15日，第15版。

[4] 1991年11月1日，国务院新闻办发表首部《中国的人权状况》白皮书，指出生存权、发展权是中国的首要人权。生存权是人的生命安全和生活保障的权利，包括生命权、健康权和其他一些基本权利。不能简单地将生存权理解为仅仅是维持温饱的最低生活标准。生存权不仅涉及经济生活，还包括维持生存所必需的政治、文化等多方面的内容。发展权是生存权的延伸，发展本身是权利，同时保障和提升享有或实现生存权的质量。详可参见柳华文：《论当代中国人权观的核心要义——基于习近平关于人权系列论述的解读》，载《比较法研究》2022年第4期。

[5] "人民幸福生活是最大的人权"，参见《习近平致信纪念〈世界人权宣言〉发表70周年座谈会强调坚持走符合国情的人权发展道路、促进人的全面发展》，载《人民日报》2018年12月11日，第1版。

[6] 参见何志鹏：《论中国的人权："实践—理论—话语"协同进化》，载《当代法学》2022年第6期。

的特征，不仅民众福利水平提升是其题中之义，公共服务的优质共享、绿色发展、文化发展和数字化发展等多元目标亦被统合其中。[1]

近年来，法律体系的完善、法治政府的建构等均以尊重和保障人权为重要目标。例如，《刑事诉讼法》在2012年修正时，将"尊重和保障人权"作为立法任务写入该法；《治安管理处罚法》《国家安全法》《反恐怖主义法》《国家情报法》《人民法院组织法》《监察官法》《社区矫正法》《反有组织犯罪法》等均明确包含"尊重和保障人权"条款；2023年修正的《立法法》第6条增加一款，"立法应当坚持和发展全过程人民民主，尊重和保障人权，保障和促进社会公平正义"，将"尊重和保障人权"作为统摄立法的重要原则之一。

在约束公权力主体尊重人权之外，诸多法规范对民众社会经济权利提出明确的保障要求。例如，《社会保险法》对基本养老保险、基本医疗保险、工伤保险、失业保险、生育保险等进行了明确的制度安排；《社会救助暂行办法》对最低生活保障、特困人员供养、受灾人员救助以及医疗、教育、住房、就业救助等予以规定。"目前，我国以社会保险为主体，包括社会救助、社会福利、社会优抚等制度在内，功能完备的社会保障体系基本建成，基本医疗保险覆盖13.6亿人，基本养老保险覆盖近10亿人，是世界上规模最大的社会保障体系。"[2]

在这一过程中，除国家承担基础的人权责任外，其他相关责任主体亦在人权保障体系中扮演着重要角色。例如，在社会救助领域，《社会救助暂行办法》设置"社会力量参与"专门章节，鼓励单位和个人参与社会救助，同时明确规定政府可就社会救助具体事项"向社会力量购买服务"。

---

[1] 党的二十大报告提出，"中国式现代化是全体人民共同富裕的现代化。共同富裕是中国特色社会主义的本质要求，也是一个长期的历史过程。我们坚持把实现人民对美好生活的向往作为现代化建设的出发点和落脚点，着力维护和促进社会公平正义，着力促进全体人民共同富裕，坚决防止两极分化"。相关研究可参见郁建兴、刘涛：《国家的共同富裕治理体系》，载《政治学研究》2022年第5期。

[2] 习近平：《促进我国社会保障事业高质量发展、可持续发展》，载《求是》2022年第8期。

《关于加快推进社会救助领域社会工作发展的意见》《关于改革完善社会救助制度的意见》等也对政府与社会的合作予以强调和细化。实践中，针对各类帮扶对象的慈善组织以及其他社会组织不断发展。相关学者的调研显示，针对回归社会的刑满释放人员、服刑人员子女、无力偿还消费贷的年轻人、具有就业难度但具有劳动能力的青年等群体进行帮扶的社会组织往往能够发挥精准定位、提前干预、共同救助的功能，在人权责任网络中发挥重要作用。[1]

与此同时，人权亦成为整个市场与社会运转的基础规则之一。例如，《民法典》以"保护民事主体的合法权益，调整民事关系，维护社会和经济秩序，适应中国特色社会主义发展要求，弘扬社会主义核心价值观"为立法目标，郑重宣示"民事主体的人身权利、财产权利以及其他合法权益受法律保护，任何组织或者个人不得侵犯"。其作为社会生活的"法律百科"和市场经济的"基本法律"，以保障和发展人权权利为核心要义。[2]

5. 科技发展背景下的新兴（新型）权利保障

面对生物技术等高科技发展、风险社会来临、信息和互联网技术普及的现实情境，越来越多的新兴（新型）权利经由《宪法》第33条第3款的"国家尊重和保障人权"条款受到宪法和法律体系的保护，例如，与大数据、数字治理相关的人权成为新兴（新型）权利。学界与实务界日渐形成共识，个人信息权逐渐向宪法位阶的基本权利发展，与《宪法》第33条第3款"国家尊重和保障人权"、第38条第1句"中华人民共和国公民的人格尊严不受侵犯"以及第40条第1句"中华人民共和国公民的通信自由和通信秘密受法律保护"相关联，成为"以基本权利作为针对国家的主观防

---

[1] 参见李健、成鸿庚：《慈善组织参与社会救助：功能价值与效用机制》，载《中州学刊》2023年第1期。

[2] 参见张文显：《人权事业发展的丰碑》，载《法制与社会发展》2020年第4期。

御权和辐射一切法领域的客观价值秩序"。[1] 在此基础上,《个人信息保护法》等法规范设定了针对国家及私人主体的个人信息保护责任,以尊严为核心的基本权利所对应的个人自治、生活安宁、公正对待、信息安全等法益均被纳入个人信息权利的涵摄范畴。[2]

正是由于数据信息既可能增进人权、发展人权,也可能威胁人权、侵蚀人权,因此,国家的人权责任亦随之深化和扩展,以促进人的发展权为核心关切。[3] 有研究者指出,在人工智能日益成为通用技术后,公民充分就业的劳动权所面对的岗位、技能被替代风险需要立法者予以充分评估与管控。[4] 2023 年施行的《国家以工代赈管理办法》第 28 条明确倡导"能用人工尽量不用机械,能组织当地群众务工尽量不用专业施工队伍"。[5] 当然,该办法并非希冀阻碍智能化操作的发展,而是希冀在科技发展与人的发展之间寻求平衡,在人权与科技之间的关系出现新挑战的背景下注重保障人的主体地位。[6]

不过,必须承认的是,科技发展带来的人权收益与其负面影响带来的人权损害需要较长时间的观察、论证以及复杂的制度设计,在充满未知因素的情境下,"包容审慎"的监管原则仍然是符合法治理念的路径选择。[7]

---

[1] 参见张翔:《个人信息权的宪法(学)证成——基于对区分保护论和支配权论的反思》,载《环球法律评论》2022 年第 1 期。

[2] 参见王锡锌:《个人信息权益的三层构造及保护机制》,载《现代法学》2021 年第 5 期。

[3] 参见马长山:《智慧社会背景下的"第四代人权"及其保障》,载《中国法学》2019 年第 5 期。

[4] 参见王旭:《论国家在宪法上的风险预防义务》,载《法商研究》2019 年第 5 期。

[5] 根据该办法的规定,以工代赈是指政府投资建设基础设施工程,受赈济者参加工程建设获得劳务报酬,以此取代直接赈济的一项扶持政策。现阶段,以工代赈主要包括使用以工代赈专项资金实施以工代赈项目、在农业农村基础设施建设领域中推广以工代赈方式、在政府投资的重点工程项目中实施以工代赈等,主要目的是向参与工程建设的群众发放劳务报酬、开展技能培训,促进其就地就近就业增收。

[6] 参见莫荣:《以工代赈是解决部分群众就业增收的重要手段》,载《中国党政干部论坛》2023 年第 2 期。

[7] 参见刘权:《数字经济视域下包容审慎监管的法治逻辑》,载《法学研究》2022 年第 4 期。

三、国家并非唯一的人权责任主体

（一）国家角色变迁的背景

在国家前冠以形容词，是一种重要的学术习惯，正如前文介绍人权责任发展变迁中所提及的"夜警国家""行政国家""福利国家""规制国家"等。总体上，无论是国家与社会呈现疏离状态，还是政府越来越深地介入市场与社会，在经济性规制[1]与社会性规制[2]中采取不同的监管方案，我们总能发现国家正在或主动、或被动地与其他主体分享"权威"，国家的中心地位在不同领域内有着不同程度的下降。在世界范围内，全球化、公私合作、新兴科技产业发展等促成行政法学理论转型的要素，最终指向的是政府不再独享规制体系中的中心地位、多元主体均发挥治理角色的样态。[3]

国家与市场、市场主体进行合作治理的原因是多方面的，必须承认的是，单纯依靠政府能力与人权责任不断深化之间客观存在着紧张关系。能力是责任分配的重要影响因素。[4]国家的直接履行能力与日益增长的权利诉求之间的紧张关系，是人权责任从国家独自承担迈向不同主体分担的主

---

[1] 经济性规制主要包括价格规制、进入和退出市场规制、投资规制、质量规制，在行政法学体系下，主要集中在行政许可和行政处罚领域，在关于行政执法和市场监管的研究中涉足颇多。参见王俊豪：《政府管制经济学导论：基本理论及其在政府管制理念中的应用》，商务印书馆2001年版，第33页。

[2] 日本著名产业经济学家植草益对社会性管制下的定义是：以保障劳动者和消费者的安全、健康、卫生、环境保护、防止灾害为目的，对产品和服务质量和伴随提供它们而产生的各种活动制定一定标准，并禁止、限制特定行为的管制。与经济性管制相比，社会性管制较新。尽管二十世纪二十年代开始社会性管制，但直到七十年代，美国等经济发达国家才开始重新重视社会性管制，理论界才开始系统研究。在七十年代，美国设立了许多关于健康安全和环境保护的政府管制机构，如环保署高速公路交通安全管理局和消费品安全委员会、职业安全与健康管理局、原子能管制委员会等独立管制机构。参见王俊豪：《政府管制经济学导论：基本理论及其在政府管制理念中的应用》，商务印书馆2001年版，第38页。

[3] See Sabino Cassese, *New Paths for Administrative Law: A Manifesto*, 10 International Journal of Constitutional Law 603, 603-613（2012）.

[4] See Tom Campbell, Seumas Miller, Human Rights and the Moral Responsibilities of Corporate and Public Sector Organisations, Springer Netherlands, 2005, p.40.

要缘由之一。政府须对政府能力、社会能力进行精准评估,制定恰当的发展目标,而非追求提供"保姆式"服务,超越国家与市场、社会边界。[1] 处理国家能力与权利保障的紧张关系,解决方案大体分为两条路径:一是加强国家能力,包括国家经济、科技的发展,体制、机制的合理化以及资源集中和分配能力的增强;二是培育社会能力,包括社会自治能力、自我组织能力的发展以及对更广泛的社会责任和社会团结、公民义务的强化。人权实现既需要政府的改革与发展,又需要整体意义上的能力建设,加强国家所能调动的社会能力。

整体而言,国家角色变迁发生在国家承担直接履行人权责任的能力与人权目标之间不完全匹配的背景下。在直接履行之外,国家必须采用其他机制和方法调动社会主体和市场主体的力量,才有可能满足不断深化扩展的人权需求。

(二)国家角色变迁的表现

1. 法院扮演越发重要的规制角色

规制(Regulation)与诉讼(Litigation)是控制市场失灵的两种不同路径。[2] 规制依靠行政机关制定相对具体的规则,并由专业技术人员进行监督以保证私人主体服从;诉讼依靠法院来执行宽泛的原则,私人主体通过合同来确定他们之间的权利和义务,一旦一方违约,法院将分配他们之间的权利和义务。换言之,国家通过区分行政机关与法院的不同职能,令二者都扮演适当的规制角色:一方面,行政机关更加克制,[3] 在手段方法上更

---

[1] 例如,党的十九大报告明确提出,"保障和改善民生要抓住人民最关心最直接最现实的利益问题,既尽力而为,又量力而行,一件事情接着一件事情办,一年接着一年干",直指一些地方不顾物力、财力和需要,动辄以最好最大最高"过度承诺"讨好群众的错误治理观念。参见郁建兴、任杰:《社会治理共同体及其实现机制》,载《政治学研究》2020年第1期。

[2] Daniel P. Kessler, *Introduction*, in Daniel P. Kessler ed., Regulation vs. Litigation: Perspectives from Economics and Law, University of Chicago Press, 2010, p.1.

[3] 美国哈佛大学弗里曼教授曾对行政机关的角色进行总结,"行政机关是:(1)最低标准的设定者;(2)多方协商的召集者与促进者,意在提出目标、标准并且判断其是否已经实现所必需之检验方法;(3)制度能力的建设者,以使相关制度在合作管制中可以发挥伙伴关系"。参见[美]朱迪·弗里曼:《合作治理与新行政法》,毕洪海、陈标冲译,商务印书馆2010年版,第21页。

加尊重市场与社会；[1]另一方面，法院通过其民事审判职能，扮演了"事后规制者"的角色（与行政许可等事前许可手段相对应）。

观察我国的行政监管实践，可以发现在政府放权的背景下，尤其是在"放管服"改革之后，行政机关放弃了对部分社会经济领域的事前规制，转而交由市场在运行过程中进行自我调整。[2]此时法院的角色不仅没有随着行政机关放权而有所下降，反而显著上升，民事审判成为纾解改革后可能出现的问题的重要出口。[3]在这样的模式下，法院对私人纠纷的强大处理能力，也作为一种规制手段在事后发生作用，产生对后续同类事件的事前影响。在这个意义上，"就私法也由国家制定这一点而言，在更全面的意义上，私法也具有公共性质"[4]。从这个角度而言，法院积极推进"诉源治理"也是其通过解决纠纷来扮演规制角色的工作延伸。[5]

2. 公权力主体之外的其他主体扮演规制角色

虽然在很多情形下，只是行政机关在规制体系的中心地位在下降，法

---

[1] 譬如，在 Ian Ayres 与 John Braithwaite 教授提出的著名模型"强制性自我规制"（enforced self-regulation）中，行政机关强制被规制者发布规则和标准以适应其具体的监管需求，之后，行政机关将通过许可或者修正后许可的方式予以承认。这些规则与标准的执行由企业进行，企业需要建立执行它们的管理系统并承担一切费用。See Ian Ayres & John Braithwaite, Responsive Regulation: Transcending the Deregulation Debate, Oxford University Press, 1992, p.106.

[2] 参见张力：《先证后核、消极许可与规制工具试验》，载《中国行政管理》2019 年第 5 期。

[3] 对此，有学者认为西方传统语境下人权的消极含义与人权司法保障之间存在紧张关系，他指出，"权利是抵御政府的围墙这个观念本身就是混乱的，仿佛司法根本不是政府的一个部门，法官不是依靠政府薪金的公务人员似的"。参见［美］史蒂芬·霍尔姆斯、凯斯·R. 桑斯坦：《权利的成本——为什么自由依赖于税》，毕竞悦译，北京大学出版社 2004 年版，第 67 页。

[4] 昂格尔在表达私法也具有公共性质时，还对国家与社会之间的合作主义对法律的影响进行了精到阐述，他指出，"合作主义对法律的最明显影响在于，它有助于一套打破了传统公法与私法界限的规则的形成。行政的、法人的、劳动的法规渐渐融入了社会法的主体之中，该领域更适用于公—私组织的结构，而不是单纯的官方行为或私人交易。虽然破坏了公法与私法的传统区别，但并没有必然破坏更为广泛的一种区别，即国家法与内部的、由私人组织规则的区别。实际上，就司法也由国家制定这一点而言，在更全面的意义上，私法也具有公共性质"。参见［美］R.M. 昂格尔：《现代社会中的法律》，吴玉章、周汉华译，译林出版社 2001 年版，第 193—194 页。

[5] 关于诉源治理的研究，可参见左卫民：《通过诉前调解控制"诉讼爆炸"——区域经验的实证研究》，载《清华法学》2020 年第 4 期。

院地位反而在上升；但在一些情况下，国家作为一个整体，并非扮演着治理体系的绝对中心地位，而是有效纳入了诸多其他主体共同发挥作用。这种情况的出现并不一定是国家授权、委托或具体领域改革的结果，亦有可能归因于市场与社会的自身发展。

第一，部分区域、领域传统上即采取社会或市场调节为主、政府规制为辅的治理方案，在确保其符合法律要求的前提下继续发挥多元主体的能动性，有助于促进治理水平的更好实现。例如，在民间法的视野下，目前在部分地区仍采用以民间调解为主、司法裁判为辅的方式。只有在"自我协商""乡贤调解"无法解决纠纷的情境下，才渐次溯至村调解委员会、乡镇与县司法所、法院。[1] 类似地，在乡村治理的过程中，踵接传统、深植现实、充分发挥乡贤作用的农村基层治理模式在当今社会同样重要。[2] 在国家法律秩序基础之上充分发挥民间法的作用，更加有助于实质性化解纠纷和优化治理效果。

第二，部分产品的行业标准和认证认可标准不一定源于国家强制，也有可能受政府之外的国内外协会、组织的影响。例如，在跨国治理领域，关于环境、劳工、森林、贸易的一系列认证体系和争端解决机制，均有可能与政府行为无关。以森林保护领域为例，在种植、农药、砍伐与转基因等事项上，有德国森林管理委员会、加拿大标准协会、美国可持续林业倡议组织和泛欧森林认证体系等多个非政府组织进行认证与监管。[3] 部分标准发挥了提高与统一产品标准的作用，但同时私人标准也在一定情境下缺

---

[1] 参见陈娟：《藏区多元化纠纷解决机制调查研究——以青海省黄南藏族自治州泽库县为例》，载《民间法》第 24 卷，厦门大学出版社 2019 年版，第 347 页。

[2] 参见于语和、白婧：《乡村振兴视域下乡贤治村的实践路径》，载《原生态民族文化学刊》2019 年第 5 期。

[3] 森林管理委员会（Forest Stewardship Council）是总部位于德国的非政府组织，加拿大标准协会（Canadian Standards Association）是进行标准认定的非营利机构，可持续林业倡议（Sustainable Forestry Initiative）组织是美国的非政府组织，泛欧森林认证体系（Pan European Forest Certification）是总部位于巴黎的非政府组织。See Benjamin Cashore, Graeme Auld, Deanna Newsom, *Governing through Markets: Forest Certification and the Emergence of Non-State Authority*, Yale University Press, 2004, pp.19-20.

乏消费者代表、发展中国家及环境和劳工保护组织的参与，造成了新的不平等。[1] 自愿性标准在国内法语境下同样十分常见，《标准化法》第18条第1款规定："国家鼓励学会、协会、商会、联合会、产业技术联盟等社会团体协调相关市场主体共同制定满足市场和创新需要的团体标准，由本团体成员约定采用或者按照本团体的规定供社会自愿采用。"

第三，在部分科技领域，统一而明确的监管政策不易执行，行业共同体的治理占据主要角色。例如，针对纳米技术的约束和控制，美国最权威的规则都来自协会或企业，如杜邦纳米风险框架（DuPont-ED NANO Risk Framework）和美国职业安全卫生研究所的最佳实践行动指南（NIOSH's Best Practices Activities）。[2] 企业认同这些规范的合理性，并相信遵循这些软规范会给自己带来更多的利益，也几乎不去选择法院作为纠纷裁决之所。又如，针对我国半导体产业准入门槛低、产品质量参差不齐的行业问题，国家半导体照明工程研发及产业联盟通过发布与国际市场接轨的自愿性技术标准，改善了相关应用领域的行业状况。[3]

3. 国家承担担保责任

在国家角色日益从规制与治理的中心地位后撤时，国家开始转变角色以确保整体福利和个人权利。英美关于"授权国家"（Enabling State）[4] 与德国关于"担保国家"（Gewährleistungsstaat）[5] 的讨论都与此相关。英美学者提出的授权国家理论强调市场和社会的作用，不同于传统福利国家强调国家的普遍供给，强调公民参与和个人责任；而德国学者提出的担保国家理

---

[1] 参见高秦伟：《跨国私人规制与全球行政法的发展——以食品安全私人标准为例》，载《当代法学》2016年第5期。

[2] See Timothy F. Malloy, *Soft Law and Nanotechnology: A Functional Perspective*, 52 Jurimetrics 347, 347-358（2012）.

[3] 参见刘辉：《中美自愿性标准体制比较——基于市场标准的视角》，载《中国科技论坛》2018年第4期。

[4] See Neil Gilbert, *Transformation of the Welfare State: The Silent Surrender of Public Responsibility*, Oxford University Press, 2002, p.44.

[5] 参见李以所：《德国"担保国家"理念评介》，载《国外理论动态》2012年第7期；邹焕聪：《论公私协力的公法救济模式及体系现代化——以担保国家理论为视角》，载《政治与法律》2014年第10期。

论意味着国家责任从履行责任向担保责任的简化,即从亲自给付迈向保证给付。"担保国家"的核心概念为"担保责任",国家应当留意基本权利保障等宪法相关义务仍须履行,必须以对私人提出组织、资格等程序要求的方式,保障申请人的竞争平等权和自由权。[1]

"授权国家"与"担保国家"理论更加强调国家将规制与治理的权能与社会、市场主体分享,同时政府承担监管角色。与之角度不同的是,还有学者提出了"规制的人权义务"(Human Right Obligation to Regulation)理论,这较之"保障的人权义务"(Human Right Obligation to Protect)更进一步,是指国家采取积极规制手段,预防将国家任务或公共服务授权给私人主体后可能产生的不利后果。欧盟人权法院曾根据《欧洲人权公约》,在判决中数次明确提出过政府没有有效规制私人主体而应当负有的责任,譬如,在2005年针对德国政府的一起诉讼中(Storck v. Germany),法院指出对私立精神病医院的行为规制应与公立医院一致,政府并未尽到规制义务。[2] 由此可见,在私人主体发挥重要作用的领域,国家人权责任在很多情境下发展成为通过政府规制确保私人主体承担人权责任的监督机制。[3]

类似地,我国政府在将公共服务事项授权给市场与社会主体后,同样具备较高程度的监管义务,通过一系列事前、事中、事后监管手段发挥日常监督与应急保障作用,确保公共利益不受危及。[4] 例如,《政府购买服务管理办法》确立了"预算约束、以事定费、公开择优、诚实信用、讲求绩

---

[1] 参见陈爱娥:《公私协力的规制——以受管制之"社会自我规制"为考察中心》,载台湾行政法学会:《台湾行政法学会研讨会论文集》(2012),第267页;杨彬权:《论国家担保责任——担保内容、理论基础与类型化》,载《行政法学研究》2017年第1期。

[2] See Hallo de Wolf, Antenor, *Human Rights and the Regulation of Privatized Essential Services*, 60 Netherlands International Law Review 165, 165-204 (2013).

[3] Danwood Mzikenge Chirwa, the Doctrine of State Responsibility as A Potential Means of Holding Private Actors Accountable for Human Rights, 5 Melbourne Journal of International Law 1, 1-36 (2004).

[4] 参见余册册:《论公用事业特许经营中的临时接管适用条件——以国家担保责任理论为视角》,载《湖南科技大学学报(社会科学版)》2021年第6期。

效"的原则；明确指出"有关部门应当建立健全政府购买服务监督管理机制。购买主体和承接主体应当自觉接受财政监督、审计监督、社会监督以及服务对象的监督"。又如，《基础设施和公用事业特许经营管理办法》高度强调特许经营后政府应当肩负的监督管理职责。其第 41 条规定各有关部门应当对于特许经营者在"执行法律、行政法规、行业标准、产品或服务技术规范"等方面进行监管与审查。概言之，政府既须鼓励社会资本参与公用事业建设、关注公共利益的满足；又须对其进行引导和监督、促进多元主体相互信任与合作、实现人权保障与发展的目标。

与此同时，政府还会运用一系列手段，引导社会与市场主体进行自我规制。相关举措一方面致力于实现提高规制效果、削减规制成本等监管目标；另一方面着眼于提升市场与社会主体的自我意识、培育市场与社会活力。国家对社会与市场主体的自我规制不足展开控制与引导，如预先设定其相关目标、程序规则、组织模式框架等，而不是简单地放权或者强硬地限制。[1] 由此，不同领域中的人权责任实现机制被拆解为不同主体"各司其职"的实现模式，而国家负责对其进行及时调控。

整体而言，我们在关注国家人权责任的同时，还需要从更宏观的"国家—社会—市场"角度看待国家形态、国家义务及其履行义务方式的发展变迁，关注现代国家在简政放权之后的保障角色。在这个意义上，国家与社会既非同质、又非分立，而是既相互区分、又相互依赖和渗透。[2] 由此，人权保障的责任并不是一种从国家向社会的"转移"，而是一种"分担"。

四、本章小结

本章旨在厘清开放性的人权责任概念，人权责任概念具有诸多层次与

---

[1] 参见高秦伟：《社会自我规制与行政法的任务》，载《中国法学》2015 年第 5 期。
[2] 参见李忠夏：《基本权利的社会功能》，载《法学家》2014 年第 5 期。

维度，既可以指向关于基本权利的司法裁判中对法律责任的判定，也可以指向人权目标实现过程中不同主体责任的实施机制，还能够指向一种宽松织就的标准与网络。

经典的以司法裁判为中心的人权理论，最重视的是防范国家对人权的侵犯。但正如公法研究的重点从司法裁判为中心渐趋以行政过程为中心、以治理机制为重点，开放的人权责任理念或许亦应将人权实现的过程与机制作为焦点：在最直接的因果关系之外，为人权目标在更高程度上的实现进行系统设计与整体安排。

具有开放性的人权责任概念有助于阐发整体的、连贯的人权法理论，并通过这样的视角来观察国家的人权责任。这样的人权责任理解方案建立在两个基础之上。

第一，建立在开放性地看待权力和权利之间的关系的基础之上。一方面，开放性地看待国家权力与公民权利的关系，它们之间并不是此消彼长的对立，公民权利也不应当仅被理解为对抗国家权力的屏障。从某种意义上来讲，国家权力必须受到约束是一个公理性命题，但这种约束并不一定指向国家权力的限缩。准确而言，公权力在某一方面或某一领域的约束也同时指向国家在其他方面更多的积极努力或者国家对权利的保障形式的转变。另一方面，开放性地看待具有公共性质的权力。对公民权利产生影响的不仅仅是国家权力，由私人行使具有公共性质的权力已经成为不可忽视的客观现象。约束这些权力也是人权法的题中之义。

第二，建立在开放性地看待权利与人权责任的基础之上。一方面，开放性地看待权利与人权责任，不能仅仅将人权理解为最低限度的正义，在法律底线的意义上实现人权。从历史的角度观察，很多权利成为人权意义上的权利，经历了漫长的过程，人权的类型在不断增加，保障程度在不断加深，人权并不应当是一个封闭的概念。另一方面，不同于司法范畴对责任的定义，如果不以严格的事后归责为中心，而是聚焦于人权责任分担与合作的过程，权利义务并不总是一一对应的关系，一项权利可以指向诸多主体多个维度的责任，责任也是具有多重面向的复合概念。

这样的人权责任认识并非要否定或者淡化国家的人权责任，相反，从国家人权责任的发展变迁来看，国家承认人权并以立法方式进行固定，设计稳定的、以公权力为后盾的人权保障机制，是人权得到尊重与保障的最重要的过程。然而，由于人权诉求不断深化发展与国家能力之间存在紧张关系，国家亦须不断调适自身与社会、市场之间的角色关系。国家人权责任的承担方式发生了很大变化，国家在很多情境下只承担监督担保的责任、救济的责任、制度上的改善责任等最终责任，而在许多直接履行的责任、具体执行的责任上，必须与社会和市场中的其他主体密切合作。

第三章

人权责任承担主体的多元化

本书第二章阐明了缘何人权责任的概念应当具有开放性，对国家人权责任的发展变迁进行了梳理描摹，为人权责任可以并需要扩展至国家之外的其他主体进行铺陈。本章将致力于解析人权责任主体迈向多元化的趋势，并尝试对承担人权责任的私人主体进行类型化分析，对不同私人主体的"权力"渊源与相应的人权责任进行探讨。

一、缘何迈向分担与合作

人权责任承担主体迈向多元化，可以从两个角度来理解。

第一个角度是从权力的视角出发，可以理解为权力、权威分散化的视角。在经典理论中，国家是人权责任的承担者，在更具开放性的人权责任体系中，国家也是承担着保障责任与担保责任的最终责任者，其最大的原因即国家拥有巨大的公权力。而从晚近的公法理论与实践中可以看出，私人主体扮演规制角色、行使准公共性质的权力的情形越发常见。而这种权力、权威的分散化，又有一些最主要的原因，即全球治理、公私合作以及社会公权力、私权力主体的崛起。在全球治理的视野中，主权国家之外的诸多主体也扮演着重要的国际治理角色；在公私合作的视野中，行政机关与市场主体、社会主体共同完成公共任务的情形日渐普遍；在社会公权力、私权力崛起的视野中，社会组织、平台企业往往扮演着相对独立的重要规制角色。

第二个角度是从权利的视角出发，可以理解为从基本权利在很多情境下越发敏锐地受到私人主体行为的影响、越发迂回地才能溯至国家的角度出发，从权利的视角思考人权责任需要不同主体分担的趋势。这一视角又有两个最主要的方面，一是基本权利保障的诉求直接指向了最具关联性的私人主体行为；二是一些私人主体结构性大规模侵犯基本权利的情形越来越隐蔽，国家立法保障、执法监管与司法救济都只能在并不完善的程度上对个体进行底线救济，完善人权责任框架、更高程度上实现人权，还需要更加健全的人权责任网络。出于篇幅的考虑，本部分将对第一个方面所涉及的全球治理与公私合作分别叙述，而后阐发基本权利的"敏锐化"倾向。

（一）全球治理

1. 全球治理中的多元主体

全球治理是通过有约束力的国际机制解决全球性问题的治理活动，一系列相关主体围绕诸多层面的规则体系进行具有跨国影响力的治理。[1] 在全球治理的视野下，全球行政法（Global Administrative Law）与跨国规制（Transnational Regulation）日益成为显学。各类跨国治理机构既包括作为传统国际法主体的国家和国际组织，又包括较少被传统国际法关注的国内规

---

[1] 参见俞可平：《全球治理引论》，载《马克思主义与现实》2002年第1期；薛澜、俞晗之：《迈向公共管理范式的全球治理——基于"问题—主体—机制"框架的分析》，载《中国社会科学》2015年第11期。

制机构组成的跨国网络、政府间和私人混合型机构以及私人机构。[1]

全球治理有许多侧面与人权息息相关。譬如，全球化带来了信息、数据的频繁流通与交换，如何应对跨境数据治理就为相关权利的保障带来了新的机遇与挑战。《欧盟通用数据保护条例》和我国《个人信息保护法》均在第3条创设了域外管辖制度，以更好地参与全球数据治理、维护本国数据主权、保护相关主体合法权利。[2] 换言之，全球治理呼吁各国创新法律制度、更新法律手段以保障各类人权不受损害。除了带来更多的新发展与治理议题，全球化还将更多的治理主体引入全球治理网络，典型的即跨国公司和国际非政府组织。

第一，全球化进程中形成的具有超大规模与超强经济实力的跨国公司，在全球治理过程中扮演着重要角色。这些跨国公司对基本权利的影响程度与其角色和能力密不可分，又往往很难在一国监管体制之下获得完全的监管。因此，跨国公司的社会责任、人权责任，已经完成从道德责任（Moral Responsibility）到法律责任机制（Legal Accountability）的转变。由于实力强大、资本雄厚的跨国公司可在不同法域或市场精心设立一系列关联公司以降低风险与成本，所以应当比当地区域公司承担更大范围的全球责任。[3] 亦因为如此，近年来的国内外理论与实践均已接受并倡导跨国公司作为承担人权责任的重要主体。[4] 在这样的背景下，联合国

---

[1] 参见纽约大学全球行政法项目中文网页，http://www.iilj.org/gal/GAL_Chinese.asp，2014年3月12日访问。

[2] 参见王雪、石巍：《数据立法域外管辖的全球化及中国的应对》，载《知识产权》2022年第4期。

[3] 参见刘俊海：《论公司社会责任的制度创新》，载《比较法研究》2021年第4期。

[4] 关于跨国公司人权责任的问题，图依布纳教授指出，"在南非，使人类损失惨重的艾滋病问题——它所夺去的生命比二十世纪九十年代全世界所发生的所有内战的死伤者的总数还要多，自从Hazel Tau v. Glaxo and Boehringer案以来，已经发生了明显的改变。该案将具有多维度的社会问题转变成了更为狭窄的法律问题：企业的价格政策是否违背了基本人权？艾滋病患者是否可以直接针对跨国公司主张他们的生命权？在私营企业中，是否存在一种'获得药物治疗权的人权'？更一般地讲，基本权利是否不仅约束各个主权国家，而且直接约束那些私人主体？"参见［德］贡特尔·图依布纳：《匿名的魔阵：跨国活动中"私人"对人权的侵犯》，泮伟江译，高鸿钧校，载高鸿钧、张建伟主编：《清华法治论衡》第10辑，清华大学出版社2008年版，第280—313页。

人权理事会于2011年通过了《工商企业与人权：实施联合国"保护、尊重和补救"框架指导原则》，该指导原则没有将市场中工商业对人权造成的负面影响归咎于工商企业，而是将这一问题置于工商业与其他相关方的关系和力量对比之中，指出市场规模和力量有可能远远超出使其顺利运作的范围。[1]

第二，国际非政府组织在全球治理中并非仅扮演补充性角色，在部分情境下也有可能发挥关键性作用。国际非政府组织是具有合法的非营利目标、独立于主权国家和政府、活动范围至少包括两个国家的组织。[2] 部分国际非政府组织基于其专业性有可能成为重要国际规则的制定者，从历史上看，《联合国宪章》《世界人权宣言》《生物多样性公约》等在起草过程中均得到过非政府组织的智力支持。[3] 除了已经具有较大国际影响力的传统机构，近年来，亦有部分新成立的非政府组织聚焦于新兴领域的权利保护。例如，全球网络空间稳定委员会（Global Commission on the Stability of Cyberspace）是2017年成立的、专门从事制定网络空间规则的非政府组织，已发布数个相关文件强调建设以"保护互联网公共核心"为中心的网络空间规则，并获得了一定影响力。[4] 当然，多元治理主体就意味着多元利益代表。例如，在国际人道法论域下，针对饮用水供给的性质究竟是企业商业行为抑或关涉个人基本权利，激进的非政府组织与温和的非政府组织的核心主张、行为模式等均大相径庭，彼此之间的意见、行动、规则均具有冲突，须在不断的商谈中寻求共识的凝结。[5]

---

[1] 参见梁晓晖：《工商业与人权：中国政策理念的转变与业界实践的互动研究》，载《国际法研究》2018年第6期。

[2] 参见何志鹏、刘海江：《国际非政府组织的国际法规制：现状、利弊及展望》，载《北方法学》2013年第4期。

[3] 参见张晓君：《论非政府组织对国际法的塑造》，载《法学评论》2023年第1期。

[4] 参见耿召：《网络空间技术标准建设及其对国际宏观规则制定的启示》，载《国际政治研究》2021年第6期。

[5] Bronwen Morgan, *Water on Tap: Rights and Regulation in the Transnational Governance of Urban Water Services*, Cambridge University Press, 2011, pp.1-21.

2. 全球治理与人权责任之间的关联

全球化进程加深了国家与社会之间的相互渗透，并且造成了权力与权利在量上的同步生产或增长。[1] 新的权力形态和权利诉求急剧增加，出现了传统法律关系无法完全容纳的现象。可以说，全球化对人权带来的最主要影响之一，是人权责任承担结构的变革。由于以主权国家为核心的经典人权责任机制与全球化的权力权威分散化、没有强有力的公权力核心的特点不一致，因此更加容易产生人权风险（Human Rights Risks）。

理想型的全球治理将人权实现的视野放大到了主权国家之外的广阔空间，但无法直接解决其与人权法之间的紧张关系。一方面，理想型的全球治理需要兼具灵活性、适应性、多中心性和非正式性，面对迅速变化的情形能够作出快速、准确和创新的反应；另一方面，人权法却需要有根据的、有原则的、程序完善的、审慎授权的规范。[2] 由于二者之间的调和并不容易，因此在全球治理议题中嵌入人权法价值成为应然但艰辛的工作。同时从另一个角度而言，正是由于存在这样的调和难题，人权责任才更需要迈向分担与合作，责任实现机制才更加需要选择主体多元、方式多元、规范多元的模式，人权法原则与要求才更应当被嵌入全球治理网络中。

此外，必须看到的是，虽然经济全球化是当今时代的基本特征，但保护主义、单边主义等逆全球化风潮近年来愈演愈烈。[3] 这给全球治理带来了新的巨大困难，共识形成的难度显著加剧。例如，针对国际社会中的难民权利保护，自《难民公约》及《难民议定书》生效以来，该领域再未出现具有广泛影响力的全球性多边公约，国际难民法律制度的发

---

[1] 参见马长山：《法治的平衡取向与渐进主义法治道路》，载《法学研究》2008年第4期。

[2] See P. Alston, Dounsizing the State in Human Rights Discourse, in N. Dorden and P. Gifford eds., Democracy and the Rule of Law, Congressional Quarterly Press, 2001, p.359. 转引自［英］安德鲁·克拉帕姆：《非国家行为人的人权义务》，陈辉萍等译，法律出版社2013年版，第7—8页。

[3] 参见卢静：《当代全球化进程与国家角色转变》，载《太平洋学报》2022年第9期。

展已然陷入僵局,难民人权保障举步维艰。[1] 对此,我国倡导以人的全面发展为目的的和谐发展理念,以人类共同利益为目标构建人类命运共同体。[2] 在这样的背景下,包括各国政府、跨国公司、国际非政府组织等国际治理主体更应当在合作、对话与互利共赢的原则下应对日益严峻的全球性挑战。通过软法形成协定、指南、行为指南的形式构成了逆全球化背景下推进全球治理的重要方案,也成为推进全球人权发展水平的可能方案。[3]

(二)公私合作

1. 公私合作中的多元主体

公私合作(Public-Private Partnership)是指公共部门与私人部门为相互合作、共担风险、提供公共产品服务而建立起来的一种长期的合作伙伴关系。[4] 这种伙伴关系通常需要通过正式的协议来确立,合作双方多为政府与企业。在伙伴关系下,公共部门与私人部门发挥各自的优势提供公共服务,共同分担风险、分享收益。伙伴关系的形式非常灵活广泛,包括特许经营、设立合资企业、合同承包、管理者收购、管理合同、国有企业的股权转让或者对参加私人开发项目提供政府补贴等丰富类型,且更新的形式在实践中仍层出不穷。[5] 不同形式下私人部门的参与程度与承担风险的程度各不相同。

观察公私合作中"私"主体的样态,通常具有三种形式:一是实质的

---

[1] 参见何志鹏、申天娇:《难民权利保护的国际软法之治》,载《浙江大学学报(人文社会科学版)》2021年第3期。

[2] 参见肖玉飞、周文:《逆全球化思潮的实质与人类命运共同体的政治经济学要义》,载《经济社会体制比较》2021年第3期。

[3] 参见何志鹏:《逆全球化潮流与国际软法的趋势》,载《武汉大学学报(哲学社会科学版)》2017年第4期。

[4] 参见李霞:《论特许经营合同的法律性质——以公私合作为背景》,载《行政法学研究》2015年第1期。

[5] 参见余晖、秦虹:《什么是公私合作制》,载《中国经济时报》2005年9月19日,第5版。

私化,将公共任务转移给私人;二是形式的私化,也称组织私化,将承担公共任务的组织私法化成公司形态;三是功能的私化,部分私化或外包,行政事务权限与责任仍然属于行政机关,实则委任给纯粹的私人主体。绝大多数公私合作方案都采取游走在"单纯组织私法化"与"任务完全私人化"之间的模式,"任务部分私人化"成为各国立法及实务普遍采用的公私合作模式。[1]

第一,部分参加公私合作的私人主体是公用事业单位。由于公用事业影响公共利益而非少数主体的私人利益,因此,政府有责任确保其平等、充分、价格合理地实现普通人可及。一方面,政府须承担持续的监管和保证责任;另一方面,公用事业的实际运营者亦须受公法责任的约束,公共服务的连续性必须得到保障。[2]

第二,部分参加公私合作的私人主体是在社会保障供给领域具备专业性的企业。社会总体福利有多个来源,除了政府直接提供外,市场与社会,包括企业、家庭、志愿组织、社区等也是福利的重要来源。[3]甚至在部分领域,市场主体与社会主体是提供相应服务的优先选择。[4]例如,《"十四五"国家老龄事业发展和养老服务体系规划》重点提及公建民营、民办公助、委托经营、购买服务等多种养老机构或老年文体活动场所的运营方式。《天津市养老服务机构公建民营管理办法(试行)》第5条第2款着重强调"实行公建民营的养老机构,应坚持公益属性"。[5]此外,政府在

---

[1] 参见〔日〕米丸恒治:《私人行政——法的统制的比较研究》,洪英、王丹红、凌维慈译,中国人民大学出版社2010年版,第5—22页。

[2] 参见叶必丰:《公共服务连续性理论及我国的实践》,载《政法论坛》2022年第5期。

[3] 参见王家峰:《福利国家改革:福利多元主义及其反思》,载《经济社会体制比较》2009年第5期。

[4] 正如阿斯曼教授指出,"社会福利任务并不属于行政主体本身之给付义务,而是社会团体将之视为自己的任务加以履行,有时甚至优先由社会团体来承担。国家与社会之间福利任务之分配,并未在所有社会福利事项上均以法规范明定"。〔德〕施密特·阿斯曼:《秩序理念下的行政法体系建构》,林明锵等译,北京大学出版社2012年版,第122页。

[5] 社区以准公共物品形式提供养老公共服务被认为是社区居家养老的重要发展路径之一。参见罗津:《深度老龄化背景下城市社区居家养老的治理机制》,载《上海交通大学学报(哲学社会科学版)》2021年第4期。

若干福利事项上全链条环节有可能引入不同的合作方，以更好地完成公共任务。例如，政府有可能采取公开招标的方式购买符合条件的房屋作为公租房提供给低收入家庭[1]，再通过政府购买服务的方式引入公租房的运营管理者[2]。

2. 公私合作与人权责任之间的关联

在公私合作的语境下，私人资本的逐利性与公共服务的公益性之间产生了一定的紧张关系。因为对于公共服务的承包商来说，原本其更加关注的是标的和利润，而并非公共产品的普遍性、可得性。[3] 因此，核心公共服务采用公私合作的模式运营，与人权责任密切相关。公用事业的普遍服务义务是一种人权义务，而人权履行义务转移给私人后，国家承担人权保障的监督义务，通过规制来扮演最终责任人的角色。[4]

从人权法的角度来观察公用事业特许经营，很容易理解为何相关企业须履行普遍服务义务。联合国人权委员会和欧洲人权法院均发出过类似警告：国家不能通过将国家职能委托给商业部门而逃避其人权责任。[5] 在我国法规范体系中，《行政许可法》第67条第1款明确规定，"取得直接关系公共利益的特定行业的市场准入行政许可的被许可人，应当按照国家规定的服务标准、资费标准和行政机关依法规定的条件，向用户提供安全、方

---

[1] 例如，山东省日照市政府通过公开招标方式购买小户型住宅为公租房，参见《日照市政府购买新营华府300套小型住宅为公租房》，载"日照发布"公众号，2016年9月27日。

[2] 例如，《关于加强西安市公共租赁住房运营服务管理的指导意见》指出，"运营管理采取政府购买服务的方式进行。政府购买公租房运营管理服务，是指把公租房管理中应由政府提供的服务事项，按政府采购程序确定承接主体，签订服务合同，并载明服务事项、期限、数量、质量、价格及结算方式、权利义务和违约责任等内容"。

[3] 参见骆梅英：《从"效率"到"权利"：民营化后公用事业规制的目标与框架》，载《国家行政学院学报》2013年第4期。

[4] See Hallo de Wolf, Antenor, *Human Rights and the Regulation of Privatized Essential Services*, 60 Netherlands International Law Review 165, 165-204（2013）. 公共服务可以大致分为核心服务、辅助服务和商业服务，参见李海平：《政府购买公共服务法律规制的问题与对策——以深圳市政府购买社工服务为例》，载《国家行政学院学报》2011年第5期。

[5] [新西兰]迈克尔·塔格特主编：《行政法的范围》，金自宁译，中国人民大学出版社2006年版，第48页。

便、稳定和价格合理的服务,并履行普遍服务的义务;未经作出行政许可决定的行政机关批准,不得擅自停业、歇业"。

从人权法的视角来观察参与社会保障供给的私人主体,也可以较为通畅地解释缘何人权责任延伸至相关企业。合作企业在进入公用事业合作领域前,仅为纯粹的民事主体;但其通过竞争获得特许经营权,成为政府的合作企业以后,尽管没有转变为行政主体,却由于其从事的是具有公共利益属性的公用事业而承担人权责任。相关企业有义务维持公用企业所提供的产品与服务的公益性、满足广大民众的需要。其在获取报酬的同时,应当承担相应的公法义务,如普遍服务、持续经营、价格平等,这些公法义务都具有人权法上的意义。[1] 从另外的角度来说,核心公共服务的提供者是公或私并不重要,重要的是服务的类型(Type)、性质(Nature)、质量(Quality)、实用性(Availability)以及实际中与经济上的可得性(Physical and Economic Accessibility)。[2] 更进一步地,这也要求私人主体在人权领域不仅具有尊重人权的义务,在某些情形下也负有积极义务以保障人权。

在公私合作的背景之下,政府与私人主体对人权责任的分配就成为至关重要的问题。相关责任可以区分为政府完全责任、政府主责的共同责任、私营组织主责的共同责任、私营组织完全责任等若干形态,受到公法与私法相关法律框架的约束。[3] 一方面,政府需要承担规制、担保以及履行行政协议等方面的责任,而政府为实现公共任务,也常常在立

---

[1] 邓敏贞:《公用事业公私合作合同的法律属性与规制路径——基于经济法视野的考察》,载《现代法学》2012年第3期。此外,更高发展程度的公共服务目标还包括对用户需要和需求作出积极反映。参见李蕊:《公共服务供给权责配置研究》,载《中国法学》2019年第4期。

[2] See Green Paper on Services of General Interest (2003), http://europa.eu/legislation_summaries/competition/state_aid/l23013_en.htm, 2023年11月28日访问。

[3] 参见高秦伟:《私人主体的行政法义务》,载《中国法学》2011年第1期;虞青松:《公私合作下公用事业收费权的配置研究》,上海交通大学法学院2013年博士学位论文。

法中直接对私人主体表达鼓励态度[1]，适用多元政策实施工具激励私人主体，常见的有贷款、贷款担保、税收补贴、利息补贴、保险、风险担保等[2]。亦即相当多的规制工具选择适用过程背后均须经过以人权保障为公共目的的衡量过程。另一方面，企业将承担法律规定与协议约定的法律义务，具体化地在人权保障的宪法要求之下贯彻公开、平等、参与和问责等现代法治原则。[3]其对外主要承担民事责任，但仍基于服务性质等因素存在公法责任的可能性，典型例如信息公开责任。[4]《政府信息公开条例》明确规定，公共企事业单位亦须承担信息公开义务。[5]在行政协议的视野下，《行政诉讼法》和《最高人民法院关于审理行政协议案件若干问题的规定》实现了将经由行政协议达成的公私合作事项纳入司法审查之中的目的，公私双方的法律责任均属于行政诉讼关注的范畴。[6]

---

[1] 例如，《畜牧法》第10条第2款、第3款规定，"畜禽遗传资源保护以国家为主、多元参与，坚持保护优先、高效利用的原则，实行分类分级保护。国家鼓励和支持有关单位、个人依法发展畜禽遗传资源保护事业，鼓励和支持高等学校、科研机构、企业加强畜禽遗传资源保护、利用的基础研究，提高科技创新能力"。

[2] 参见［美］莱斯特·M.萨拉蒙：《公共服务中的伙伴——现代福利国家中政府与非营利组织的关系》，田凯译，商务印书馆2008年版，第20页、第21页。

[3] 参见李霞：《公私合作合同：法律性质与权责配置——以基础设施与公用事业领域为中心》，载《华东政法大学学报》2015年第3期。

[4] 参见胡敏洁：《论政府购买公共服务合同中的公法责任》，载《中国法学》2016年第4期。

[5] 该条例第55条第1款规定，"教育、卫生健康、供水、供电、供气、供热、环境保护、公共交通等与人民群众利益密切相关的公共企事业单位，公开在提供社会公共服务过程中制作、获取的信息，依照相关法律、法规和国务院有关主管部门或者机构的规定执行。全国政府信息公开工作主管部门根据实际需要可以制定专门的规定"。对此，有学者认为较之于先前的规定，2019年修订后的该条款具有"去条例化"之嫌，亦即虽相关企业承担信息公开义务，但义务程度有可能与条例主体要求产生差距。参见彭錞：《公共企事业单位信息公开：现实、理想与路径》，载《中国法学》2018年第6期。

[6] 关于行政协议司法审查的讨论，参见余凌云：《论行政协议的司法审查》，载《中国法学》2020年第5期；于立深：《行政协议司法判断的核心标准：公权力的作用》，载《行政法学研究》2017年第2期；青青波：《行政协议内容判准及其具体化》，载《南大法学》2022年第5期；郑志行：《行政协议解除权的规则体系建构——兼评〈行政协议规定〉第27条第2款》，载《交大法学》2023年第2期。

(三) 社会公权力以及私权力的崛起

社会公权力、私权力主体均并非立法概念，而是学术界总结的、描述性较强的概念。它们实际上是将公权力主体之外的其他主体分为社会主体与市场主体，前者对应各类社会组织，包括行业协会、基金会、社会中介组织等；后者则主要对应商事主体，尤其是影响力较大的企业。

社会公权力表现为各类社会组织在不同的社会共同体中对其组织成员产生的影响力与支配力。[1] 社会组织往往通过其行业内部规范对成员施加高于法律底线的纪律要求，并在章程所限的范围内实施奖惩，能够对成员权益产生直接影响。在相当多的情境下，其成员本身也是在社会和市场中具有复杂交易链条的重要实体，因此，社会组织的奖惩行为往往将产生溢出效果。概言之，其既有可能对成员产生直接影响，也有可能对不确定的民众选择产生不易预估的影响。

社会公权力主体在行使其具有准公共管理性质的权力时，须在其权力范围内承担相应的人权责任。一方面，它具有尊重成员权利的基本义务，不能利用其在行业或社会共同体中的组织能力或权威角色侵犯成员合法权利、损害其他上下游相关产业合法权益以及消费者合法权益；另一方面，它也具有保障成员权利的重要责任，应当在制定更加科学的行业标准、引导行业发展等方面发挥作用。

私权力表现为占据明显优势地位的商业主体对其他交易对象或服务接受者产生的影响力与支配力。[2] 这样的影响在部分情境下已经由于所涉用户众多、关涉权利重大而向"公权力"的方向转移。例如，在比较法上，

---

[1] 参见姜明安：《论法治国家、法治政府、法治社会建设的相互关系》，载《法学杂志》2013年第6期；徐靖：《论法律视域下社会公权力的内涵、构成及价值》，载《中国法学》2014年第1期。

[2] 参照周辉：《平台责任与私权力》，载《电子知识产权》2015年第6期。

已有相关理论与实践主张将大型数字企业定性为公用事业或公共承运人。[1]在这样的逻辑理路下，时代的发展使得由私人主体研发、提供的某些服务事实上具备了公用事业属性，其所关涉的个人权利已经可以归入获取公共服务的权利，具有了人权法意义。因此部分运营商须在普遍服务、持续服务和合理价格服务方面承担类似于公用事业单位的义务，在相当多的情形下不能拒绝连接。

私权力主体基于其在整个行业和社会经济生活中的重要角色，在生产经营过程中应当更加重视将"人的尊严"作为企业自我规制所应保障的重要价值。对此，政府已经针对私权力主体的人权责任进行了多方面的规制。例如，为确保部分新业态企业切实承担应有的人权义务，监管部门在劳动者保护、用户权益保护领域提出了日益明确的规制要求。《关于落实网络餐饮平台责任切实维护外卖送餐员权益的指导意见》针对"困在算法中"的外卖送餐员权益保障，提出科学设置报酬规则、优化平台派单机制、综合运用保险工具等多项要求。对于劳动者的劳动权、人格权和数字人格权所面临的威胁，平台企业应当以变革算法为开端，承担相应的人权责任。[2]

概言之，为实现尊重与保障人权的目标，政府、社会、企业和法律职业共同体等应当关注社会公权力、私权力主体的运行，为平衡发展与人权寻求更加恰当的方案。[3]

（四）基本权利的"敏锐化"

基本权利的"敏锐化"是指基本权利越发敏锐地受到国家非高权管制

---

[1] 参见高薇：《美国平台公用事业管制的理论及其发展》，载《江西师范大学学报（哲学社会科学版）》2022年第5期。

[2] 参见田野：《平台用工算法规制的劳动法进路》，载《当代法学》2022年第5期。

[3] 已有学者提出，应当"通过任务计量型劳动基准、突破劳动关系的集体协商、新业态职业伤害保障等配套制度实现底线保障，并随着劳动形态演进增设权益规范，逐步实现全方位保障和系统性治理"，而这需要多方主体在法律规范体系下的共同努力。参见王天玉：《平台用工的"劳动三分法"治理模式》，载《中国法学》2023年第2期。

措施以及私人主体的影响的现象。[1] 大体上，基本权利的"敏锐化"指向三个维度。

1. 基本权利减损无法直接归因于行政行为

在全球治理、公私合作、社会公权力以及私权力主体崛起的背景下，相对人权益的过度减损在部分情境下只能模糊地指向国家的保护义务，无法在法律上归因于行政机关的强制性制裁行为，甚至无法找到确定的责任承担主体。

尤其是在信息传播十分便捷、效果难以预估的当今社会，诸多主体均可以通过声誉制裁工具来以较低成本影响相对人权益。2019 年修订后的《政府信息公开条例》和 2021 年修订后的《行政处罚法》均明确设定了行政处罚决定公开条款，同时，依据《企业信息公示暂行条例》《市场监督管理行政处罚信息公示规定》以及行政执法公示制度[2]相关顶层设计文件的安排，多数企业行政处罚决定信息应予公开。在这样的制度安排下，当行政机关对违法相对人进行惩戒后，相对人名誉还有可能据此受到一系列后续负面影响。该公开行为在现有法律框架下较难被定性为声誉罚，更多的情境下被看作行政事实行为性质的政府信息公开措施。这部分减损难以准确衡量与救济，却有可能带来"社会性死亡"的后果。[3] 类似地，企业及其负责人行政处罚信息被行政机关依法公开后，以企查查、天眼查、启信宝等为代表的企业征信机构可系统整合政府公开数据，并向用户提供信用刻画等付费服务。[4] 相关信用评价服务受《征信业管

---

[1] 阿斯曼教授经典的行政法著作《秩序理念下的行政法体系建构》在第二章中对"基本权的发展冲击"议题进行了详细阐发，并以"基本权的'敏锐化'：间接的侵害"为题进行了深入阐发。参见［德］施密特·阿斯曼：《秩序理念下的行政法体系建构》，林明锵等译，北京大学出版社 2012 年版，第 72 页。

[2] 执法公示制度是行政执法"三项制度"之一，参见《国务院办公厅关于全面推行行政执法公示制度执法全过程记录制度重大执法决定法制审核制度的指导意见》。

[3] 参见陈碧：《艺术家一次轻微违法，就该终身"社死"吗？》，载微信公众号"凤凰网"，2021 年 12 月 8 日。

[4] 关于已公开信息的法律保护，参见王华伟：《已公开个人信息的刑法保护》，载《法学研究》2022 年第 2 期。

理条例》约束，是符合《个人信息保护法》的信息使用行为，但并没有任何主体为相对人远超比例原则限度的机会损失负责。

可以看到，这类难以预设与察觉、无法定性与限制的人权风险在现代社会越发常见。例如，在比较法的语境下，当信贷评价模型引入社交关系网络因素之后，信贷企业资金安全在"万事普遍联系"的征信体系中得到进一步保障[1]；但个人社交信用与经济信用混同评价是否对人的尊严与个人发展构成不合理负担则无人负责[2]。概言之，复杂的法律制度在技术赋权下不断解决之前难以根治的问题，例如，信息不对称带来了风险，又带来了新的难题；又如，无法被归于隐私权、名誉权等经典人权类型的个体损伤。

2. 基本权利减损源于其他主体行为

在部分情境下，相对人权益的过度减损并不源于国家行为，基本权利能够更轻易地受到国家之外的其他主体的影响，例如前文所述及的社会公权力、私权力主体的影响。

在目前的惩戒体系中，相当大一部分惩戒措施并非源于行政机关，而是相关的社会组织。例如，截至2022年年末，中国演出行业协会网络表演（直播）分会自2018年开展网络主播警示名单工作以来，已经陆续发布了10批网络主播警示名单，并组织全体会员对严重违法违规主播在行业内实行联合抵制和惩戒。[3]虽然相关协会并不像行政机关一般拥有执法权，但基于各大主播平台基本上均属于该协会之现状，被列入禁播名单的主体很难再次出现于公众视野。据此，相关协会、团体所行使的权力即便没有行政机关的委托与授权，也具有公权力的性质，属于前文所述社会公

---

[1] 参见戴昕：《理解社会信用体系建设的整体视角——法治分散、德治集中与规制强化》，载《中外法学》2019年第6期。

[2] 参见徐娟：《用户画像中的人权保护》，载《河北法学》2023年第2期。

[3] 《第十批网络表演（直播）行业主播警示名单发布》，载中国演出行业协会网站，https://mp.weixin.qq.com/s/NCRgCQ07PTdlOOZYHr73fA，2023年1月1日访问。

权力主体的范畴。[1] 相关限制涉及被惩戒主体的职业自由、营业自由、财产权、名誉权等基本权利，本应受到更严格的法律约束。[2] 然而在实践中，其惩戒措施基本全然逸出《行政处罚法》的约束范畴，几乎不受任何法律控制。

3. 基本权利减损隐匿在高科技发展之中

随着信息技术的发展，相对人权益的过度减损隐匿在科技发展之中的现象越发普遍。

近年来，具有强大平台性权力的企业以及数量庞大的网络用户对个人信息、隐私、名誉的可能侵犯日益引发广泛关注。平台企业对个人信息的记录与收集达到了几乎掌握每个人生活的地步，个人基本信息、聊天记录、搜索记录、购买习惯等，无不在各大平台企业的掌握之下。虽然在司法裁判中，平台企业对这些信息的留存并不意味着侵犯隐私权，信息被非法侵犯、知悉、搜集、复制、利用和公开才有可能构成侵权。但这种侵权极为隐蔽、取证艰难，也会成为很多其他民事侵权与刑事犯罪的信息基础。同时，网络暴力等新型侵权形式亦难以举证、监管、惩戒并有效地追究法律责任，个人信息、隐私、名誉又具有一经损伤不易修复之特性，因此，即便在《刑法》《个人信息保护法》等法律已经面向网络社会专门着眼于信息权利的制度性保护的背景下，仍有可能遭遇救济方面的难题。[3] 例如，已有学者指出，以"删除""遗忘"为代表的传统声誉修复进路事实上难以弥补声誉主体所承受的交易利益损失和尊严感受损失。[4]

此外，相关公私权力主体很有可能并没有违反法律规定。它们或者是在法律底线行动，或者是通过一些自愿性契约的方式将侵犯人的尊严的行为方式合法化，譬如目前仍处于法规范体系完善过程之中的平台劳动者权

---

[1] 参见石佑启：《论协会处罚权的法律性质》，载《法商研究》2017年第2期。
[2] 参见宋华琳：《禁入的法律性质及设定之道》，载《华东政法大学学报》2020年第4期。
[3] 参见徐才淇：《论网络暴力行为的刑法规制》，载《法律适用》2016年第3期。
[4] 参见戴昕：《声誉如何修复》，载《中国法律评论》2021年第1期。

益保障问题。事实上在这一领域，无论是关于劳动时间、劳动安全还是劳动保障等方面，都面临着劳动者权利机制的重新梳理，加强对劳动者平等权、职业安全卫生权、社会保险权等方面的权利保障。[1] 概言之，科技发展带来的权利损害隐蔽性更强是新兴（新型）权利主张不断涌现的重要原因，人们需要在难以计数的权利主张中识别真正的权利并提供更加完善的法律保护。[2]

正因为基本权利越发呈现出"敏锐化"的趋势，权利减损越来越难以直接归因于公法或私法法律关系中的具体个体，但它却实实在在地发生并对个体发展产生了巨大影响，人权保障机制才更需要合理配置与体系化设计。人权责任不仅是行政机关监管责任的题中之义，也是相关企业、行业协会、公益机构、社会组织的共同责任。国家立法保障、执法监管与司法救济都只能在并不完善的程度上对个体进行底线救济，完善人权责任框架；更高程度上实现人权，还需要更加健全的人权责任网络，更恰当地配置相关各方的责任机制。

在此基础上，制度设计者将"人的尊严"纳入整个规制与治理体系，就成为至关重要的解决方案。虽然与人权相关的很多分析指标是很难量化的，但在成本收益分析的计算中，规制者不能忽视这些无法量化的要素，不能忽视规制与政策对人的影响，不能将人的尊严作为某种金钱价值的等价物。[3] 人的尊严之核心在于个人的自治与自决，人的发展则体现在自主

---

[1] 参见李满奎、李富成：《新业态从业人员职业伤害保障的权利基础和制度构建》，载《人权》2021年第6期。

[2] 参见雷磊：《新兴（新型）权利的证成标准》，载《法学论坛》2019年第3期。

[3] 将人的价值纳入成本收益分析框架，在桑斯坦教授出版的著作中有精到的阐述。See Cass R. Sunstein, *Valuing Life: Humanizing the Regulatory State*, University of Chicago Press, 2014, pp.6, 76-77. 该书对人的尊严对规制的影响举了很多例子，譬如，要求建筑修建无障碍设施或许会花费5亿美元，而货币化的收益为4.5亿美元，适用损益平衡分析的方法（Breakeven Analysis），也可以论证该项规制是正当的。

性、能力、声誉等诸多维度。[1] 在规制与治理体系中，人不能够被贬抑至客体与纯粹的手段，即使在信息社会，人也不能成为可任意替代的数值或画像。[2]

二、人权责任向私人主体的扩展

人权责任从仅归于国家，发展至向私人主体扩展，这一命题很容易溯至行政法学界的经典问题："谁还在行使权力"。[3] 行政法学者在研究"谁还在行使权力"时，基本的预设是权力原本由国家行使，而国家之外的主体分享了公权力，获得了在某一领域或对某一事务的管理或治理权威，或接受委托或通过外包，代履行了国家的某些公共职能——这是公法疆域扩展的最重要旨趣所在。在这样的语境下，不仅公权力可以产生高权关系，私人主体基于信息、财富与组织能力亦有可能成为规制过程中的权威。[4]

公法学者在探究权力行使主体的问题时，基本的学术关怀在于深省责任应当如何承担。因为消除行政控制比要求承担责任容易得多，不由政府行使的权力亦不应将责任遁入私法，从而被稀释模糊。[5] 故"谁还在行使权力"的问题，很大程度上更应当理解为"谁还应承担责任"的问题，化约为"基本权利还由谁来保障"的问题。

面对纷繁复杂的分析对象，本书希望通过三个角度来分析这些不同主

---

[1] 蔡维音教授曾将人的尊严划分为更具有操作意义的五项基本价值，分别是自主的人格发展、安全、基础生存所需、平等和福祉的最大化。参见蔡维音：《社会国之法理基础》，正典出版文化有限公司2001年版，第29页。

[2] 参见李洪雷：《行政法释义学：行政法学理的更新》，中国人民大学出版社2014年版，第99页。

[3] 参见沈岿编：《谁还在行使权力——准政府组织个案研究》，清华大学出版社2003年版，第1页。

[4] 参见［英］科林·斯科特：《规制、治理与法律：前沿问题研究》，安永康译，清华大学出版社2018年版，第92页。

[5] 关于如何防止公法责任遁入私法，可参见胡改蓉：《论公共企业的法律属性》，载《中国法学》2017年第3期。

体所拥有的巨大权力，进而分析其在人权责任议题上所应当扮演的角色，分别是作为规制者（Regulator）的私人主体、掌握关键资源与服务的私人主体、其他具有结构性优势地位的私人主体。

其中，第一个角度主要是从权力的视角出发的，将这些私人主体的权力、权威和角色与相似的国家角色类比，由于这些角色能够对权利的减损产生常规性、制度性的影响，因此也需要与对国家要求履行尊重与保障人权责任类似，对其在适当的情境与角色下提出某种维度的人权责任要求。第二个角度虽然也有第一个角度的某些意蕴，但更重要的是从权利的视角出发，以核心的社会经济文化权利诉求为中心，对承担其履行任务的私人主体课以相关人权要求。第三个角度可以理解为某种意义上的兜底条款，从周延地建立人权责任体系的角度，对纳入人权考量的强弱比对关系进行了总结。

下文即从前述三个角度出发，分析国家之外的其他权利主体及其人权责任。须关注的是，在分析日益崛起的私人主体时，软法规范亦常常被论及，这是因为在传统的由国家监督或执行的硬法命令—控制型规制模式之外，晚近兴起的由非国家主体发布、监管或执行的软法规范是私人主体发挥作用的具体工具，而这些软法既是私人权力发挥作用的手段，亦是约束其承担责任的工具。

（一）作为规制者的私人主体

"私人规制"（Private Regulation）是由私人主体进行的规制活动，私人主体的权力往往源自合同、法律或者政府授权、委托，也有可能基于自身使命产生。[1] 私人主体作为行政的中坚力量之一参与到公共事务中，行使社会公权力或拥有巨大的私权力。私人行政[2]、私人治

---

[1] 参见胡斌：《私人规制的行政法治逻辑：理念与路径》，载《法制与社会发展》2017年第1期。

[2] 参见［日］米丸恒治：《私人行政——法的统制的比较研究》，洪英、王丹红、凌维慈译，中国人民大学出版社2010年版。

理[1]在比较法语境下均为私人规制的同义语,强调的都是私人主体扮演具有权威性的规制者角色,而非一般意义上的参与和合作。其参与公共规制的合理性、权威性和执行力既有可能来自公权力机构的授权,也有可能以私法或软法为基础,通过制定或采取不具有法律强制力但具有实际效果的私人标准来完成规制任务。[2]

根据通常的理解,一种权利或义务,如果没有某种强制力的支持,就不可能在社会生活中存在和实现,权威和力量(Authority and Power)在权利的实现要素里是不可或缺的。[3]以此类推,如果说私人主体在一定情境下须承担人权责任或者部分个体有权向私人主体主张人权意义上的权利,那么也说明相关私人主体必然在一定情境下具有一定的权威和力量。

在私人规制中,至少有四方主体角色是非常重要的,分别是政府、私人规制者、被规制者与利害关系人。政府有义务保护个人免受私人规制权力的侵害。在这个意义上,国家履行的是人权保障责任,同时向私人规制者课以平等主体之间原本并不强调的人权责任。因此,观察任意的微观领域,只存在私人规制者、被规制者与利害关系人,而不存在政府隐喻其后的情形是罕见的。可以说,私人规制大多是混合规制(Hybrid Regulation)[4]的一部分,是"合作治理"(Cooperative Regulation)[5]的一个侧面。

---

[1] See Michael P. Vandenbergh, *Private Environmental Governance*, 99 Cornell Law Review.129, 195-197(2013)。

[2] 参见高秦伟:《跨国私人规制与全球行政法的发展——以食品安全私人标准为例》,载《当代法学》2016年第5期;于连超:《私有标准及其反垄断法规制》,载《北方法学》2012年第3期。

[3] 参见夏勇:《人权概念起源:权利的历史哲学》,中国政法大学出版社2001年版,第16页。

[4] See Timothy D. Casey & Jeff Magenau, *A Hybrid Model of Self-Regulation and Governmental Regulation of Electronic Commerce*, 19 Santa Clara Computer and High Technology Law Journal 1, 1-36(2002)。

[5] 参见关保英:《论行政合作治理中公共利益的维护》,载《政治与法律》2016年第8期;宋华琳:《论政府规制中的合作治理》,载《政治与法律》2016年第8期;石佑启、陈可翔:《合作治理语境下的法治化营商环境建设》,载《法学研究》2021年第2期。

国家有义务通过监管保证私人规制者不通过强力侵犯被规制者与其他利害关系人的权利。必须强调的是，相对于国家而言，私人规制者也是基本权利的享有者，亦即国家不仅应当尊重与保障普通个体的基本权利，也应当尊重与保障扮演规制角色的私人主体的基本权利。更复杂的是，同一领域如果存在不同的私人规制者，政府还肩负调控私人规制者之间关系的重要责任，引导私人规制者彼此之间良性竞争，保障多方主体合法权益。

国家、私人规制者、被规制者，不能通过传统的科层制框架来安排其固定的位置。在国家承担保障、担保与最终责任的前提下，私人规制者、被规制者与范围不定的利害关系人，构成了或严谨、或宽松的网络。在连带关系日益显著的当今社会，每一种权利义务关系的变动都有可能对网络中的其他主体造成影响，因此，政府在通过法律规范来限制任何一方或赋权任何一方时，均需要慎之又慎。例如，已有学者敏锐地提出，惩罚性赔偿法律制度的现有安排在鼓励私人参与公共规制的同时，也带来了过度的、缺乏效率的诉讼，导致法律规范当中不合理、不一致和表意模糊的内容被高度滥用，对整个公共规制体系的内在均衡产生了很大影响。[1] 可以说，政府通过法规范调控不同私人角色在公共规制体系中的作用，是"牵一发而动全身"的复杂规制机制设计议题。

从政府规制的外部视角观察，私人规制大多属于社会或市场的"自我规制"。除最狭义的私人主体规制自身外，自我规制还多指向共同体中的一部分主体规制另一部分主体（包括潜在的进入者），或联合成立共同体组织进行内部治理。例如，行业协会向其成员企业设定卫生与安全标准，或者具有国际生产链的企业为其外国供应商设定劳工与环境标准，均十分常见。[2] 相关企业在政府没有要求的情况下，自愿加入由私人发起的认证或指标体系以证明其符合社会和环境标准。加入者是否真正符合相关

---

[1] 参见赵鹏：《惩罚性赔偿的行政法反思》，载《法学研究》2019年第1期。

[2] See Kenneth. W. Abbot, Duncan Snidal, *Hard and Soft Law in International Governance*, 54 International Organization 421, 421-456（2000）.

标准将受到有效的私法机制约束，例如私人标准制定者要求相关企业委托审计公司评估其是否长期遵守相关规则与标准，否则将停止对其进行认证。[1]

当然，私人主体作为规制者，并不是指在某一微观领域拥有像政府一样的权力和权威，只要它具有影响禁止或允许他人进入和退出的权力和权威，在制定（Make）、实施（Implement）与执行（Enforce）规则之中的任一环节享有权力和权威即可被认定为处于规制者角色的私人主体。

在扮演私人规制角色的主体中，还有一类私人规制者可以被归为"元治理者"。"元治理者"通常是国家，国家必须平衡地方、国家、地区、全球各层次的治理，并相应地协调它们的行动。[2] 但在特殊的语境下也可能是私人主体，如果私人主体提供普遍的（Common）、基准性（Primarily Procedural）的程序，提供促进私人标准的相互承认的规则，或通过协调促进法律规则的融合与接受，它们也可以被看作"元治理者"，这些规则可以被看作"标准的标准"（Standard for Standards）。[3] 在现代治理过程中，扮演核心角色的私人主体并不鲜见，例如部分第三方机构在公共规制体系中具有依据其规则进行评估的功能，评估结果是包括行政机关在内的多方主体后续行为的主要依据。于是，评估机构制定规则与进行评估的活动事实上是整个规制体系中"隐藏"的关键环节，其"一锤定音"的决定性程度甚至超过了行政调查本身。[4] 又如，部分在行业内对产品或服务标准具有决

---

[1] See McAllister, Lesley K., *Harnessing Private Regulation*, 3 Michigan Journal of Environmental and Administrative Law 291, 291-419（2014）.

[2] 有学者指出，政府的"元治理"职能至少包括建立框架、确立愿景、管理互动、资源动员、直接参与和对外联络。参见顾昕、赵琦：《公共部门创新中政府的元治理职能——一个理论分析框架》，载《学术月刊》2023年第1期。

[3] See Fabrizio Cafaggi and Andrea Renda, *Public and Private Regulation Mapping the Labyrinth*, Public Economics: Miscellaneous Issues eJournal, 2012, http://aei.pitt.edu/36811/1/ceps_1.pdf.

[4] 例如，《公平竞争审查制度实施细则》第五章为"第三方评估"，该细则第23条规定，"第三方评估结果作为政策制定机关开展公平竞争审查、评价制度实施成效、制定工作推进方案的重要参考"。

定性影响的大型企业或行业组织，事实上也在一定情境下发挥着"元治理"功能。

将公共职能授权给私人主体，或者在一个领域中由私人主体扮演权威角色，目的并不是转移政府责任，而是更好地完成治理任务，更好地保障民众权利。于是正当法律程序、持续而可靠的保障与监管等已经被证明有效的公法原则或行政行为标准，都仍然被要求扩散至私人规制者。这些要求并非从公权力机构复刻至私人机构，而是根据其规制角色有针对性地展开。总体而言，公正而无偏私地对待被规制者或利害关系人，尊重受其影响的被规制者的基本权利，是作为规制者的私人主体不同于其一般角色的特殊义务。私人规制活动亦须遵守核心的公法原则，这一趋势也被称为"正当程序原则"的"私人化"。[1] 之所以公法原则的核心要求应当在私人规制中获得遵循，是因为它们不仅旨在限制政府权力，保障个人基本权利也是其根本立意所在。概言之，无论治理主体是否为政府，正当程序都是利益密切相关的个人应当获得的。[2]

从理论上分析，弱规制能力（Weak Regulatory Capacity）与私人规制者通常是不应当并存的，虽然政府规制机构由于历史原因、监管领域、监管手段的差异，规制能力会有强弱之分，但私人规制者是社会需求和市场需求的产物，如果规制能力弱，会被具有更强规制能力的主体吸收，理应很难存在下去。但也有例外的情形存在，譬如一些"伪私人监管者"，典型例证为"山寨社团"——事实上是不具有任何监管资质与能力的私人主体。然而，它们却由于广泛宣传让普通民众产生了对权威组织的期待和信赖，这一方面当然涉及商业伦理与媒体广告审查的具体问题，另一方面也说明在某些情况下仅凭名称与宣传，私人监管主体就能让公众产生期待与信赖，进而影响公众的知情权、选择权等诸多权利。对此，民政部在2022

---

[1] 通常认为，信息公开、隐私权保护、平等保护与正当程序是最需要适用于私人规制者的行政法基本原则。See Avishai Benish And David Levi-Faur, *New Forms of Administrative Law in the Age of Third-Party Government*, 90 Public Administration 886, 886-900（2012）.

[2] 参见高秦伟：《美国行政法中正当程序的"民营化"及其启示》，载《法商研究》2009年第1期。

年公布的《社会组织名称管理办法（征求意见稿）》中对社会组织的名称规定了较为详细的约束性条款，例如，"按照国家有关规定经过批准的，民政部登记的社会组织可以冠以'中国'、'全国'、'中华'等字词。县级以上地方人民政府的登记管理机关登记的社会组织不得冠以上述字词"。近年来，全国各级民政部门均通过发布名单的方式对其所发现的"山寨社团"予以曝光。[1]

在全面掌握有议程设定（Agenda Setting）、协商标准（Negotiating Standards）、执行（Implementation）、调控（Monitoring）与实施（Enforcement）等诸项权能、扮演"元治理"角色的私人主体之外，更多的其实是分别掌握有一项或几项权能的私人主体。而上述角色中最关键的，应当是规则制定者、认证认可者、"看门人"与平台性权力行使者、纠纷裁决者四类。接下来，笔者将从功能视角进行分类，对这四类私人规制者进行分别论述。[2]

1. 规则制定者

随着现代行政国家的兴起，行政机关处理的日常事务不仅日趋专业化和复杂化，其庞杂程度也越发超过了立法机关的立法能力，立法机关越来越倾向于制定框架性的法律，而不是设定具体的规则，相对地，行政机关开始越来越多地行使规则制定的权力。在规则制定的权力大量地从立法机关转移到行政机关时，学术界与实务界集中了大量精力来解决如何确保行政规则的合法性，并设计具体程序与制约监督机制，力求其在法治的框架下具有民主正当性。例如，针对行政立法，我国在《立法法》之外，还专门制定了《行政法规制定程序条例》和《规章制定程序条例》；以各种形

---

[1] 例如，《第十三批"离岸社团""山寨社团"名单（共68家）》，载中国政府网，http://www.gov.cn/xinwen/2016-10/12/content_5117994.htm，2022年10月19日访问。

[2] 针对私人规制者的分类，较多学者发表过相关论述。例如，斯科特教授以权力来源为标准，将私人规制者分为三类：第一，法律有明确、正式授权的私人主体；第二，权力源于其他主体自愿让渡的私人主体，即通过契约获得正式控制权力的组织；第三，没有源自法律或契约的授权，但基于权威、信息、组织与财富等扮演规制角色的私人主体。参见［英］科林·斯科特：《规制、治理与法律：前沿问题研究》，安永康译，清华大学出版社2018年版，第92页。

式出台的重大行政决策均须受《重大行政决策程序暂行条例》约束；行政规范性文件依据《行政复议法》和《行政诉讼法》的规定，可在相应救济中被一并审查。

然而，虽然针对行政规则的法律控制机制已经日渐完备，但是现实中的规则制定权力还存在大量归于私人主体的情形，尚未获得有序约束，譬如针对大型企业、行业协会等制定的标准与规范。正如苏永钦教授所言，"让平等主体间的民事规范，主要地或附带地承担辅助管制政策，在现代立法中已是常见现象，这类民事规范一方面实现了私法的公平正义，另一方面也借私人利益实现的诱因，减轻国家管制的负担，提高管制的效率"[1]。私人主体制定规则的优势明显，灵活性、便捷性、专业性均为私人规则的优良特质；但规则制定者所应当承担的责任"遁入私法"则有可能引发监督与救济难题，须受到一定程度的法律控制。

标准是最常见的私人主体制定的规则，这些标准不仅仅包括最常见的生产技术标准和服务标准，还包括质量标准、安全标准、环境标准等。《标准化法》第7条规定，"国家鼓励企业、社会团体和教育、科研机构等开展或者参与标准化工作"；第8条第2款规定，"国家鼓励企业、社会团体和教育、科研机构等参与国际标准化活动"；第18条第1款规定，"国家鼓励学会、协会、商会、联合会、产业技术联盟等社会团体协调相关市场主体共同制定满足市场和创新需要的团体标准，由本团体成员约定采用或者按照本团体的规定供社会自愿采用"。同时，该法也对私人标准的法律控制进行了原则性规定，第18条第2款为程序性控制条款[2]；第18条第3款明确了监管主体[3]；第20条第1款为实体性要求[4]。

---

[1] 苏永钦：《民事立法与公私法的接轨》，北京大学出版社2005年版，第9—10页。

[2] 其规定，"制定团体标准，应当遵循开放、透明、公平的原则，保证各参与主体获取相关信息，反映各参与主体的共同需求，并应当组织对标准相关事项进行调查分析、实验、论证"。

[3] 其规定，"国务院标准化行政主管部门会同国务院有关行政主管部门对团体标准的制定进行规范、引导和监督"。

[4] 其规定，"推荐性国家标准、行业标准、地方标准、团体标准、企业标准的技术要求不得低于强制性国家标准的相关技术要求"。

此外，部分领域法也明确鼓励相关团体标准的制定，例如《数据安全法》第 10 条规定："相关行业组织按照章程，依法制定数据安全行为规范和团体标准，加强行业自律，指导会员加强数据安全保护，提高数据安全保护水平，促进行业健康发展。"又如，《慈善法》第 96 条明确规定："慈善行业组织应当建立健全行业规范，加强行业自律。"在晚近的实践中，部分采取公私合作方式展开的社会保障服务已经开始受源自正式法规范之外的其他标准的衡量。例如，中国质量认证中心在 2015 年颁布了《养老机构质量评价》标准，其在《养老机构管理办法》及相关规范的基础上，结合国际标准制定了详细的评价指标，产生了一定的行业影响。[1] 此外，从企业合规的视角观察，在相当多的情境下，企业不仅须遵从公共标准，还须遵从私人标准。以我国苹果出口为例，企业须同时遵守国内外关于农药残留限量标准的规定和以来源于欧洲的非政府组织制定的"全球良好农业标准"（Global GAP）为代表的私人标准。[2] 这些标准获得普遍遵从并非直接依赖于规则发布主体所享有的"制度权威"，更重要的是依赖于建立在专业知识基础之上的"理论权威"。[3]

在比较法的视野下，美国大量的产品与服务标准源自私人主体，如美国国家标准协会、美国律师协会、美国建筑设计师协会、健康鉴定联合委员会、全国质量保证委员会、美国消防协会等。[4] 这些私人主体可以区分为行业协会、非营利团体以及由制造者、专业人员和政府官员组成的会员组织等不同类型。[5] 而从国际视角观察，许多具有全球影响力的标准来自非政府主体，譬如国际劳工组织发布的劳工标准。这些规则的

---

[1] 参见陈旭：《〈养老机构质量评价〉标准借鉴国外评价指标》，载《质量与认证》2016 年第 3 期。

[2] 参见赵碧琪：《公共标准与私人标准对中国苹果出口的影响研究》，广东外语外贸大学 2019 年硕士学位论文。

[3] 参见俞祺：《正确性抑或权威性：论规范效力的不同维度》，载《中外法学》2014 年第 4 期。

[4] 参见高秦伟：《私人主体与食品安全标准制定基于合作规制的法理》，载《中外法学》2012 年第 4 期。

[5] 参见［美］乔迪·弗里曼：《私人团体、公共职能与新行政法》，晏坤译，载《北大法律评论》2003 年第 5 卷第 2 辑。

权威发布本身就是一种规制权力的体现。观察这些标准的遵从程度或者效力程度，很容易发现具有权威地位的私人主体所发布的生产技术标准和服务标准的遵从程度更高，效力发挥更明显。很多常见的重要标准体系都并非来自某个国家的官方机构或正式的国际组织，譬如国际标准化组织（Organization for Standardization）和国际电工委员会（International Electrotechnical Commission）这两个非政府组织发布的标准覆盖了很大比例的国际产品。[1] 这些标准被看作"私人自愿规制"（Private Voluntary Regulation）的一部分，其在市场中的权威是由标准本身的科学性和权威性塑造的，而标准的权威性又依托其本身的认同度与权威性以及政府的支持度。

由此，我们很容易发现私人主体所拥有的规则制定权力差异很大，其规则的权威程度与其自身的权威程度具有高度的正相关性；其规则的有效程度与其配套的执行机制亦具有高度的正相关性。应当指出的是，私人主体发布规则的权力背后常常隐喻有公权力机关的影响，公权力机关的承认或者认可是这些规则发挥效力的重要前提。

值得注意的是，晚近，部分私人规则并非全然以模仿行政规则或技术标准的形态出现，而是以"格式合同"的形式出现。以新浪微博为例，微博社区管理中心根据法律法规和《微博社区公约》所发布的《微博投诉操作细则》就是以模仿"行政规则"的形式呈现的，它作为在微博平台与数亿用户权利相关的规则具有较大的实际影响力。但用户在注册时点击"同意"按钮所接受的《微博服务使用协议》就是以合同形式存在的规则。几乎全部的互联网平台在自身建立的系统中，均制定有这两种形态的规则。针对第一种规则，部分相关立法已经对其提出了部分强制性要求。例如，《电子商务法》规定了电子商务平台应当建立健全信用评价制度，同时要求

---

[1] See Locke, Richard M. and Romis, Monica, *the Promise and Perils of Private Voluntary Regulation: Labor Standards and Work Organization in Two Mexican Garment Factories*, 17 Review of International Political Economy 45, 45-74（2010）.

企业公示信用评价规则,且信用评价不可删除。[1]换言之,企业制定与公布相关规则受法律强制性要求的约束。[2]类似的规则数量众多,仅《电子商务法》就涉及平台交易规则[3]、知识产权保护规则[4]、争议解决规则[5]等。而针对第二种以服务协议和格式合同为面貌的规则,为平衡双方权益,《民法典》第496条到第498条规定了格式条款的订入规则、效力规则和解释规则。相关条款实现了对格式条款接收方的倾斜保护,对以类似形式制定规则的"私权力"进行了一定约束。[6]尤其在目前大多数的隐私政策均为"打包式"同意模式的基础上,同意政策本身的合法性、合理性与透明度应当获得更明确的法律控制。[7]

总之,当私人主体制定的规则在某个共同体内发挥权威性影响时,规则就具有了某种公共性从而逸出了"私域",对"不特定对象"产生了"普遍约束力"。因此,这样的软法规范在制定程序中须接受一些程序性

---

[1] 该法第39条第1款规定,"电子商务平台经营者应当建立健全信用评价制度,公示信用评价规则,为消费者提供对平台内销售的商品或者提供的服务进行评价的途径"。

[2] 参见满艺姗:《论电子商务信用评价的"不可删除"——兼评〈电子商务法〉第三十九条第二款》,载《河南财经政法大学学报》2021年第2期。

[3] 该法第32条规定,"电子商务平台经营者应当遵循公开、公平、公正的原则,制定平台服务协议和交易规则,明确进入和退出平台、商品和服务质量保障、消费者权益保护、个人信息保护等方面的权利和义务"。

[4] 该法第41条规定,"电子商务平台经营者应当建立知识产权保护规则,与知识产权权利人加强合作,依法保护知识产权"。

[5] 该法第63条规定,"电子商务平台经营者可以建立争议在线解决机制,制定并公示争议解决规则,根据自愿原则,公平、公正地解决当事人的争议"。

[6]《民法典》第496条第2款规定,"采用格式条款订立合同的,提供格式条款的一方应当遵循公平原则确定当事人之间的权利和义务,并采取合理的方式提示对方注意免除或者减轻其责任等与对方有重大利害关系的条款,按照对方的要求,对该条款予以说明。提供格式条款的一方未履行提示或者说明义务,致使对方没有注意或者理解与其有重大利害关系的条款的,对方可以主张该条款不成为合同的内容"。第497条第2项着重强调"提供格式条款一方不合理地免除或者减轻其责任、加重对方责任、限制对方主要权利"的,该格式条款无效。第498条明确提出,"对格式条款有两种以上解释的,应当作出不利于提供格式条款一方的解释"。参见王俐智:《隐私政策"知情同意困境"的反思与出路》,载《法制与社会发展》2023年第2期。

[7] 参见梅傲、苏建维:《数据治理中"打包式"知情同意模式的再检视》,载《情报杂志》2021年第2期。

制约。从一般意义上讲，适当的专业论证程序与利益相关者的听取意见程序是公法给私人规则制定提出的首要要求，它们既是规则正当性的需要，也是利益相关者的正当权利。[1] 在规则制定的诸多考量因素中，人权因素必须成为重要的组成部分。[2] 人的尊严须纳入规则制定的成本收益分析框架。[3] 无论规则制定者是公还是私，均应当评估标准与政策对相对人尊严的影响程度，在相应主体供给能力的范围内最大程度地保障弱势群体的合法权益。[4]

2. 认证认可者

（1）第三方认证认可

根据《认证认可条例》第 2 条的界定，认证是指由认证机构证明产品、服务、管理体系符合相关技术规范、相关技术规范的强制性要求或者标准的合格评定活动；认可是指由认可机构对认证机构、检查机构、实验室以及从事评审、审核等认证活动人员的能力和执业资格，予以承认的合格评定活动。

政府之外的认证认可者通常是提供认证认可服务的公司，这些企业或机构负责认证（Certification）企业资质并报告（Reporting）企业践行资质要求的情况，被认证者通常须对此付费，但认证者必须公正行事。学

---

[1] 例如，国家标准化管理委员会和民政部发布的《团体标准管理规定》第 9 条明确规定："制定团体标准应当遵循开放、透明、公平的原则，吸纳生产者、经营者、使用者、消费者、教育科研机构、检测及认证机构、政府部门等相关方代表参与，充分反映各方的共同需求。支持消费者和中小企业代表参与团体标准制定。"

[2] 例如，《7 岁以上肢体残疾儿童及成年肢体残疾人康复服务规范》在全面康复原则的部分首先强调了"坚持以人为本"。该标准由中国残疾人康复协会发布，自 2022 年 3 月 1 日起实施。

[3] See Cass R. Sunstein, Valuing Life: Humanizing the Regulatory State, University of Chicago Press, 2014, p.6.

[4] 关于供给能力问题，已有学者在劳动法的论域下进行研究。例如，汪和建教授指出，"员工的尊严需求是否会超出企业尊严供给的能力？企业家需要通过两个方法来解决尊严供求的基本平衡问题。一是在组织内发现和建构一种机制，以调节内部尊严供求的平衡；二是在组织外即在全球贸易或全球生产（价值）链竞争中追求更大范围的收益，以提高其支持内部尊严供给的能力"。参见汪和建：《尊严、交易转型与劳动组织治理：解读富士康》，载《中国社会科学》2014 年第 1 期。

术研究中常常将这些私人主体从事认证认可的规制工具称为第三方认证认可［Third-Party Certification（Verification）］。所谓第三方是相对于第一方（企业对自己的产品和工艺等进行的内部检查）和第二方（作为购买方的企业对供应商进行的检查）而言的，其主体多为政府批准或认可的私人主体。[1]

认证认可机构依据法律规定设立，并受政府相关部门监管，它们的大规模出现与规制模式改革密切相关。政府将大量专业、细节、琐碎的"监管任务"通过第三方认证的方式交由更具专业性、知识迭代更迅速、竞争性更强的市场机构来处理，进而提高了市场运行与市场监管的效能。另外，从全球化的视角观察，部分认证认可项目的自愿展开与国际通行的标准密不可分。例如，国际标准化组织建立的ISO14001环境管理体系标准是世界广泛采用的自愿环境项目，我国相当多的企业以通过该认证为基础来对外证明自己在环境管理方面的合规程度，并以此促进绿色创新，形成一定的竞争优势。[2]

之所以认为认证认可者在某种意义上行使了规制者的角色，是因为其认证结果给产品或服务提供者提供了一种进入市场与否的"资格"，这种行为虽然不是行政许可，但能够产生一种类似于许可的效果。第三方认证在公私合作的治理体系下有可能对相对人产生重要影响。譬如，在我国绿色产品认证标识制度的运行中，企业可以自愿委托依法设立的认证机构，该认证机构作为独立的第三方对企业是否遵从规制政策进行检查并向行政机关提供专业意见，而行政机关保留对不遵从法律规范的相关行为的监督和制裁权。[3] 第三方认证被内嵌于公共规制体系之中，成为产品质量监管的

---

[1] 参见高秦伟：《论政府规制中的第三方审核》，载《法商研究》2016年第6期。

[2] 参见任胜钢、项秋莲、何朵军：《自愿型环境规制会促进企业绿色创新吗？——以ISO14001标准为例》，载《研究与发展管理》2018年第6期。

[3] 晚近，我国对绿色产品认证工作非常重视，《国务院关于加快建立健全绿色低碳循环发展经济体系的指导意见》明确提出"加快绿色产品认证制度建设，培育一批专业绿色认证机构"。对此的相关分析，参见曹明德：《我国绿色产品认证标识法律制度的路径探析》，载《现代法学》2022年第6期。

重要环节。

基于市场动因与政府推动，目前，我国已经建立"环境管理体系""食品安全管理体系""职业健康安全管理体系""信息安全管理体系"等多项认证制度，通过认证的企业可以在容许范围内使用认证标志。[1]同时，在部分实行公私合作的社会保障领域，为促使私人主体运营行为符合人权标准、保障弱势群体的合法权益，行政机关亦将第三方认证作为持续提高公共服务质量的规制方案。例如，2022年8月30日第十三届全国人民代表大会常务委员会第三十六次会议审议了《国务院关于加强和推进老龄工作进展情况的报告》，该报告明确提出"持续推进养老服务标准化工作，开展养老服务认证"。类似的情形在比较法的视野下同样常见。例如，在美国和欧盟的环境治理中，政府要求相关企业基于各自地域，根据欧盟碳排放交易计划、加利福尼亚全球变暖解决法案或马萨诸塞气候保护与绿色经济法等，向私人认证企业报告温室气体排放情况并须获得认证。私人认证企业负责审查温室气体排放报告，并向政府提交该报告是否准确且符合法律规定的决定。[2]概言之，与第三方认证相伴的是行政角色的转变，行政机关不再具体关注相关企业的认证工作，而是转而对第三方认证机构的资格资质与履职绩效进行监督。[3]

当然，在更多的情境下，第三方认证只在市场发挥作用，并不在政府规制中被使用，例如，已有行政机关否定政府采购中对拥有自愿认证的企业予以加分的行为。[4]但部分自愿性认证对于企业商品或服务在国内外市场获得认可具有较大影响，因此，政府对于引导企业更高程度发展的自愿性认证持支持态度。例如，《乡村振兴促进法》第19条规定，"鼓励企业获

---

[1] 参见谭冰霖：《论政府对企业的内部管理型规制》，载《法学家》2019年第6期。

[2] See Lesley K. McAllister, *Regulation by Third-Party Verification*, 53 Boston College Law Review 1, 5-6（2012）.

[3] 参见宋华琳：《行政法学视角下的认证制度及其改革——以药品GMP认证为例》，载《浙江学刊》2018年第1期。

[4] 参见邓亚琳：《对企业自愿认证证书能否作为加分项的思考》，载《中国政府采购》2021年第12期。

得国际通行的农产品认证，增强乡村产业竞争力";《种子法》第51条规定，"种子生产经营者可自愿向具有资质的认证机构申请种子质量认证。经认证合格的，可以在包装上使用认证标识"。此外，在规制高科技新兴产业的过程中，自愿性认证基于其兼具柔性与规范性的特征成为重要的规制工具之一，例如，《新能源汽车动力蓄电池梯次利用管理办法》第18条规定，"市场监管总局会同工业和信息化部建立梯次产品自愿性认证制度，获得认证的梯次产品可在产品及包装上使用梯次产品认证标志"。正如前文所指出的，虽然这样的认证不是行政许可，但对于商品或服务是否能够获得交易方认可往往具有重大影响。

之所以即便自愿性认证也具有市场和社会影响力、具有重新配置权利（re-Allocating Entitlements）的能力，是因为声誉机制的调节作用，亦即具有更高环境、安全或质量标准的产品或服务会赢得更高的市场声誉。企业可以通过实施更高的技术标准、推行更先进的质量管理体系、进行更具差异化的自我规制来获得更高程度的自愿性认证，从而在面对消费者时获得更高的比较优势。[1] 这种以声誉为基础的执行机制，是一种典型的软法执行机制，其并不像点名羞辱机制（Naming and Shaming）那样依靠某种类似声誉惩罚的措施来推进更高要求的认证体系，而是通过类似于声誉激励的方式来普及具有更高要求的认证体系。[2] 自愿性认证体系利用柔性的激励机制来较为温和地改变企业、行业行为，在更高的程度上保护消费者权益，而不是剧烈地影响它们的权利义务、干涉其经营自由。但鉴于其权力所产生的重大影响，第三方认证亦须受明确的法律控制。相当多的法规范对于认证认可者课以明确的法律责任，譬如，《产品质量法》第20条规定：

---

[1] 参见宋华琳：《行政法学视角下的认证制度及其改革——以药品GMP认证为例》，载《浙江学刊》2018年第1期。

[2] 声誉是拥有私人信息的一方向没有私人信息的另一方作出的选择诚实行为的承诺。声誉机制的核心在于博弈参与人为了获得未来的长期得益，愿意抵挡欺骗带来的一次性当前得益的诱惑。无论是公权力机构，还是市场与社会中的权威主体，运用声誉机制进行规制或治理，原因就在于声誉也是一种利益。参见杨柳：《法律、管制与声誉约束——基于中国转型期契约治理》，复旦大学2007年博士学位论文。

"从事产品质量检验、认证的社会中介机构必须依法设立，不得与行政机关和其他国家机关存在隶属关系或者其他利益关系。"同时，该法还要求相关社会团体、社会中介机构在民事侵权责任认定中承担连带责任。[1]

（2）第三方检验鉴定机构

与认证认可机构在公共规制体系中所发挥的功能类似，第三方检验鉴定在很大程度上对企业的产品和服务起到"证明"作用，以此降低消费者以及上下游合作者信用识别的难度；同时，在行政处罚或司法实践中，第三方检验鉴定还会作为科学证据，在事实认定中发挥决定性作用。[2] 在很多领域，对产品或服务进行测试、检验、检查、监测的并非政府部门，而是具有相关资质的企业或其他主体。例如，《进出口商品检验法实施条例》第36条规定："海关总署或者出入境检验检疫机构根据进出口商品检验工作的需要，可以指定符合规定资质条件的国内外检测机构承担出入境检验检疫机构委托的进出口商品检测。被指定的检测机构经检查不符合规定要求的，海关总署或者出入境检验检疫机构可以取消指定。"

这些在规制链条中扮演重要作用的检测机构应当受到严格的法律约束，作出专业性、中立性的判断。在2012年12月曝光的"速成鸡"事件中，自2005年8月开始，上海市食品药品检验所就与百胜集团旗下的百胜咨询（上海）有限公司签订了委托检验协议，该检验所接受百胜集团委托，对后者的原料和半成品自检提供第三方服务。百胜集团每两个月送检样品一次并付费。2010年至2011年，送检的19批样品中有8批抗生素残留超标，该检验所将所有检验报告回馈给百胜集团，但检验所、肯德基、山东六和集团无一向政府部门报告或解除合约或向公众告知。[3]

---

[1] 《产品质量法》第58条规定："社会团体、社会中介机构对产品质量作出承诺、保证，而该产品又不符合其承诺、保证的质量要求，给消费者造成损失的，与产品的生产者、销售者承担连带责任。"

[2] 参见金自宁：《作为科学证据的环境损害鉴定评估——基于环境司法案例的考察》，载《法学评论》2021年第5期。

[3] 《上海调查称肯德基2年前就已知道供货商使用"药鸡"》，载人民网，http://politics.people.com.cn/n/2012/1221/c70731-19971745.html，2023年11月29日访问。

作为由企业付费的委托检测机构，市场化的监督检测者究竟是应该负有保密义务，还是应该对此类涉及重要人身安全的信息具有报告义务？是具有向政府部门报告的义务，还是具有向公众告知的义务？如果将监督检测者视为掌握有对公众能产生巨大影响的关键信息的私人主体，并由于对这种信息的掌握而获得了某种程度的公众性的话，监督检测者在发生某种严重情形的情况下需要向政府管理相关部门履行报告义务，并非有悖于商业伦理。人权作为一张宽松织就的网络，其价值在于连贯地将人的价值充分注入每一个事关公共性的考量之中，食品药品风险信息、环境风险信息、安全风险信息，对这些信息的商业秘密保护利益远远不能压倒人权损伤的利益。[1] 为了解决相关问题，《食品安全法》在 2015 年修订过程中吸收《产品质量法》的经验，特别设置第 138 条对食品检验机构和人员出具虚假报告的行为进行约束，并通过第 3 款规定"食品检验机构出具虚假检验报告，使消费者的合法权益受到损害的，应当与食品生产经营者承担连带责任"。[2] 概言之，在食品安全的合作治理体系中，食品检验机构依法承担对食品生产经营者的调查监督义务，在保障食品安全方面具有较大影响力，从而亦须承担相应的人权责任。[3]

3."看门人"与平台性权力行使者

"看门人"（Gatekeeper）并不是一个法律术语，而是形象地描述能够发挥屏障性作用的角色，它们往往能够发挥组织、整合、排序等关键性作用，具有事实上支持或阻碍相关主体进入某领域的功能。[4] 基于其在组织

---

[1] 更加完整的理论论证，参见罗培新：《公司道德的法律化：以代理成本为视角》，载《中国法学》2014 年第 5 期。

[2] 该法第 5 章专章规定了"食品检验"，其第 89 条第 1 款规定，"食品生产企业可以自行对所生产的食品进行检验，也可以委托符合本法规定的食品检验机构进行检验"。

[3] 参见马英娟、刘振宇：《食品安全社会共治中的责任分野》，载《行政法学研究》2016 年第 6 期。

[4] Reinier Kraakman 教授将"看门人"责任解释为向能够通过不予支持错误行为而阻止恶行的私人主体施加的责任。See Reinier H. Kraakman. *Gatekeepers*, *the Anatomy of a Third-Party Enforcement Strategy*, 2 Journal of Law Economics and Organization 53, 53-54（1986）.

方面的能力，它还有可能行使类似于"行政执法"的权力，保障平台的良性运转。

证券交易所是典型的"看门人"机构。证券交易所通常建立在自律性契约的基础上，虽然并不属于监管机构，但作为法律授权的组织对上市活动、上市公司、会员都具有监督权，亦有专门的争端解决机制。[1] 例如，《证券法》第 21 条第 2 款规定，"按照国务院的规定，证券交易所等可以审核公开发行证券申请，判断发行人是否符合发行条件、信息披露要求，督促发行人完善信息披露内容"。

具体而言，上海证券交易所和深圳证券交易所都是实行自律管理的会员制法人，履行市场组织、市场监管和市场服务等职责。[2] 根据《深圳证券交易所上市公司自律监管指引第 12 号——纪律处分实施标准》第 3 条的规定，其针对相关当事人可以实施的纪律处分包括通报批评、公开谴责、公开认定不适合担任相关职务、建议法院更换上市公司破产管理人或者管理人成员、暂不接受发行人提交的发行上市申请文件、暂不接受控股股东等提交的发行上市申请文件、暂不受理中介机构或者其从业人员出具的相关业务文件、收取惩罚性违约金等。相关纪律处分措施虽然不属于行政处罚的性质，但其与《行政处罚法》第 9 条所列明的声誉罚、财产罚、资格罚、行为罚等处罚手段具有高度相似性。证券交易所在作出自律处分后，相关企业将会通过官方网站等正式渠道予以公告，披露主体为受处分企业，亦与企业行政处罚信息公开制度相呼应。[3] 由此可见，对相关主体进入与否具有决定权的"看门人"，在其所主持

---

[1] 参见董炯、彭冰：《公法视野下中国证券管制体制的演进》，载沈岿编：《谁还在行使权力——准政府组织个案研究》，清华大学出版社 2003 年版，第 63 页。

[2] 《上海证券交易所介绍》，载上海证券交易所网站，http://www.sse.com.cn/aboutus/sseintroduction/introduction/，2022 年 10 月 29 日访问；《深圳证券交易所介绍》，载深圳证券交易所网站，http://www.szse.cn/aboutus/sse/introduction/index.html，2022 年 10 月 29 日访问。

[3] 例如，《中航国际融资租赁有限公司关于企业本部受到债券业务自律处分的公告》，载上海证券交易所网站，http://www.sse.com.cn/disclosure/bond/announcement/company/c/new/2023-03-13/138992_20230313_LSXT.pdf，2023 年 3 月 30 日访问。

的具体场域中往往具有连贯的监督与审查权力，以确保该相关共同体内部的秩序。

4. 纠纷裁决者

私人规制者在相关领域内对不同主体纠纷的裁决，能够对相关主体的权利义务产生重大影响。在国家正式纠纷解决机制（尤其是法院）之外的纠纷裁决机制通常被称为替代性纠纷解决机制。在我国提倡的多元化纠纷解决机制中，除司法机制外，各类仲裁、调解等均为重要的纠纷解决方式。[1] 例如，在调解领域，我国专门出台了《人民调解法》，对人民调解委员会的调解活动进行规范、鼓励和支持。[2]

第一，行业协会、商会以及其他自律性机构主导的纠纷解决机制。基于专业性以及自律性机构的合意，相关主体在纠纷解决方面具有特有的效能优势。《最高人民法院关于人民法院进一步深化多元化纠纷解决机制改革的意见》明确指出，"积极推动具备条件的商会、行业协会、调解协会、民办非企业单位、商事仲裁机构等设立商事调解组织、行业调解组织，在投资、金融、证券期货、保险、房地产、工程承包、技术转让、环境保护、电子商务、知识产权、国际贸易等领域提供商事调解服务或者行业调解服务。完善调解规则和对接程序，发挥商事调解组织、行业调解组织专业化、职业化优势"。类似的纠纷解决机制往往同样具有相对完整的规程，并非仅仅基于经验进行。例如，全国外汇市场自律机制依据《外汇市场自律机制工作指引》和《中国外汇市场准则》等发布了《外汇市场自律机制纠纷解决工作指引》，设立了自律管理和纠纷解决专项小组，按照专业适配、利益相关方回避等原则，每次从小组内随机选取5名专家负责具体纠

---

[1] 例如，《中国证监会派出机构监管职责规定》第37条第2款规定，"派出机构负责按照中国证监会的统一部署，支持辖区自律组织等发挥纠纷调解作用，并与辖区司法机关、仲裁、调解等组织加强联系，推动建立完善多元化纠纷解决机制"。

[2] 该法第7条规定，"人民调解委员会是依法设立的调解民间纠纷的群众性组织"。

纷的评议。[1]

第二，社会团体、社会组织以及其他社会力量在纠纷解决中发挥制度化作用。基于工作专长与长期经验，相关主体在纠纷解决中具有更强的调解纠纷与化解矛盾的能力。例如，《厦门经济特区多元化纠纷解决机制促进条例》第7条明确规定："工会、妇联、共青团以及其他有关组织依据各自职责，共同做好社会矛盾纠纷化解工作。鼓励社会力量依法提供公益性的纠纷解决服务。"从发挥专业优势的角度出发，近年来，律师事务所调解工作室成为替代性纠纷解决的新形式。不同于律师扮演一方当事人代理人角色的传统制度安排，该调解方案中的律师保持中立，运用专业知识、灵活确定调解方式与程序。[2]

第三，平台企业具有本平台内相关纠纷的初始解决义务。《电子商务法》第59条明确规定了用户投诉举报机制、[3]第63条设置了争议在线解决机制条款，[4]互联网平台已经成为纠纷产生与纠纷解决的重要阵地，其解决纠纷的主要力量往往是社交嵌入相关平台的用户。以淘宝网为例，淘宝官方推出的处理用户违规行为和用户纠纷的判定平台是淘宝网判定中心，该判定中心由大众评审专员通过集体投票的方式根据淘宝网发布的争议处理规则解决问题。截至2023年3月31日，参与判定评审员数172万人，16年间成功处理业务数1600万件。[5]类似的纠纷解决方案被称为众包型在线争

---

[1] 外汇市场自律机制是由外汇及相关市场参与者组成的市场自律和协调机制，在符合国家有关汇率政策和外汇管理规定的前提下，对人民币汇率中间价报价行为、银行间外汇市场交易行为和银行柜台外汇及跨境人民币展业行为进行自律管理，维护市场正当竞争秩序，促进外汇市场有序运作和健康发展。可参见《外汇市场自律体系简介》，载中国外汇交易中心网站，https://www.chinamoney.com.cn/chinese/whov/，2023年1月31日访问。

[2] 详可参见《最高人民法院、司法部关于开展律师调解试点工作的意见》《辽宁省高级人民法院、辽宁省司法厅关于开展律师调解试点工作的实施方案》等。

[3] 该条款规定，"电子商务经营者应当建立便捷、有效的投诉、举报机制，公开投诉、举报方式等信息，及时受理并处理投诉、举报"。

[4] 该条款规定，"电子商务平台经营者可以建立争议在线解决机制，制定并公示争议解决规则，根据自愿原则，公平、公正地解决当事人的争议"。

[5]《关于大众评审》，载淘宝大众评审网站，http://pan.taobao.com/，2023年1月31日访问。

议解决机制（Crowdsourced Online Dispute Resolution），其外观与普通法国家司法体系中的"陪审团"非常相似，既结合了互联网在线争议解决在技术上的优势，又通过采集多数人的意见进行纠纷裁定或其他利益裁判而发挥了大众的力量。[1] 与司法机关"诉源治理"的趋势相呼应，平台在防控纠纷方面的预防义务亦成为晚近平台责任的重要内容。例如，为保护短视频版权，平台通过建立合理机制承担侵权预防义务与技术合理性举证义务，成为晚近制度建设的共识。[2] 又如，在抖音等短视频网站中，由用户组成的"大众评审员"有权进行视频审核，通过相关工作减少纠纷产生的可能性。[3]

私人主体承担纠纷解决责任与前文所述其掌握制定规则的"权力"密不可分。事实上，私域中的纠纷裁决者依据的规则是软法规范的典型形式之一，并且呈现越发自律的趋势：原本由相关政府部门发布的建议性解决程序和标准，发展成由纠纷机构本身公布的程序与标准，亦即从一种约束性程度更高的软法形式，发展到了一种自律性、共识性程度更高的软法形式。

为保证裁决的过程和结果在某种程度上是"严肃而公平"的，私人主体不仅须发布纠纷处理规则来保障各方主体的合理预期，还须在其主导的纠纷解决过程中遵循必要的正当程序与实体标准，避免偏私与武断。一方面，私人主体主导的纠纷解决机制应建立在公开透明的基础上，恪

---

[1] 参见尚海涛：《众包型纠纷解决中的民间规范及其运作机制分析——以淘宝大众评审制为例》，载《民间法》2021年第2期；徐静婷：《众包型在线争议解决的制度解析》，载《时代法学》2022年第6期。

[2] 参见彭桂兵、丁奕雯：《智能传播中短视频平台版权争议及其治理路径——兼评"首例算法推荐案"》，载《新闻记者》2022年第9期。

[3] 根据抖音《商品信息发布规范》的规定，平台会通过人工排查或系统排查的方式抓取目标品牌或商品，同时从品牌标志图片、商品图片、评价数据、售后数据、投诉举报数据等多个维度对异常的商品数据进行核查判断，并根据消费者的相关反馈或大众评审对特定品牌或商品是否构成混淆的判断结论来确定该品牌或商品是否构成消费者混淆。参见《"发布混淆信息"高频违规案例解读》，载抖音电商学习中心，https://mp.weixin.qq.com/s/4t6jNtYro4H8nQTcHqZ-lg，2022年12月3日访问。

守法规范与相关共同体法规所确立的规则以及法律原则，充分保持与纠纷双方的沟通，公正地听取双方意见并作出审判。[1]另一方面，私人主体主导的纠纷解决机制亦应当注重弱势群体的权益保障，尽量实现纠纷一次性解决[2]，在不侵害纠纷双方寻求官方正式解决路径权利的基础上争取实质性化解争议[3]。换言之，不仅司法为人权事业全面发展提供制度性保障，与此同时，其他扮演"准司法"角色的常态化纠纷解决主体亦应当在其履责过程中恪守尊重与保障人权规范，通过平等公平高效的纠纷解决机制促进人权发展。

（二）掌握关键资源与提供核心服务的私人主体

与前述扮演规制者角色的私人主体不同的是，还有一些私人主体承担公共任务、承接公共职能、掌握公共资源、提供公共服务。它们不一定设定并实施私人规则或肩负纠纷解决的公共功能，但是它们在公共服务与福利供给中扮演着极其重要的角色。

1. 公用事业企业的人权责任

对于公用事业而言，承担人权责任的基本逻辑理路为，公用事业的公私合作，带来了人权责任向私人主体扩展（Human Rights Privatization）。[4]正如前文所述，公私合作趋势是人权责任迈向分担与合作的重要动因。

公用事业负有人权责任，是指相关主体须保持公共服务或资源的普遍

---

[1] 已有学者指出，仲裁作为一种纯合同事项，在国际仲裁的论域内亦应受《欧洲人权公约》第6条第1款公正审判权的约束。参见高薇：《论〈欧洲人权公约〉的仲裁适用》，载《中外法学》2020年第6期。

[2] 关于民事诉讼领域对纠纷相对性解决与一次性解决的研究，可参见任重：《民事纠纷一次性解决的限度》，载《政法论坛》2021年第3期。笔者认为，私人主体在民事纠纷解决方面不受案由与诉讼程序分立的影响，更应当做到实质性、一次性解决纠纷。当然，类似纠纷的解决不影响相关主体寻求公权力救济的权利。

[3] 在比较法的视野下，即便在国际体育领域（自治性程度最高的领域之一），司法亦存在监督体育仲裁的可能性。可参见高薇：《论司法对国际体育仲裁的干预》，载《环球法律评论》2017年第6期。

[4] 参见骆梅英：《论公用事业基本服务权》，载《华东政法大学学报》2014年第1期。

性以及在适当价格、适当数量上持续可得，尽量实现公务服务均等化，至少与当地经济发展水平须相适应，而并不指向免费无限获取。正如英国学者所指出的，"从某种意义上它们确实只是为消费者提供那些他们已经支付了的服务，就好像市场中的其他产品或服务一样。然而，获得这样的服务是现代社会被认为天经地义的一个侧面……任何一个人想要参与到现代生活中来的话，这些都是其基本的需求……普遍服务义务就来源于根本性的平等原则，其正当化理据在于使所有群体不论其在收入分配体系中所处的位置都能获得公共服务"[1]。

"人权友好型规制"（Human Rights-Friendly Regulation）要求规制政策兼具"市场友好"与"人权友好"，将人权的要素、人的尊严的考量纳入规制过程，成为规制目标的重要组成部分，真正实现人的发展。[2] 但就此产生的重要难题是，与人权相关的核心公共服务包括哪些？程度为何？这是不同国家在不同发展阶段均须面对的问题。事实上，核心公共服务是需要根据语境综合判断的，并不是一个封闭而可界定的范围。[3] 因此，其范畴即便暂且达成共识，也会囿于历史情况、发展时期和发展程度等诸多因素，很难进行明确的界分。对此，我国提出了"基本公共服务"的实践理念，国务院针对国家发展改革委制定的国家基本公共服务标准进行批复。[4] 同时，各省市亦在国家标准的基础上形成本区域相关标准，往往采取年度更新的方案以避免滞后性的问题。例如，《上海市基本公共服务实施标准（2022年版）》在上一年度标准的基础上，依据《上海市安宁疗护服务规范》《上海市人民政府关于调整本市廉租住房相关政策标准的通知》等新规范，新增服务项目1项，服务标准调整4项，服务领域调整

---

[1] [英]迈克·费恩塔克：《规制中的公共利益》，戴昕译，中国人民大学出版社2014年版，第89页。

[2] See Orly Lobel, *Form and Substance in Labour Market Policies*, in Bronwen Morgan eds, the Intersection of Rights and Regulation, Ashgate Publishing Limited 2007, p.23.

[3] 参见毕洪海：《本质上政府的职能》，载《行政法学研究》2015年第1期。

[4] 例如《国务院关于国家基本公共服务标准（2021年版）的批复》。

5 项。[1]

2. 国有企业的人权责任

国有企业肩负着国家经济社会发展的使命与责任，其发展与国家和社会公共利益密切关联。[2] 在相当多的领域，作为市场主体的国有企业承担部分人权义务，具有正当性理据。已有学者指出，国有企业是以"私"法形式出现的"公"权力，须承担人权的尊重与保障责任。虽然国有独资公司作为独立的统一行为体，与作为股东的国家处于一定程度的分离状态，但其作为基本权利义务人的资格，并不在于股东的国家性，而是源于国家（公共）任务的执行。[3] 还有学者提出，社会经济资源是实现人权的重要物质保障，提高其利用效率并关注公民的合法权益是在适当水平上确保实现人权的重要路径之一。[4]

依据相关法律规定，国有企业是部分领域的经营主体。例如，《矿产资源法》第 4 条第 2 款明确规定，"国有矿山企业是开采矿产资源的主体。国家保障国有矿业经济的巩固和发展"。在具体经营过程中，国有企业受相关法律、法规以及相应监管部门的规范，同时受国有资产管理部门的约束，须高度重视可持续资源利用、预防污染以及环境保护等人权义务的落实。仍以《矿产资源法》为例，其第 32 条第 2 款规定，"开采矿产资源，应当节约用地。耕地、草原、林地因采矿受到破坏的，矿山企业应当因地制宜地采取复垦利用、植树种草或者其他利用措施"。事实上，针对矿产资源等对经济、社会、环境均可能产生影响的关键自然资源，国际社会亦

---

[1] 《〈上海市基本公共服务实施标准（2022 年版）〉调整更新情况》，载上海市发展和改革委员会网站，https://fgw.sh.gov.cn/fgw_zcjd/20221231/ca5ff5305195496687fdcc510975f08e.html，2023 年 3 月 10 日访问。

[2] 参见商华、尹海磊、董大海、管温馨：《我国国有企业社会责任实现驱动力研究——基于内生性视角》，载《科研管理》2022 年第 10 期。

[3] 参见赵真：《基本权利对国有公司的拘束力》，载姜明安主编：《行政法论丛》第 15 卷，法律出版社 2014 年版，第 127 页。

[4] 参见张立民、郑军：《国家审计、产权保护与人权改善——中国特色社会主义国家审计建设历程的回顾与思考》，载《审计与经济研究》2009 年第 6 期。

广泛通过相关标准确保企业承担人员责任。例如，2016年国际组织负责人矿业基金会（The Responsible Mining Foundation）发布"负责任矿业指数"，对大型跨国矿业企业在经济、环境、社会和治理等方面的政策和实践进行评估。[1]

3. 部分提供公共服务的互联网平台的人权责任

早有学者指出，互联网平台企业"基于代码的权力"（Code-Based Power）远比政府强制力还有效，能够直接在技术架构层面发挥作用，其权力无法规避。[2] 在互联网平台发展早期，搜索引擎的关键词搜索排名就被理解为一种掌握于私人企业、依托于科学技术的权力。随着互联网平台日新月异地发展，更大的平台性权力得以呈现，互联网平台企业同时掌握有规则制定、进入或禁止、规则执行、用户排名或分级、争议裁决、纠纷解决等各项功能，影响广泛而对象不特定。

在广泛的消费者在通信、社交、购物、出行、支付等方面的核心需求均须依托互联网平台来完成的背景下，平台的巨大力量已经使得它们扮演了越来越多的公共角色，甚至有学者提出，作为具有超强标识性与特定性的群体，网民成为晚近最具代表性的公域社会基础。[3] 互联网平台不仅改变了民众的生活模式，亦显著地改变了公共服务与福利供给的模式。

一方面，互联网平台在提供或补充公共服务方面扮演着重要角色，例如，网约车平台接入符合条件的车辆和驾驶员，成为公共出行服务的主要提供者之一。平台企业参与公共服务供给，致使公共服务和商业服务

---

[1] 参见李丽、董昕烨：《全球矿业治理的现实困境与中国的未来选择》，载《国际经济评论》2019年第5期。

[2] See Paul Schiff Berman, Cyberspace And The State Action Debate: The Cultural Value of Applying Constitutional Norms To "Private" Regulation, 71 University of Colorodo Law Review 1263, 1265（2000）.

[3] 参见黄少华：《网络社会学的基本议题》，浙江大学出版社2014年版；陈可翔：《互联网公域治理结构转型与行政组织法发展》，载《东方法学》2022年第5期。

的边界逐渐模糊，亦即平台经济嵌入公共服务。[1] 在网约车平台扮演公共交通服务提供者角色的同时，就至少须肩负普遍服务义务、运输安全义务、合理收费义务以及不歧视义务。[2] 例如，根据《网络预约出租汽车经营服务管理暂行办法》的规定，网约车平台公司"应当保证运营安全，保障乘客合法权益"。

另一方面，互联网平台在提供或补充福利方面扮演着重要角色，例如，目前，慈善领域已经广泛地依托互联网平台开展活动。慈善事业以人道主义为行动依据、以弱势群体为服务对象、以社会动员为基本形式，是正式的国家福利与服务体系的有效补充。[3] 近年来，公益传播实践已经脱离了传统公益传播中线下发起—线上动员—线下行动的路径，而是以互联网为依托完成以"离场介入"（即我不在现场，但借助于互联网依然可以对社会现实施加影响）为特征的公益行动。[4] 例如，腾讯公益构建的捐赠平台，能够通过微信钱包直接捐款，类似地，从淘宝首页能够轻松进入淘宝公益链接中，中国扶贫基金会、壹基金、中国老龄事业发展基金会等都有自己的"链接"。又如，"水滴筹"等众筹互联网平台激发了社会互惠互助交换机制潜能，成为"社会救助"机制的重要组成部分。[5] 由此，用户进行公益捐赠如同在互联网上购买其他商品一样便捷。2018年，20家互联网募捐平台共发布募捐信息2.1万条，网民点击、关注和参与互联网公益慈善超过84.6亿人次，募捐善款总额超过31.7亿元；2019

---

[1] 参见王俐、周向红：《平台型企业参与公共服务治理的有效机制研究——以网约车为例》，载《东北大学学报（社会科学版）》2018年第6期。
[2] 参见黄庆余：《网约车的监管模式——基于公共运营商的视角》，载《兰州学刊》2020年第5期。
[3] 参见葛忠明、张茜：《慈善事业的定位、社会基础及其未来走向》，载《山东大学学报（哲学社会科学版）》2022年第2期。
[4] 参见徐凤兰：《互联网时代公益传播的范式转换——基于空间与角色关系》，载《编辑之友》2020年第2期。
[5] 参见严维石：《水滴筹案引发的财政边界问题及其理论反思》，载《中央财经大学学报》2020年第12期。

年，善款总额达到 54 亿元。[1] 概言之，互联网平台企业不仅仅致力于资金与产业的组织，还致力于社会公益的组织，是现阶段确保慈善事业有效开展的重要主体。

（三）具有结构性优势地位的私人主体

具有结构性优势地位的私人主体，是指通常而言具有明显不对等地位的不同主体。之所以强调优势地位的结构性，是因为该不对等并非由个体强弱决定，而是具有普遍意义。如果说作为规制者的私人主体须承担人权责任是源于其巨大权力已然具有公共性质、提供核心公共服务的私人主体须承担人权责任是源于公共服务权利保障的需求，那么在结构性不对等的地位中，私人主体承担人权责任更多地源于平等、平衡的要义。在我国现行法律体系中，特定行业与领域的不平等关系催生了一系列倾斜保护型立法，如消费者权益保护法、劳动者保护法、个人信息保护法等。[2]

1. 弱势群体的相对方

法律制度针对家庭关系提出妇女免于家庭暴力的人权要求，即旨在保护在普遍意义上处于更劣势地位的广大妇女。例如，《妇女权益保障法》第 4 条第 1 款规定，"保障妇女的合法权益是全社会的共同责任。国家机关、社会团体、企业事业单位、基层群众性自治组织以及其他组织和个人，应当依法保障妇女的权益"。

这样的立法规则一方面体现了个人向国家要求履行保护义务的权利，另一方面也例证了力量对比较为悬殊的主体，应当向弱势一方配置相对等权利的规范路径。类似的法律规定是二十世纪后半叶兴起的女性化浪潮的重要分支。女性化更加关注女性在就业中的平等权、在家庭投入教育资源中的平等权、免受家庭暴力的权利以及网络时代的名誉权等合法权益，这

---

[1] 参见樊亚凤、胡左浩、洪瑞阳：《互联网公益平台生态圈的价值创造与治理机制——基于 S 公益平台的个案研究》，载《中国行政管理》2022 年第 2 期。

[2] 参见丁晓东：《法律如何调整不平等关系？论倾斜保护型法的法理基础与制度框架》，载《中外法学》2022 年第 2 期。

些基本人权都是向私人主体直接主张的，对象包括用人单位甚至家庭成员，而并非仅有国家。[1] 事实上，反对歧视一直以来是妇女权益保障的重要内容。在世界范围内，《1958年消除就业和职业歧视公约》《消除对妇女一切形式歧视公约》等均关注平等问题；[2] 在国内法论域，《妇女权益保障法》[3] 和《劳动法》[4] 均对此进行了明确宣告。[5]

与此逻辑进路类似，未成年人权利保护、残疾人权利保护、老年人权利保护等也可以从这个角度来观察。例如，《未成年人保护法》不仅确立了国家保障未成年人合法权益的义务，还规定了社会、学校、家庭的相应责任；《残疾人保障法》第7条第1款明确规定，"全社会应当发扬人道主义精神，理解、尊重、关心、帮助残疾人，支持残疾人事业"；《老年人权益保障法》第3条第3款规定，"禁止歧视、侮辱、虐待或者遗弃老年人"。

相关法规范固然蕴含了道德的、伦理的教义，但也具有深刻的人权法渊源。要求私人主体尊重与保障弱势群体权利的人权规范，不仅适用于教育、服务等公共生活，在传统上并不具有公共性的家庭生活中亦被重点应用。

2. 用人单位

用人单位对劳动者权益的保护义务同样可以归于该理据之下。倾斜保

---

[1] 参见［英］安德鲁·克拉帕姆：《非国家行为人的人权义务》，陈辉萍等译，法律出版社2013年版，第18页。

[2] 参见阎天：《重思中国反就业歧视法的当代兴起》，载《中外法学》2012年第3期。

[3] 该法第2条第2款规定，"国家采取必要措施，促进男女平等，消除对妇女一切形式的歧视，禁止排斥、限制妇女依法享有和行使各项权益"。

[4] 该法第13条规定，"妇女享有与男子平等的就业权利。在录用职工时，除国家规定的不适合妇女的工种或者岗位外，不得以性别为由拒绝录用妇女或者提高对妇女的录用标准"。

[5] 对此，习近平总书记指出："长期以来，男女平等、尊重妇女的观念越来越深入人心，同时也要看到，妇女发展仍然不平衡，针对妇女的歧视依然存在。这其中，既有一些历史和现实的原因引起的问题，如对妇女就业歧视问题、农村妇女土地及相关权益保障问题等，也有新形势下产生的新问题，比如二孩政策放开后的妇女职业发展、网络时代维护妇女权益等挑战。"参见中共中央党史和文献研究院：《习近平关于尊重和保障人权论述摘编》，中央文献出版社2021年版，第125页。

护是《劳动法》中的一项重要原则，在劳动雇佣关系下原本平等的主体产生了新的关系，即"强势主体"用人单位和"弱势群体"劳动者的关系。[1]根据劳动法的基本原理，劳动力不应被理解为商品，但必须获得法律机制的保障，而这些保障机制则包含于劳动法和人权法的要求之中。[2]在社会主义中国，劳动人民是国家的主人翁；以劳动者为本位是以人民为中心的一项核心内涵，推进共同富裕必须以尊重劳动、尊重劳动者为制度变革的基本立场。[3]

相当多的法律要求和具体的法律责任直接指向民事法律关系中的"平等主体"——用人单位，这是人权责任应用于私人主体的一种法定化体现。[4]概言之，劳动权利作为宪法权利，不仅需要国家通过各种途径保障实现，也需要企业和个体经营主体来实现。[5]《劳动法》第3条第1款亦明确规定，劳动者享有"平等就业和选择职业的权利、取得劳动报酬的权利、休息休假的权利、获得劳动安全卫生保护的权利、接受职业技能培训的权利、享受社会保险和福利的权利、提请劳动争议处理的权利以及法律规定的其他劳动权利"；同时，第4条规定用人单位"应当依法建立和完善规章制度，保障劳动者享有劳动权利和履行劳动义务"。

3. 应当尊重与保障个人新兴（新型）权利担责的私人主体

在界定具有结构性优势地位的私人主体之人权责任的过程中，识别并确立应受保护群体的个体权利具有极为重要的意义。在已然取得普遍共识

---

[1] 参见聂嬿芳：《劳动法为什么要倾斜保护弱势群体》，载《人民论坛》2017年第14期。

[2] See Yossi Dahan, Hanna Lerner and Faina Milman-Sivan, *Global Justice, Labor Standards and Responsibility*, 12 Theoretical Inquiries in Law 439, 453 (2011).

[3] 参见陈明辉：《以劳动者为本位——关于共同富裕的一条思考路径》，载《法治社会》2022年第3期。

[4] 我国不仅在宪法、劳动者领域的相关立法中确定了劳动者的相关权利，并且在司法审判中，也有不少判决直接将劳动者的相关权利看作基本人权。譬如，在江西建工第二建筑有限责任公司南充分公司与唐某、陈某提供劳务者受害责任纠纷申请再审民事裁定书［四川省高级人民法院（2014）川民申字第1378号］中，法院指出，"公民的生命权、健康权属基本人权，依法受到保护。原告在申请工伤赔偿不能的情况下，有权向人民法院起诉要求赔偿义务人承担民事责任……"。

[5] 参见阎天：《中国劳动法学的宪法观：成形、嬗变与展望》，载《学术月刊》2022年第2期。

的平等权、劳动权之外，晚近基于信息技术的发展和新业态的兴起，"数字人权"已然成为影响多方权利义务的重要议题。在数字技术已然全面、深入改变生产生活方式的前提下，理论界与实务界日益普遍承认数字人权规范可直接适用于调整个体与企业法人之间的关系，而不必经由私法规范的转介适用。[1]

由于普通个体的生活与工作均被包裹于数字化的界面之中，与数字人权相关的新兴（新型）权利越发多元。学界与实务界逐渐发展出一系列针对互联网平台的"个人拒绝权"，以帮助个人"对抗"具有结构性优势地位的平台带来的影响。具体而言，个人拒绝权是指个人对特定数字化应用或其结果享有抵制的权利，包括个人信息删除权、被遗忘权、自动化决策拒绝权、离线权等，旨在回应"从摇篮到坟墓"的数字化覆盖中，个人越来越难以拒绝的问题。[2]

在这样的语境下，不仅普通个体越发难以直接抗衡具有结构性优势地位的主体，其中的弱势群体更是遭遇了尤其严重的困难，例如，数字时代的老年人人权成为晚近关注的焦点。老年人可能面临的"冷服务"困境业已严重影响了老年尊严和老年自主，老年隐私等权利受侵害的可能性亦大幅度增加。[3] 已有学者指出，数字时代的来临事实上导致了老年人在个人信息权、健康服务权、社会安全权与公众参与权等方面权利的全面弱化，其需要多方主体的共同保障。[4] 对此，《互联网应用适老化及无障碍改造专项行动方案》对互联网企业提出了诸多鼓励性建议，例如，"鼓励更多企业推出界面简单、操作方便的界面模式""推动网站和手机 APP 与读屏软件做好兼容""鼓励互联网产品内容信息加配字幕，提高与助听器等设备的兼容性""引导网站和手机 APP 支持自定义手势，简化交互操

---

[1] 参见高一飞：《数字人权规范构造的体系化展开》，载《法学研究》2023 年第 2 期。
[2] 参见韩旭至：《认真对待数字社会的个人拒绝权》，载《华东政法大学学报》2023 年第 1 期。
[3] 参见陈昫：《数字时代的老年人人权：内涵厘定与保障路径》，载《人权法学》2023 年第 1 期。
[4] 参见孟融：《数字时代老年人的权利弱化及法治应对——以可行能力理论为分析框架》，载《中国特色社会主义研究》2022 年第 5、6 期合刊。

作"等。[1] 概言之，新兴（新型）权利保障对于识别需受保护的群体提出了更高要求，且须对人权责任进行更加精细的拆分。

在更广阔的维度上，不仅老年人等弱势群体权益在数字时代需要给予额外关注，提升所有人的数字素养能力也成为数字人权领域持久的重要议题。只有提升所有人的数字素养，个人才能在授权网络企业收集数据时做出慎重的决定，在其后期数据处理与自己预期不符时做出及时的调整，在其做出数据侵权行为时采取有效的反制。[2] 因此，国家与相应互联网平台不仅具有尊重个体数字人权的责任，还具有通过积极手段改善网络环境、培育民众与用户数字素养的人权责任。

当然，具有结构性优势地位的主体所承担的人权责任是有条件、限度和范围的。女性、儿童、劳动者、大型平台用户等之所以成为人权法论域下的权利主体，是基于一种普遍意义上的不对等关系，需要特别加诸权利以平衡之。但这样的平衡不能超过公平的限度，同样必须受到法律的限制。

三、本章小结

缘何人权责任迈向分担与合作？社会主体的崛起、市场主体的发展，均是非常重要的原因。信息、资本与资源不再仅仅依靠国家整合与重新分配，影响多数人日常生活的治理不仅有政府治理，还有企业治理、社会组织治理。在这样的背景下，甚至有学者将那些有能力负责标准的制定、监督与执行的私人主体，例如影响巨大的平台企业、权威的信用评级机构等，

---

[1] 该行动方案对信息无障碍进行了明确界定，"信息无障碍是指通过信息化手段弥补身体机能、所处环境等存在的差异，使任何人（无论是健全人还是残疾人，无论是年轻人还是老年人）都能平等、方便、安全地获取、交互、使用信息"；同时直面"数字鸿沟"问题，是对《国务院办公厅印发关于切实解决老年人运用智能技术困难实施方案的通知》和《工业和信息化部、中国残疾人联合会关于推进信息无障碍的指导意见》等相关规范的具体化。

[2] 参见桂晓伟：《智慧社会的数字人权保护——基于"能力路径"的理论建构》，载《法学评论》2023年第1期。

称为"私人寡头组织形式";由此可管窥私人规制者力量之强大。[1]

与这一潮流相契合,经典理论中只有国家才能大规模、结构性侵犯人权,才有义务尊重、保障与发展人权的理念受到了冲击,一方面是社会与市场也出现了具有极大权力权威的准公共性质的主体,另一方面基本权利越发敏锐地受到了其他主体的影响,并且这种影响或许相当隐蔽,以至于仅依靠国家监管常常力有不逮。

从一个整体的、连贯性的视角观察人权责任,人权责任的承担主体应当是多元的,既包括国家公权力机构,也包括一些私人主体,人权责任并不因公私分立而必然发生断裂。

承担人权责任的私人主体之共同特点为具备某个方面的权威性:其一,它们可能是扮演规制者角色的企业或者社会组织,在跨国私人规制中提供规则或实施机制,在国内市场运行与社会治理中发布标准或影响准入与退出。它们的巨大权力所造成的深刻影响,不仅有积极的,也有消极的。其二,它们有可能是公私合作背景下提供核心公共服务的企业,为广大民众的社会生活提供普遍性的公共服务。其三,它们有可能是其他处于结构性优势地位的私人主体,在特定的不对等关系中承担更多的责任义务,而相对一方则享有相应的权利。

人权责任是一种开放的责任体系,国家是最重要的责任承担主体,却不是唯一的责任承担者。下一章即将阐发的是,上述国家之外的其他私人主体,基于其能力、角色以及是否承担公共任务等原理,也应当在某些领域或某种程度上承担人权责任。

---

[1] 参见[英]科林·斯科特:《规制、治理与法律:前沿问题研究》,安永康译,清华大学出版社2018年版,第103页。

第四章

人权责任分担与合作的理论模型

关于人权责任不仅应由国家来承担，同样在某些情境下适用于私人主体，第二章和第三章已经共同交代了其根源与表现。本章则聚焦于人权责任分担与合作的理论依据与模型建构，进一步厘清人权责任分担与合作的基础性问题。前两部分聚焦于理论依据，第三部分讨论模型建构。这两项理论依据具有内在的逻辑关联，也蕴含着对第三部分所讨论的模型建构的理论指导。第一个理论依据是本书的重要落脚点，即多主体、网络化的治理模型、治理过程，也启示了人权责任的分配模型；但治理网络所确定的秩序如果要成为一个善治的、符合人权目标的秩序，还需要平衡理论的指导。因此，平衡理论是人权责任模型建构的第二个理论依据，它的教义既体现在人权责任配置的平衡上，又体现在多元主体权利义务、权利权力的复杂平衡关系的调整上。第三部分所构筑的人权责任分担与合作理论模型，是建立在治理网络的形态基础上的，责任配置原则分别是基于角色的责任配置、基于能力的责任配置与基于获益的责任配置。人权深深嵌入治理网络中的每一节点和每一行动，并通过以这三项要素为核心的标准来进行配置。

一、治理理论的启示

在治理理论下理解人权责任的分担与合作，遵循的是基于在治理网络中的不同角色，每一个参与主体承担相应义务的逻辑。每一个承担治理角色的主体亦应依据其治理角色承担相应的人权责任，彼此之间相互监督与合作，才有可能实现善治目标。治理理论不仅承认我们的政府制度越来越复杂，而且提醒我们注意责任的转移，国家退后一步把责任推给私营部门和志愿团体——从广义上推给公民。[1] 这些责任在人权责任日益深化与扩展的背景下，也有可能是人权责任。此外，治理理论还提醒我们，真实世界的治理形式具有内在的相互交织包容性，它们彼此之间的界限远远没有那么清晰。[2] 它放弃了厘清公与私的复杂工作，以一种更加多元、开放与功能性的视角观察问题。

（一）治理理论的基本观点

1. 治理理论的核心主张

治理理论的提出，始于学界逐渐认识到公共行政的主体已经超出了多层级的政府机构，而延伸至社区、志愿部门和私人部门。多元主体在公共服务及项目实施中所扮演的角色是治理视角关注的重要领域。[3]

二十世纪九十年代以来，西方政治学和经济学家赋予了"治理"概念学术含义，并广泛运用于社会经济领域。治理被定义为一系列活动领域的管理机制，它们虽然没有得到正式授权，却能有效发挥作用。与自上而下的管理不同，"治理"指的是一种由共同的目标支持的活动，参与管理活动

---

[1] 参见俞可平主编：《治理与善治》，社会科学文献出版社 2000 年版，第 39 页。

[2] See David Vogel, *Private Global Business Regulation*, 11 Annual Review of Political Science 261, 265 (2008).

[3] 参见王诗宗：《治理理论与公共行政学范式进步》，载《中国社会科学》2010 年第 4 期。

的主体未必是政府,也无须依靠国家的强制力量实现。[1]"治理"是国家与社会的合作、政府与非政府的合作、公共机构与私人机构的合作、强制与自愿的合作,意味着参与者最终将形成一个自主的网络。这一自主的网络在某个特定的领域中拥有发号施令的权威,它与政府在特定的领域中进行合作,分担政府的行政管理责任。[2] 在这样的网络中,参与者之间是一种平等的联结关系,大部分网络主要通过"报告"(Report)机制和同行审查(Peer Review)等自我负责手段实现责任分担。网络化而非"自上而下"的管理模式,推动了政府、市场和社会三者的关系的重新平衡。[3]

根据政治学学者的研究,治理理论的核心主张有四点:其一,去中心化,国家的主权地位和中央政府在公共行政中的核心地位被动摇,政府不再是唯一的权力与权威核心,分权成为一种趋势。其二,多中心化,其他私人主体、社会组织,包括国际组织,成为政府之外的常态治理主体。[4] 其三,反对夸大纯粹的市场的作用,但倡导等级、网络和市场的组合及相互渗透。其四,多种层次的治理与多种工具使用的并存,治理可以在全球、国家、地方等多个水平上进行,在实践上则可以通过规制、市场签订合约、回应利益的联合、发展忠诚和信任的纽带等不同的工具,并借助于市场、层级和网络的结构使用这些工具。[5]

治理理论提供了一种整体的、宏观的理论框架,不再专注于某一主体的行为和某一活动的性质,而是搭建完成治理任务的整体网络。网络化治理的出现,是对建立在等级制和权威基础上过度僵化的传统治理模式的修正和补充。它建立在协商理性的基础上,目的是充分调动公民、民间组织、公共部门和私人公司的积极性,让多元主体在一个制度化的网络化治理框

---

[1] 参见俞可平主编:《治理与善治》,社会科学文献出版社 2000 年版,前言。

[2] 参见俞可平:《全球治理引论》,载《马克思主义与现实》2002 年第 1 期。

[3] 参见陈剩勇、于兰兰:《网络化治理:一种新的公共治理模式》,载《政治学研究》2012 年第 2 期。

[4] 参见[美]迈克尔·麦金尼斯主编:《多中心体制与地方公共经济》,上海三联书店 2000 年版,第 75 页。

[5] 对于治理理论四项核心内容的阐释,参见王诗宗:《治理理论与公共行政学范式进步》,载《中国社会科学》2010 年第 4 期。

架中自我治理。信任与合作是网络的核心机制,来自政府、市场和社会的参与者在一个制度化的框架中相互依存,并为实现一定的公共价值而展开联合行动,既可以是自下而上的过程,也可以是外部力量(政府)推动。[1] 治理理论下的国家之外的其他主体已经不再是简单地参与,而是日益扮演重要的角色,甚至承担治理任务,成为治理网络中的一环,可以说,在大众时代的政治生活中,社会对公共政治生活所提出的参与需求在质和量的方面都发生了历史性的变迁,已经由原来概念化的人民主权转向更具有厚度和复杂性的"公民权利"概念。[2]

2. 治理理论对公法的影响

治理理论的行政法映射,是晚近颇受关注的研究议题。治理理论强调一种不同于科层制的、网络化的非正式制度架构,强调多主体广泛合作以提供公共服务的制度模式。[3] 这为行政法治模式提供了新的思考维度。事实上,个人、营利机构、社会组织与公共部门分享治理权力、分担治理任务早已进入行政法研究疆域。但与其他理论模型不同的是,治理理论将每一主体置于相互联系的网络中,不同主体既是一个个具有自主性的、相对独立的节点(Node),又是治理网络(Governance Network)中的一环,与此同时,协商、沟通、合作也成为更加重要的决策要素。

传统行政法有三大研究板块,分别是行政组织法、行政行为法和行政救济法,其中行政诉讼是早期行政法学研究的中心,"行政过程"成为晚近研究的重点。而从治理理论的角度观察,无论是行政立法所涉及的决策权,还是行政活动所涉及的执行权,抑或行政诉讼所涉及的纠纷解决权,都可以在某些领域、某些条件下转移给其他治理主体,呈现一种多元化的态势。

第一,"行政决策"的范畴扩展到"公共决策",网络化治理可以

---

[1] 参见陈剩勇、于兰兰:《网络化治理:一种新的公共治理模式》,载《政治学研究》2012年第2期。

[2] 参见王锡锌:《当代行政的"民主赤字"及其克服》,载《法商研究》2009年第1期。

[3] 参见刘波、王力立、姚引良:《整体性治理与网络治理的比较研究》,载《经济社会体制比较》2011年第5期。

被看作一种公共政策审议、制定和实施的机制,而不是简单地被描述为行政决策吸收公共参与,更不是分散的治理主体各自努力的简单加总。在"公共决策"中,"公共"仅指涉事务性质,是任务指向,或者说目标指向;而决策主体可以是多元化的,规则制定不再仅为政府的专属权能。

第二,原先由行政活动统摄的执行行为演变为不同治理主体的合作行动,同时,相关政府部门承担引导和协调的职能。不同治理主体根据自己的组织目的和组织能力,在法治框架内投入治理网络中。

第三,在行政复议、司法审查等官方纠纷解决机制和救济机制之外,通过其他权威进入调解、和解的协商过程来促使达成合意,或者使纠纷在共同体内部根据符合法律规定和法律原则的裁决得以解决。

传统的行政主体与相对人的权利义务关系,由此转变为传统意义上的行政主体、实行行政权限或事务的私人、作为相对方的私人三面关系。[1]有学者指出,这样一来,行政法便衍生为三元结构:"国家行政权—相对人权利""社会行政权—相对人权利""国家行政权—社会行政权",在"政府—国家"和"企业—市场"之外出现社会治理的第三场域,即"非政府组织—社会"。[2]其实这也能理解为对"国家—社会—市场"关系的一种排列组合与网络化配置。在更广阔的维度上,中共十九届四中全会提出"建设人人有责、人人尽责、人人享有的社会治理共同体",治理从政府主导、政府负责向有限政府、共同参与转变。[3]

总之,"多中心"是治理理论中最核心的理念,治理是建立在多中心的网络关系,而不是自上而下的传统官僚制基础之上的。与之相关,还有学

---

[1] 参见[日]米丸恒治:《私人行政——法的统制的比较研究》,洪英、王丹红、凌维慈译,中国人民大学出版社2010年版,第21页。

[2] 参见江必新、邵长茂:《社会治理新模式与行政法的第三形态》,载《法学研究》2010年第6期。

[3] 参见郁建兴、任杰:《社会治理共同体及其实现机制》,载《政治学研究》2020年第1期。

者提出了"多元化行政法"(Multipolar Administrative Law)的概念。[1] 在相当多的情境下，行政主体与相对人之间两相对应的关系已经渐成例外，不同的行动主体、多渊源的规则和程序之间网络化、多元主体之间的联合，日益成为行政法律关系的常态。

(二)治理理论视野下的人权责任

1. 治理理论与人权理论

在治理理论中理解人权责任，有双重推衍路径。

第一条推衍路径是从治理目的来考虑责任承担。如果以权利为导向来考察治理的目的，多元主体的公共治理是为了"更好治理"(Better Governance)，努力追求一种"善治"的目标，最终是为了更好地保障人权，这指向更充分的人权责任。[2] "责任赤字"是重要的"治理失灵"(Governance Failure)表征，治理网络并不一定是有序的，治理也有可能失灵，因为其中主体越多、差异越大，网络的复杂程度越高，目标一致性的实现难度就越大，具备高效率的困难也会增加。[3] 这种困境需要不同治理主体基于其能力、角色与功能，形成彼此合作又相互约束的治理责任网络。更明确地说，是治理目标本身就有人权价值，而治理目标的实现需要治理主体的合作，人权责任的分担与合作是从治理目标推衍而来的，公共治理结构本身就可以看作一种对基本权利保障的制度性回应。

第二条推衍路径则从公共治理本身的结构出发。在科层制管理结构下，无论是尊重人权的义务，还是保障、发展人权的责任，都很容易逐层溯至

---

[1] 2012年9月，纽约大学法学院召开了声势浩大的"迈向多元化行政法：一个理论的视角"(Toward a Multipolar Administrative Law—A Theoretical Perspective)研讨会，讨论在跨国治理网络中行政法的新发展。

[2] 善治涉及一种有效率的公共服务，一种独立的司法体制以及履行合同的法律框架，对公共资金进行负责的管理，一个独立的、向代议制的立法机构负责的公共审计机关；所有层次的政府都要遵守法律，尊重人权，多元化的制度结构以及出版自由。参见俞可平主编：《治理与善治》，社会科学文献出版社2000年版，第91页。

[3] 参见陈剩勇、于兰兰：《网络化治理：一种新的公共治理模式》，载《政治学研究》2012年第2期。

相应的政府管理部门。而在网络化治理结构下，本身就面临着严重的"碎片化"挑战，这样的碎片化体现在权力、权威、利益、制度、忠诚、文化、认知等多重方面[1]，正所谓"碎片化是当今人权问题的核心"[2]。碎片化的样态将问题的解决分解成相互关联又彼此独立的数个环节，将每一个为整体治理有所贡献的主体都置于相互联系的网络中，如前文所指出的，不同主体既是一个个具有自主性的、相对独立的节点，又是治理网络中的一环。于是，一方面，协商、沟通、合作成为更加重要的要素，另一方面，各自承担责任也成为治理网络有效运行的关键。更明确地说，单一归于国家的人权责任并不适合面对碎片化人权问题的结构架构，其他主体也具有某些情境下并不弱于国家的人权侵犯风险和侵犯能力。在这样权威多元化、风险分散化的治理中，更需要制度化的"合作的责任"体系，实现整体人权水平和保障能力的提高。概言之，这种分担与合作的责任体系，是一种以社会连带责任（Social Connection Model of Responsibility）为基础的责任体系。不同于以否定性归责为基础的责任体系，它并不是完全建立在惩罚和救济的基础上的，而是希望联合各方通过良性的集体行动来促进良好目标、改变不好现状，矫正不正义的情形，它认为损害源自结构性的不公正，而不仅仅是可以找到法律上直接因果关系的侵权。

2. 公共治理与人权实践

自"推进国家治理体系和治理能力现代化"写入党的十八届三中全会《中共中央关于全面深化改革若干重大问题的决定》后，"治理"就成为我国政策领域的关键词之一。党的十九届四中全会通过了《中共中央关于坚持和完善中国特色社会主义制度 推进国家治理体系和治理能力现代化若干重大问题的决定》，强调"建设人人有责、人人尽责、人人享有的社会治理共同

---

[1] 参见王彦志：《跨国民间法初探——以全球经济的私人规制为视角》，载谢晖、陈金钊主编：《民间法》第11卷，厦门大学出版社2012年版，第394—409页。

[2] 参见[美]贡特尔·图依布纳：《匿名的魔阵：跨国活动中"私人"对人权的侵犯》，泮伟江译，高鸿钧校，载高鸿钧、张建伟主编：《清华法治论衡》第10辑，清华大学出版社2008年版，第280—313页。

体"。在党的二十大报告中,"基本实现国家治理体系和治理能力现代化"被作为我国到 2035 年发展总体目标加以强调。近年来,我国逐渐通过多元主体各司其职的治理思路来变革过去自上而下的监管路径。下文试以国务院新闻办公室发布的《国家人权行动计划(2021—2025 年)》为例证来说明充分尊重与保障人权对多元主体共治的需求。[1]

第一,该计划多次论及多元主体共同促进人权发展。在对《国家人权行动计划》基本原则进行阐发的过程中,"合力推进,政府、企事业单位、社会组织共同促进人权事业的发展"被作为重要的原则之一。同时,在承担国际人权责任方面,该计划也在气候变化国际合作领域强调"坚持公平、共同但有区别的责任"理念,倡导人权责任的分担与合作。[2]

第二,该计划对企事业单位承担人权责任进行多处阐发。其一,在工作权利保障方面,要求企业健全落实安全生产管理制度,重点行业工伤事故发生率降低 20% 左右。[3] 其二,在知情权与参与权方面,要求企业规范民主程序,保障职工知情权、参与权、表达权和监督权。其三,在环境权方面,要求企业完善环境信息依法披露制度,建立环境信息共享机制。其四,在老年人权益保障方面,要求基础电信企业、互联网网站、移动互联网应用完成适老化改造,切实解决老年人运用智能技术的困难。此外,该计划还支持企事业单位进行人权知识培训,形成尊重和保障人权的企事业文化。

第三,该计划对社会组织承担人权责任进行多处阐发。其一,在知情权与参与权保障方面,该计划鼓励社会力量参与社会治理,强调"发挥群团组

---

[1] 该计划是我国发布的第四期国家人权行动计划,参见中国政府网,https://www.gov.cn/xinwen/2021-09/09/content_5636384.htm,2023 年 1 月 1 日访问。

[2] "共同但有区别的责任原则"是国际气候法律制度的核心原则,由《联合国气候变化框架公约》《京都议定书》下的"南北国家二分法"发展为《巴黎协定》及实施细则下的"国家自主贡献"。参见曾文革、高颖:《碳中和时代共同但有区别的责任原则新样态及其规则完善》,载《理论月刊》2023 年第 2 期。

[3] 2021 年由人力资源和社会保障部、工业和信息化部、财政部、住房和城乡建设部、交通运输部、国家卫生健康委员会、应急管理部、中华全国总工会联合印发的《工伤预防五年行动计划(2021—2025 年)》明确提出"工伤事故发生率明显下降,重点行业 5 年降低 20% 左右"。

织和社会组织在社会治理中的作用，畅通和规范市场主体、新社会阶层、社会工作者和志愿者等参与社会治理的途径"。其二，在参与全球人权治理方面，该计划鼓励和支持国内社会组织积极参与中国执行相关人权条约履约审议准备工作、联合国人权理事会等多边人权机制活动以及国际人权交流合作。

第四，在部分情境下，该计划对社区、家庭、个人人权责任进行了分别列举。其一，在妇女权益保障方面，该计划倡导依托社会力量发展综合托育服务机构和社区托育服务设施，减轻家庭生育、养育、教育负担，鼓励社区更多地承担相应责任；同时倡导性别平等、责任共担的新型家庭文化，要求家庭承担相应的人权责任。其二，在未成年人权益保障方面，该计划要求提高未成年人家庭、学校、社区识别防范性侵害和发现报告的意识和能力，落实强制报告制度，强调多元主体的合作。其三，在老年人权益保障方面，该计划高度重视居家社区机构相互协调和配合，共同实现养老服务体系的健全。

概言之，主体多元、工具多元的现代公共治理模式同时成为人权保障的重要方案。在晚近的人权实践中，所有参与公共事务的主体均有责任承担相应的人权保障任务，避免出现权责不对等的情形。

3. 与治理责任同构的人权责任分类

治理责任根据不同的标准可以进行多种划分。根据责任性质的不同，可以分为政治责任、法律责任、社会责任等；根据所适用的法律不同，可以从公法责任和私法责任两个角度进行区分；根据承担责任主体的不同，可以分为行政主体的责任、其他参与治理的私人主体的责任、个人责任；根据责任准据不同，可以分为违法责任、违约责任或违反社会治理规范、自我规制规范而产生的软法责任等。如果将人权责任体系理解为将人权价值与目标内嵌入治理网络的体系，人权责任可以按照网络化治理的框架来加以界分。

第一，内嵌于治理体系的人权责任在具体情境下可以分离出公法责任、私法责任，通过行政诉讼或民事诉讼分别解决，达到刑事标准的承担刑事责任。但在整体制度设计中，无论治理过程中能分解出多少具体法律关系和责任类型，国家通常扮演最终的担保和保障角色，这也是为何治理责任成为如今重要的公法议题。譬如在养老保障领域，政府部门、公私养老机构、社会组织、社区、家庭都是重要的行动主体，虽然政府部门越来越多地通过合作、倡导的方式将公共养老服务外包出去，部分卸下了直接履行责任，但对公民相关权利的保障责任却并没有减弱，而是通过更多的制度设计竭力提升整体上的公共服务。

第二，公共治理以网络化的形态展开，政府、其他扮演治理角色的主体、个体并不能完全表达其复杂的样态，通常情况下，不同类型主体中的诸多活动者共同发挥作用，人权责任十分复杂。譬如，在环境治理领域，环保部门和其他主管经济发展的部门的职责义务和责任机制就差别很大；排污企业在减少污染方面与高新技术企业在绿色研发方面的法律责任和社会责任也差别很大；行业协会、环保非政府组织的不同行为也对应着不同的责任。个人在作为不同商品、服务的消费者以及环保行动的直接参与者时，责任也不尽相同。

第三，内嵌于治理体系的人权责任以法律规范（硬法）为基础，违法责任来源于国家正式法律渊源对治理框架的制度安排，也是最底线的责任标准。在强调社会共治的基础上，不同主体之间也可以通过契约的方式对治理责任进行分配，例如，政府在购买服务中与私人主体签订行政协议，若其中一方违反约定的责任，即构成违约责任。与此同时，还有一类责任，并非源于国家法，也并非来源于合同约定，属于依靠声誉机制进行自律的软法责任。例如，企业为自己制定更高的产品质量标准、劳动者保护标准、环境保障标准，通过企业社会责任规范的形式对外发布并进行承诺，这种遵守就是基于企业自我规制产生的责任；又如，企业自愿承担源自非正式国际组织、行业协会或国内社会组织高于法律规定、合同约定的推荐性标准而产生的责任。

（三）治理理论对人权责任监督机制的启迪

从公共治理视角来理解人权责任的分担与合作，更有利于将人权责任的承担与治理主体的角色进行联结。在不同的微观领域，治理主体殊为不同，国家角色也差异很大，涉及的私人主体种类与角色都需要进行具体分析。换言之，治理网络的运行结构，本身就对应着人权责任的分配机制。但在实现善治目标的过程中，不同主体都有可能偏离善治目标，出现竞次情形、违反法定义务、破坏治理体系。在这个意义上的不同治理主体，就可能成为不合格的行动者，成为人权的侵犯者而不是保障者，而扮演治理角色的主体又往往具有很大的损害人权能力。例如，已有研究者指出，企业在声明承担环境人权责任的情况下，很有可能夸大其环境贡献，这种现象被称为"漂绿"，而非真正践行环境人权责任。[1] 换言之，公共治理网络的建构无法自动确保内嵌其中的人权责任获得有效保障，它需要一系列复杂法律机制的设计，确保善治的实现。对此，治理责任的相关研究结论对人权责任的实现具有较大启迪。从比较法的角度，借鉴国外理论，结合我国治理的实践，或可将治理责任分解为"谁承担责任""对谁承担责任""遵循什么样的标准来承担责任""对何事项""通过什么程序""应当产生何种结果"这六个要素，这些要素须在法律制度设计中被一一厘定。[2]

第一，责任承担主体。"谁承担责任"指向责任承担主体的多元化。

从治理的视角出发，承担公共职能、在公共治理网络中扮演角色的主体均应当承担责任。换言之，它们处于承担治理责任的最佳位置上，正所谓"义务应分配给可以最低成本实现它的人"[3]。因此，这些承担治理责任的主体亦应承担相应的尊重与保障人权责任，从而实现善治目标。如前所述，政府并不因为治理结构的变革而降低自己的责任，它转变的只是责任的承担方式。治理责任机制向私人主体的扩展，反而对政府能力提出了更高的要求，政府的权威、诚信、责任机制、保障措施都越发重要。只有国

---

[1] 参见许蔡梦骁、唐建荣：《国际绿色债券市场的私人监管：运行检视与改良路径》，载《理论学刊》2021年第3期。

[2] See Jerry L. Mashaw, *Structuring a Dense Complexity*: *Accountability and the Project of Administrative Law*, 5 Issues in Legal Scholarship 1, 1-38（2005）.

[3] 王思源：《论网络运营者的安全保障义务》，载《当代法学》2017年第1期。

家充分落实保护的责任、监督担保的责任、救济的责任等，才有可能充分实现市场责任和社会责任。[1]而扮演治理角色的私人主体所承担的公法责任，是公法向公共治理网络的延伸，亦须公正而无偏私地对待被规制者或利害关系人，否则就有可能在相关民事诉讼中承担败诉风险。[2]

第二，责任对象。"对谁承担责任"指向需要负责的对象，也可将这些对象视为责任监督主体。

在公共治理秩序中，谁有权要求治理主体公开信息、透明决策，并有权监督它们公正行事呢？对于政府而言，需要向民众和代表民众的代议机关负责，由是，可以开展立法机关的监督；政府需要向公民个体负责，因此，司法机关可以对政府加以监督；同时，政府还负有促进市场治理和社会治理的责任，市场主体和社会组织也对政府责任的履行具有制约和监督功能。整体而言，政府应当通过责任机制的设计来监督、保障治理网络中的所有治理主体，令其不能偏颇行事，对利害关系人信息公开和透明，通过合理的标准进行奖惩，对自己设定的目标和绩效负责。[3]

社会组织的责任对象也是多元的，"向下"须对员工、志愿者、合作者、受益人负责，"向上"须对当地政府、捐赠人或其所依托的机构负责。[4]《慈善法》就充分体现了慈善组织责任对象的多元性，政府、慈善组织的发起人、主要捐赠人、管理人员、其他捐赠人、志愿者、受益人、公众、媒体均有涉及。

对于企业而言，不仅应对股东负责，还应对更多的利害关系人负责，

---

[1] 参见杜仪方：《公私协作中国家责任理论的新发展——以日本判决为中心的考察》，载《当代法学》2015年第3期。

[2] 法院在这种情形下也处于规制者的角色，通过对市场行为的矫正，对结构化优势地位的一方提出更高的要求。当然，这也是有限度的，需要在尊重市场规律的前提下，依照法律规则、法律原则进行矫正。See Daniel P. Kessler, introduction, Daniel P. Kessler ed., *Regulation vs. Litigation: Perspectives from Economics and Law*, University of Chicago Press, 2010, p.1.

[3] See Colin Scott, *Accountability in the Regulatory State*, 27 Journal of Law and Society 38, 40–59（2000）.

[4] See AdilNajam, *NGO Accountability: A Conceptual Framework*, 14 Development Policy Review339, 340-354（1996）.

包括企业所有者、工人和他们的代表，以及其他受到企业行为影响的个人或团体；政府、其所在行业共同体、其上下游行业链中的企业、社会组织、劳动者、公众都有可能成为它的责任对象。

概言之，在公共治理体系中，多数承担治理任务的主体均须面对不止一类的责任对象。面对不同类别的责任对象，治理主体应当在尊重与保障人权的框架下承担相应的人权责任，避免出现规避责任的情形。

第三，责任承担标准。"遵循什么样的标准来承担责任"，指向责任的配置基础。

在合作治理的框架下，责任承担涉及多元治理网络中不同主体的责任，涉及政府、市场、社会、个人的共同责任。整体上，应当根据不同主体在治理网络中的地位，考察其在法律关系中的角色，根据其在政治、经济、社会维度的禀赋与影响力，来确定其应当承担怎样的责任。如果某种角色处于发挥作用的最佳位置，与防止侵害权利之后果的发生或者促进保障权利之结果的实现关系最为密切，那么就应当承担相应的治理责任。这样的责任承担标准与人权责任的配置标准在原理上高度一致，是公平、合理的责任配置理据。

第四，须负责的事项。"须负责的事项"旨在判断责任的范围，判断一项请求是不是合法的、需要回应和负责的诉求（Legal Claims）。

政府对政策选择、执行、监管、救济等诸方面负有全面的责任；企业对产品的价格、质量、员工权利保障、当地环境保护以及市场竞争秩序负有责任；社会组织具有通过自己的行动促进所在领域治理实践的概括性责任。须负责的事项是一个尤其需要情境化考量和具体分析的问题，通常而言，私人主体须负责的事项都在其行动章程上有所体现，这也可以看作一种对外承诺与自我规制的责任机制。当然，可以通过立法来设定私人主体须负责的事项，例如慈善组织即在一定程度上负有信息公开的责任。厘定须负责的事项既是理顺治理责任的重要任务，也是厘清人权责任的核心要求。尤其对于私人主体而言，即便其承担公共治理任务从而应当在一定程度上肩负人权保障责任，但其责任事项、范围与强度不能完全比照公权力机构，否则过度增加私人主体负担将反而对其基本权利构成侵犯。

第五，程序性要求。程序性控制一直都是确保责任实现的重要手段，旨在确保治理主体在行动中遵循最低限度的公正，包括听取意见、平等保护、信息公开、说明理由、协商参与等。相关程序性要求有助于强化私人主体履行人权责任，避免其逃避责任机制的束缚。[1]

即使是在治理过程中扮演重要角色的私人主体，也不能对其课以无限度的程序性要求，程序要求须遵循合法性、合理性、必要性的限度。须强调的是，治理责任的最重要基点在于信息的有效公开，进而进行说明、沟通与协商，以信息为核心载体，来加强规制、监督与问责。[2] 这些公法上对行政程序的要求进入私人领域，同样具有人权法意义。部分人权责任的承担必须以相应的程序性要求为依托，例如，为了保护民众的知情权，一定程度的透明度要求就必须施加给相应的治理主体。

第六，责任产生的结果。责任产生的结果，通常是解决纠纷、撤销或纠正错误的行为和决策、惩罚失误的决策者和错误行为的执行者，并对所造成的损失进行赔偿。

围绕治理责任所产生的结果至少有三个可能的维度：惩戒欠佳的责任履行、奖励良好的责任履行以及确保将来的责任履行。不仅正式责任机制会产生激励或制约性的效果，非正式的责任机制亦然。正式的责任机制是指公权力机构设置的法定的、具有强制力的激励惩戒机制，对相对人课以明确的责任，产生法定的奖惩效果。譬如，政府在环境公益诉讼中败诉，承担怠于履行监管职责的责任，环境表现不良企业依法受到行政处罚等，都是正式责任机制产生的责任效果。

---

[1] 参见卢超：《民营化时代下的信息公开义务——基于公用事业民营化的解读》，载《行政法学研究》2011年第2期。

[2] 学术界对此亦多有讨论，Barberis教授就提出了若干针对治理责任的程序性要求，分别是"对利害关系人说明理由""在需要时提供进一步的信息""需要时对行为进行修正以满足利害关系人的预期"。See Peter Barberis, *The New Public Management and a New Accountability*, 76 Public Administration 451, 467-468（1998）.

非正式的约束机制则复杂得多，既可以由政府主导，也可以由私人主体主导，是不具有强制力的责任机制。非正式责任机制可以产生奖惩效果，譬如，由政府或者行业、企业、社会组织发起的绩效评估与评级，可以造成相关主体声誉的减损、机会的损失、从合作治理网络或信息共享网络中被排除等惩戒，也能够相反，促使相关主体声誉提升、提供更多的机会、在合作治理网络或信息共享网络中发挥更大的作用。又如，民政部门主导的慈善组织信用记录制度与评估制度，通过信息公开能够对慈善组织产生重大的声誉影响，进而影响其募捐、招募志愿者以及开展活动。[1] 在相当多的情形下，对行为选择具有显著影响的不仅是正式的责任机制，还有非正式的约束机制。例如，提高商誉价值、避免声誉减损是企业在境内外承担人权责任的重要动因。[2]

责任是治理实践中的关键要素，治理网络中每一个节点上责任的配置失衡，无论是过多还是过少，都有可能产生难以预计的可能与影响。鉴于此，治理责任不仅需要有明确的主体和对象、合理的配置标准、适当的监督审查机制，还须通过法规范将不同领域的责任配置精细化，令责任配置和可问责性的制度设计更加合理、合法、高效、规范。正如庞德很早就指出的，"模糊不清的义务具有很大的道德意义，但超过了法律的执行范围之外"[3]。

公共治理理论是本书思考人权责任分担与合作的重要理据。在此基础上，其他公法理论亦与此相互映照，典型的例如下文即将述及的行政法平衡理论。在不同领域的复杂治理网络中，多元主体的权力与权利之平衡至关重要。

---

[1]《慈善法》第95条规定，"县级以上人民政府民政部门应当建立慈善组织及其负责人信用记录制度，并向社会公布。民政部门应当建立慈善组织评估制度，鼓励和支持第三方机构对慈善组织进行评估，并向社会公布评估结果"。

[2] 参见佟丽华：《中国企业境外经营的人权合规问题研究》，载《人权研究》2021年第3期。

[3] [美] 罗斯科·庞德：《通过法律的社会控制：法律的任务》，沈宗灵、董世忠译，商务印书馆1984年版，第120页。

二、平衡理论的形塑

当自上而下的行政管理模式逐渐转变为权威更加分散的公共治理模式后,作为治理主体的私人主体的权力所对应的权利保障责任,就成为必须面对的问题。也正因为如此,本部分从平衡理论的角度来理解人权责任的分担与合作,在多元治理主体的背景下思考权力与权利的平衡。

(一)平衡论的基本观点

1. 平衡理论的核心主张

平衡理论的核心意旨是权力与权利的平衡。根据平衡理论,行政权既要受到控制,又要受到保障;公民权既要受到保护,又要受到约束;行政权与公民权之间既应相互制约,又应相互平衡。它的基本含义是,在行政机关与相对一方权利义务的关系中,权利义务在总体上应当是平衡的[1];同时,公共利益与私人利益之间也应当保持合理的平衡[2]。平衡论的人文精神体现于主体尊严、平等、合作、宽容等价值序列之中。[3]它以行政机关与相对方的权利义务分配为根本关怀,尊重社会多元利益价值的协调,立足于各阶段的非平衡性,着眼于全过程的整体平衡,认为"平衡"既包括作为理想状态的平衡,又包括作为手段与过程的平衡。总之,平衡论在分析行政法基本框架时,基本上是围绕行政主体与相对方这一行政法核心矛盾而展开的。目前,平衡论内含的对政府管理的需要、对作为相对方的市场或社会主体存在的问题的关切,已被认为是行政法学的重要面向。[4]

---

[1] 参见罗豪才、袁曙宏、李文栋:《现代行政法的理论基础——论行政机关与相对一方的权利义务平衡》,载《中国法学》1993年第1期。

[2] 参见沈岿:《试析现代行政法的精义——平衡》,载《行政法学研究》1994年第3期;包万超:《行政法平衡理论比较研究》,载《中国法学》1999年第2期。

[3] 参见宋功德:《平衡论:行政法的跨世纪理论》,载《法制日报》2000年9月3日,第3版。

[4] 参见沈岿:《"为了权利与权力的平衡"及超越——评罗豪才教授的法律思想》,载《行政法学研究》2018年第4期。

运用平衡理论对现代行政法图景的一种可能的解读是,行政法应当告别传统的行政行为视角,从行政行为视角拓展至关系视角[1],在一个综合、复杂而有效的激励与制约机制中,行政法律关系中的所有主体皆可进入行政过程、表达各自利益诉求、进行平等博弈[2]。在消极意义上,权利义务为人们的利益和要求划设了此域彼疆之界;在积极意义上,则使人们既可获取,也要付出,既要相互合作,又不互相侵犯。权利义务是防止、解决或解除社会冲突、谋求人际和谐的一种方法;[3]而不应当被认为是对立、冲突的要求或索取。这般关注法律关系中的每一方主体,希冀在保护个体权利的基础上实现权力有效运作的公法理论,事实上蕴含了平等、公平等核心法律原则的要义,将法治建设的着眼点置于合理配置权利义务、注重个体的尊严与发展之上。

2. 平衡理论与公共治理理论的关联

正如公共治理实践所揭示的,现代公共行政过程是错综复杂的,在不同具体领域实现多元主体之间的权利义务平衡配置殊为不易。甚至在绝大多数主体多元的复杂领域,不平衡的状态天然存在,需要细致的法律制度来进行平衡设计。"平衡不仅意味着行政法及由其调整形成的行政法关系在总体结构上的平衡以及由此结构必然体现出的平衡功能,而且隐喻着与行政管理有关的具体法律关系中的不对等和不平衡的绝对存在。"[4]为弥合这样的不对等与不平衡状况,当代行政法学与民法学对平等原则的理论认识以及对权利义务配置的核心主张,均统一于对个人之人格尊严的承认与保护。[5]由此,在多主体诉求交织、多主体共同参与公共治理的背景下,建构多主体权利与义务平衡的治理网络有助于达成更大程度的人权共识、实

---

[1] 参见罗豪才、宋功德:《行政法的治理逻辑》,载《中国法学》2011年第2期。

[2] 参见沈岿:《行政法理论基础回眸——一个整体观的变迁》,载《中国政法大学学报》2008年第6期。

[3] 参见夏勇:《人权概念起源:权利的历史哲学》,中国政法大学出版社2001年版,第19页。

[4] 罗豪才、沈岿:《平衡论:对现代行政法的一种本质思考——再谈现代行政法的理论基础》,载《中外法学》1996年第4期。

[5] 参见陈天昊:《行政协议中的平等原则——比较法视角下民法、行政法交叉透视研究》,载《中外法学》2019年第1期。

现人权保障。

虽然晚近人权责任的承担主体与承担方式、实现工具都呈现出更加多元化的趋势，但彼此之间的关系仍然是通过权利义务平衡与权力权利平衡来调节的。[1] 于是在人权法关系中扮演某种角色、承担某种功能的主体之间，都可以在平衡理论的指导下进行分析，无论是微观层面还是宏观架构，都应以平衡为基本取向，才能实现对个体权利的有效保障。例如，晚近已有研究者运用平衡论来解释"去中心化"背景下的网络平台治理议题，认为在数字技术的开发和应用过程中，居于监管地位的公权力主体、数字技术开发公司、运用数字技术的平台企业、使用数字技术的个人之间的关系错综复杂，只有实现多元权力的均衡才能确保个体权利的平等与充分保障。[2]

（二）平衡论视野下的人权责任

1. 平衡理论与人权责任的分担与合作

在人权保障的视野下，不同主体的权利和利益、社会秩序与整体福利，都是需要平衡考量的要素，亦即平衡是人权责任配置的题中之义。[3] 在平衡论视野下分析人权责任的分担与合作，难点在于厘清不同私人主体的逻

---

[1] 罗豪才教授和宋功德教授曾撰文对人权法的平衡状态进行了描述，"在机制上，平衡的人权法体现为人权保障目标与制度安排的匹配；在内容上，平衡的人权法体现为公民权利及其实现方式的理性设定；在形式上，平衡的人权法体现为人权法规范体系的协调一致；在行动上，平衡的人权法体现为人权保障过程基于协商达成共识；在结果上，平衡的人权法体现为特定时空下人权保障绩效的最大化……平衡的人权法的目标定位和制度安排通过运用一种多主体交互关系的视角，形成一个多主体诉求交织的人权保障视野，建构一种多主体理性交涉的开放行动过程。交互关系视角告别了传统人权保障要么拘泥于公民权利本位、要么强调公共利益至上的国家管理单中心思维定式，转向建构辩证统一的权利／义务关系和良性互动的权力／权利关系的人权保障进路"。参见罗豪才、宋功德:《人权法的失衡与平衡》，载《中国社会科学》2011年第3期。

[2] 参见罗英:《数字技术风险程序规制的法理重述》，载《法学评论》2022年第5期。

[3] 图依布纳教授通过将基本权利作为社会的组成部分互相之间对抗的权利来尝试解决不同利益的平衡难题，也可以看作一种通过平衡的视角来论证私人人权责任的承担。参见［德］贡特尔·图依布纳:《匿名的魔阵：跨国活动中"私人"对人权的侵犯》，泮伟江译，高鸿钧校，载高鸿钧、张建伟主编:《清华法治论衡》第10辑，清华大学出版社2008年版，第280—313页。

辑位置。国家之外的主体，往往在不同的情境下，既是基本权利的享有者，也可能成为义务的承担者。

学界常常用"光谱"来比喻事物的两极，在正常的现代国家秩序下，我们也可以大致将个人与国家，放在权利与权力的两极。[1] 个人权利与国家权力通过法律制度达到平衡，通过强调个人权利以规范国家权力。在这个光谱中，我们似乎很容易判断出，将国家之外的私人主体整体归于哪一极均不可能，正所谓"在政府和私人之间"。[2] 对此，已有学者提出了"企业公民身份"的概念，对企业进行了一个中间化的定位，兼顾其公共性与私人性。[3] 不过，其究竟应被置于中间的何处，又是一个极难回答的问题。其难点在于，这些主体差异性过大、涵盖范围过广，权利义务殊为不同且过于复杂，任何笼统性的概括似乎都是不恰当的。

如果从平衡理论的角度来思考上述问题，解决方案将被化约为权力与权利在整体上平衡的法治结构。在没有法律介入的情况下，不同主体之间的关系往往是以"不对等"为表征的，法律规范则弥合了权力相对一方的不对等地位，向弱势一方赋予相应的权利。可以说，国家须承担人权责任最重要的原因之一即为国家与个人相对比所掌握的巨大权力，有鉴于此，须配置以个人相应的权利来保障其不受国家权力的侵害。如若将此原理并不严密地类推至其他权力所有者，同时兼顾权力所有者的权利保障，大致可以得出这样的结论：法律制度须制约政府之外其他拥有巨大权力的主体，尤其是在公共领域具有极大影响力的私人主体，并配置以相对方适当的权利，以期实现权利与权力的平衡。在这样的思路中，人权的权利属性，也

---

[1] 参见杜强强：《论法人的基本权利主体地位》，载《法学家》2009年第2期。

[2] 参见沈岿：《谁还在行使权力——准政府组织个案研究》，清华大学出版社2003年版，封面语。

[3] 规制研究者指出，"企业应变成更有知识和更有见地的社会成员，并且理解其作为同时具有公共性和私人性的实体。不论其是否喜欢，它们是由社会所创造的，其合法性来自其所运转于其中的社会。它们需要能够清晰表述其角色、范围和目的，也要完全明白其全方位的社会和环境方面的影响和责任"。参见[英]迈克·费恩塔克：《规制中的公共利益》，戴昕译，中国人民大学出版社2014年版，第290页。

蕴含着其为个人在社会中的一种权力的属性。[1] 权力之间没有绝对的中心点，有多少个相互作用的因素就存在多少种权力关系。[2]

在平衡理论的视野下理解人权责任须分担与合作，实际上是希冀通过平衡理论的架构来实现更加实质性的平等，弥合结构性的权责冲突。平衡理论的均衡观念对于消解这样的冲突的重要助益在于，通过在权力的另一端配置权利而弥合能力上的不平等。正是在这个意义上，平衡论对于建立一种连贯的人权理论，而非隔断公域与私域的人权理论，提供了理论支撑。

2. 人权责任的均衡配置

人权对于平衡强弱关系的意义，可以为很多领域的法律规制提供理论依据。晚近相当多新兴领域的法治框架，事实上均建立在人权价值与效率价值的平衡之上。[3] 例如，在晚近信息与算法、自动化决策深刻影响人类生活的语境下，已有学者以平衡论为方法论主张强化个人权利的保护。[4] 即使数据控制者不是公权力主体，亦基于垄断专业知识和信息不对称而产生一种具有强烈支配性的算法权力。这类具有高度隐蔽性、专业性和模糊性的隐形权力所有者与数据主体之间的利益平衡因时间、空间的分殊而变化，因此，算法决策者与个人权利所有者之间须在具体语境下实现有效的动态均衡。[5] 鉴于数字社会对权力机制进行了重新构造，平衡理论亦应当作用于指导多元权力关系的均衡之上。[6]

在追求平衡权力与权利的过程中，公权力、私权力亦须获得平衡。平衡的意义非常显著，一方面，巨大的国家权力与微弱的社会权力，将造成秩序性严苛但自主性极弱的局面；另一方面，私人力量亦不应当没有边界与限度地发展，否则国家的调动能力和保障能力将无法得到保证。换言之，

---

[1] 参见［美］L.亨金：《权利的时代》，信春鹰、吴玉章、李林译，知识出版社1997年版，第2页。
[2] 参见杨生平：《权力：众多力的关系——福柯权力观评析》，载《哲学研究》2012年第11期。
[3] 参见徐玖玖：《利益均衡视角下数据产权的分类分层实现》，载《法律科学（西北政法大学学报）》2023年第2期。
[4] 参见郑智航：《平衡论视角下个人免受自动化决策的法律保护》，载《政法论丛》2022年第4期。
[5] 参见郑智航：《平衡论视角下个人免受自动化决策的法律保护》，载《政法论丛》2022年第4期。
[6] 参见罗英：《数字技术风险程序规制的法理重述》，载《法学评论》2022年第5期。

人民和代表人民的政府必须有力量驾驭、加强，偶尔还要制衡谋求最大自由以追逐自我利益的私人主体。[1] 整体而言，政府与私人主体之间的权力转移必须有规则与边界，它们应当公平、均衡地承担与其权力、能力相适配的人权责任，总体的趋势是实现权力与权利的平衡，以更好地实现人权目标。

在面对多元主体构成的治理网络时，平衡理论不是一种弱者依附于强者的主张，而是一种确保个人独立性的理论；不是一种主张对立的理论，而是一种更突出自治性与合作的理论。[2] 平衡理论以一种多元的、网络化的形态来塑造人权责任体系：关注个体的自我规制与自我负责，主张个人权利与公权力之间的平衡，个人权利与私人主体所掌握的规制与治理权力的平衡，私权力与公权力的平衡。人权责任的分担与合作，须建立在这些平衡的基础上，以约束权力的行使、促进权利的保障，实现更好的治理为目标，既不能对结构性的不平衡视而不见，也不能以保障弱势群体的基本权利为由恣意侵犯所谓强势一方的基本权利。

总之，平衡论的适用过程，是一种公法原则、原理的综合适用过程，通过支持较弱的力量来平衡权力差异，强调个体自主性以避免强力者受到不合理、不正当的侵扰。[3]

---

[1] 参见［美］戴维·罗特科普夫：《权力组织——大公司与政府间历史悠久的博弈及前景思考》，梁卿译，商务印书馆2014年版。

[2] 马长山教授在对法治的平衡取向进行讨论时曾指出，"法治是非模式化、流动和地方性的，在当代呈现一种互动平衡取向，即权力与权利的平衡、权利与权利的平衡、权利与义务的平衡、法律与多元规则的平衡。这些平衡遵循着正义原则、法益衡量和价值差序原则、公益福利原则、合理容忍原则和现实主义原则"。参见马长山：《法治的平衡取向与渐进主义法治道路》，载《法学研究》2008年第4期。

[3] 已有学者对社会给付的平衡关系进行阐发，同时在平衡关系中引入社会连带的概念。可参见［德］施密特·阿斯曼：《秩序理念下的行政法体系建构》，林明锵等译，北京大学出版社2012年版，第119页。与此相关，在联合国《关于个人、群体和社会机构在促进和保护普遍公认的人权和基本自由方面的权利和义务宣言》中也提及，"人人对社会并在社会内负有义务，因为只有在社会之内人的个性才能得到自由和充分的发展"。载联合国网站，https://www.un.org/zh/node/181777，2022年11月12日访问。

前文亦有所述及，本章所论述的两个理据，具有逻辑上的相互关联。治理理论对于构建以治理角色和治理能力为基础的责任体系建构颇有裨益，但可能遭遇治理网络中的不同主体在权利、权力、责任、义务等维度上并不均衡的局面，而平衡理论正致力于弥补这一缺陷。平衡发生在不同主体相互之间的联系中，更在一个整体的意义上，平衡多主体交互作用的过程。但须承认的是，无论是微观上某两个主体之间的平衡，还是宏观上多元主体交互作用意义上的平衡，都不仅仅是一个理念问题，而需要具体的规范机制才能实现。平衡理论所考量的不仅是人权责任配置的平衡，更是多元主体权利义务、权利权力的复杂平衡。它既是人权责任分担与合作的理论依据，也是架构其规范机制时需要注意的核心要求之一。正如罗豪才教授与宋功德教授所指出的，平衡的人权法是通过一种多主体诉求交织的人权保障视野来观察问题、解决问题的。[1] 人权责任的分担与合作是平衡的人权法的题中之义，平衡理论也是人权责任分担与合作的理论基础。

三、模型的核心要素

在梳理国家人权责任的发展变迁，并勾勒出人权责任走向分担与合作的基本趋势后，本章对人权责任分担与合作的理论依据进行了细致阐发，其一，治理理论不仅为人权责任走向分担与合作提供了理论依据，更为其模型建构提供了基础。其二，平衡理论对保证人权目标、善治目标，搭建均衡的人权责任网络提供了理论依据。本部分将在此基础上，对人权责任分担与合作的具体模型进行勾勒。

人权责任的分担与合作的模型是根据治理网络的模型为基础配置的。它的基本思路在于，国家中心地位虽然相较于经典的人权理论有所动摇，但国家的人权责任仍是最基础的责任。正如在"元治理"理论下国家仍然扮演掌舵者与最终责任人的角色一般，国家的人权责任是全方位的，覆盖

---

[1] 参见罗豪才、宋功德：《人权法的失衡与平衡》，载《中国社会科学》2011年第3期。

各种类型的权利，覆盖尊重、保障与发展不同的维度。国家之外，其他在公共治理语境下承担公共任务，或者在治理过程中扮演重要角色的私人主体，根据治理网络的架构，承担相应的人权责任。

事实上，这并非将人权责任的配置全都推向了治理网络的搭建。而是治理网络搭建本身，就应当嵌入人权、人的尊严作为基本考量，亦即承认权利是可以给出充分理由向他人施加义务的利益。[1] 人权责任分配的基础构想是，在国家与私人主体之间公平地分配责任，确保多元主体行为的正当性、合理性与效率，以实现善治目标、保障基本权利、促进人权发展。下文所探讨的人权责任配置的要素，就是希望立足于国家与社会责任重新分配，在理论上解读人权责任在多元化的公共治理背景下进行分担与合作的决定性因素。整体而言，笔者主张须通过责任、能力、获益等不同的维度来均衡地配置人权责任，以实现权力与权利的平衡，更好地实现尊重与保障人权的目标。[2]

（一）基于角色的责任配置

1. 角色责任的理论阐发

法律责任来源于角色、职权、因果关系、道义或者正义、精神状态、能力及法律规定。[3] 基于角色的责任，可以理解为基于功能的责任，是指不同主体的责任与其扮演的角色直接相关（Role of Actors），与其承担的任务、所具有的功能直接相关，具有差异化的特点。[4] 不同主体基于其

---

[1] 参见吴然：《我们为什么需要权利？——论权利的独立性和必要性》，载《安徽大学学报（哲学社会科学版）》2019年第1期。

[2] 相关分析框架借鉴了哈特关于角色责任（role-responsibility）、因果责任（causal responsibility）、必然责任（liability-responsibility）和能力责任（capacity-responsibility）的区分。详可参见 H.L.A. 哈特：《惩罚与责任》，王勇、张志铭、方蕾译，华夏出版社1989年版，第201—202页；蔡宏伟：《"法律责任"概念之澄清》，载《法制与社会发展》2020年第6期；朱振：《归责何以可能：人工智能时代的自由意志与法律责任》，载《比较法研究》2022年第1期。

[3] 参见邓峰：《论经济法上的责任——公共责任与财务责任的融合》，载《中国人民大学学报》2003年第3期。

[4] 参见张守文：《经济法新型责任形态的理论拓掘》，载《法商研究》2022年第3期。

社会角色而相互之间产生合理期待与关联，是权利义务衍生的重要理据；由此，角色责任的配置方案归根结底取决于事物本质。[1] 相关理论研究者明确区分了行动者可以自主选择的条件性角色（如职业）以及无法自主选择的种属性角色（如疾病），认为在人之为人的角色之外，法律责任通常基于前者配置，后者不能作为区分责任的标准，只能作为享有权利的标准。[2]

基于对现有文献的考察，经济法学者对法律责任的理解，往往都逸出法院根据合同法或侵权法所裁判的赔偿责任之外，关注法律责任在市场建构中的意义。经济法学者更多地在这个意义上讨论法律责任，或许是由于其更精细、具体地区分法律关系主体中的不同类型的学术旨趣。例如，张守文教授曾指出，经济法上的法律责任，既是法定责任，也是角色责任。[3] 在经济法主体结构中，主体的角色不同，其身份和地位、行为目标和宗旨有别，所享有的权利或权力各异，所需承担的违法责任自然不同，从而会形成不同的角色责任。[4] 在市场规制的语境下，多方法律主体包括以政府部门为主的调制主体以及经营者、投资者、消费者、纳税人和公共服务受益者等市场主体。[5] "在社会系统中，需要各类主体分别承担不同的义务、成本或职能、责任，并由此形成了各类主体的'负担'，包括市场主体的负担和政府的事权或事责。只有对各类主体负担进行公平合理的分配，才能

---

[1] 参见陈爱娥：《事物本质在行政法上之适用》，载《中国法律评论》2019年第3期。

[2] 参见吴然：《基于角色责任的利益理论——权利概念分析新解》，载《法制与社会发展》2017年第1期。

[3] 参见张守文：《经济法责任理论之拓补》，载《中国法学》2003年第4期。

[4] 参见张守文：《经济法责任理论之拓补》，载《中国法学》2003年第4期。类似地，刘水林教授将责任划分为第一责任与第二责任，第一责任可称为预设责任，因为由社会角色及其功能所决定的职务和任务的理念是面向未来的，一个承担某项职责的人对于履行此职责具有预设责任。第二责任可称为过去责任，是对过去的行为和事件所做的交代或回应。以角色责任为核心的预设责任和以过错为核心的过去责任构成一个二元结构体系，共同构成了社会责任。参见刘水林：《从个人权利到社会责任——对我国食品安全法的整体主义解释》，载《现代法学》2010年第3期。

[5] 参见叶姗：《经济责任：范畴提炼及其构造》，载《北京大学学报（哲学社会科学版）》2022年第1期。

形成有效的激励机制,推动整个社会系统及其各子系统的良性运行和协调发展。"[1]

本书主张,公共治理网络中的多元治理主体须基于角色承担相应的责任。其基本逻辑在于,在当代权威日益分散、治理主体多元的背景下,实现治理目标需要不同治理主体的分担与合作,国家从直接履行退至监督保障的地位,这些分担治理任务的私人主体,亦应基于其不同的治理角色分担人权责任,这一过程在国家的监督与保障之下进行。

角色责任与治理主体承担相应人权责任的理路一脉相承。根据第二章的论述,虽然私人主体在法律形式上属于私法领域,但它在整个治理网络中,在全部的规制与治理过程中,经常扮演规制者的角色,已经成为公共治理过程的一环。从功能主义的角度观察,它们在标准制定、规则执行等方面的权威性和影响力,已经类似于传统上行政机关才能发挥的作用,也相应地承担一部分人权保障责任。

辅助原则(Subsidiary)是角色责任的重要理论渊源。当代辅助原则主要用于处理多层级的网络治理(Multi-Level Governance)结构中如何安排不同层级主体之间的关系。这些关系可以是国家与社会、中央与地方、国家与超国家的国际组织等多个层面。该原则的基本理念是,直接影响私人生活的决定,应当由最接近所影响对象的单位优先做出,只有当较小的社会单位不能胜任时,才由上一级单位作出决定。所以在整个组织谱系中,单位离所影响的对象越远,就越具有"辅助"或备位的功能,故而是一种"自下而上"的权力配置和组织原则。[2] 辅助原则蕴含着在解决人类和社会问题时,个人和下位组织优先,市场优先于政府;上位组织和政府在具有正当理由的情况下才可以干预,体现的是个人自我

---

[1] 张守文:《减负与转型的经济法推进》,载《中国法学》2017年第6期。
[2] 参见於兴中:《法理学检读》,海洋出版社2010年版,第32页。转引自毕洪海:《国家与社会的限度——基于辅助原则的视角》,载《中国法律评论》2014年第1期。

负责与政治统一和整体意志的平衡意象。[1] 这种自我负责优先的思路，就是角色责任的配置基础。个体基于自己的功能和地位，发挥某种角色作用，处于发挥作用的最佳位置，处于最具有连通性（Connectedness）的地位，与防止侵害权利之后果的发生或者促进保障权利之结果的实现关系最为密切，那么就要承担更基础的责任。换言之，如果良好结果的出现与侵权行为的发生，都与扮演部分角色的主体密切相关，那么相应主体就处于优先承担责任的最佳位置；其他主体包括公权力主体，都承担更为辅助、底线的责任。

如果将人权责任理解为尊重、保护、满足与发展的责任，尊重的责任更应当理解为一种普遍意义的责任，这种人权责任不仅不以角色责任为基础，也不应当以任何其他条件为基础。但实际上，由于角色的差异，一些私人主体处在更容易侵犯特定个人的特定权利的角色上，因此，对人权的尊重义务，虽不需要角色责任来证成，却需要角色责任来加强。而保护、满足和发展义务就更多地需要通过角色责任来进行配置，除了国家概括地承担整体性的人权责任之外，其他主体的责任内容和实现程度与治理角色息息相关。

2. 角色责任的实践映射

角色责任是诸多领域法律体系的重要基础，对多数公私主体的人权责任承担产生决定性影响。

第一，角色责任在私人主体参与公共服务与福利供给方面尤为凸显。以养老责任为例，个人与家庭，是最初承担养老责任的主体；在这之后，才是单位、社区的照顾责任；在以社会福利形态出现的老有所养成为一种公民权、社会权的情形下，国家承担担保责任。[2] 在严密的制度安排与服务体系下，家庭仍旧是第一位的责任人，而非其他。无论社会保障结构如

---

[1] 参见毕洪海：《国家与社会的限度——基于辅助原则的视角》，载《中国法律评论》2014年第1期。

[2] 参见徐晓新、高世楫、张秀兰：《从美国社会保障体系演进历程看现代国家建设》，载《经济社会体制比较》2013年第4期。

何变迁，社区、机构等其他养老模式如何发展，家庭在道德上和法律上，都一直发挥着实现老有所养的重要功能。[1] 国家通过养老金制度体系的构建，在金钱意义上更多地减轻了民众负担，但很难解决全部的养老问题。对此，理论界普遍认为福利人权责任主体不确定的情况不应对福利权本身的证成构成根本挑战，因为人权保障在具体制度中总会存在不同形式，对福利权的保障也可以根据具体的制度环境而加以优化设计。[2]

第二，角色责任在企业人权责任承担方面发挥作用。企业人权责任是法律上要求企业依据其角色所应承担的作为或不作为的义务，违反相关义务要承担法律上或其他方面的不利后果。[3] 由于企业在规模、业态、影响力等方面相差悬殊，因此，基于企业角色一事一议地分析其人权责任至关重要，亦即"具体问题具体分析"。鉴于现代社会专业领域极度细分，即便在同一议题、相似领域，不同主体的人权责任也具有巨大差异。例如，有学者指出，不同媒介形式具有不同的技术属性，或许发挥"瓶颈"或"看门人"等不同角色，应当在具体语境下确定其相应的法律责任。[4] 在此基础上，企业角色责任的差异还与其能力具有强烈关联，因此，后文还将在能力责任部分对企业人权责任进行更详细的论证。

第三，角色责任在社会组织承担人权责任方面非常突出。角色责任是向以人权为主要关注的社会组织配置人权责任的重要依据，也能够帮助我们理解为何这些社会组织的章程在一些维度上自我约束与提出要求，并通过发布其他软法规范对他者进行约束与提出要求。社会组织涵盖的主体非常广泛，常见的包括行业协会、慈善性机构、学术团体、社区组织、职业性利益团体、公民的自助组织、兴趣组织等，[5] 既包括国内社会组织，也包

---

[1] 参见陈伟涛：《"和而不同"：家庭养老、居家养老、社区养老和机构养老概念比较研究》，载《广西社会科学》2021年第9期。

[2] 参见郑玉双：《人格尊严的规范塑造：论人权的法理证成》，载《中国法律评论》2022年第5期。

[3] 参见史际春、肖竹、冯辉：《论公司社会责任：法律义务、道德责任及其他》，载《首都师范大学学报（社会科学版）》2008年第2期。

[4] 参见左亦鲁：《具体媒介具体管理——中国媒介内容管理模式初探》，载《开放时代》2023年第2期。

[5] 参见俞可平主编：《治理与善治》，社会科学文献出版社2000年版，第331页。

括国际非政府组织。在国内语境下，既包括在全国某一领域具有影响力的社会组织，也包括仅在一定地区、一定范围内发挥作用的社会组织。

社会组织按照发挥作用的机制可以被粗略分为两大类，[1]其一，很大一部分社会组织以"自治"为基本导向，在特定共同体内发挥组织与治理的功能，通过共同确认的规则、认证机制、声誉机制发挥作用，提供相互协商与对话的平台。很多法律都对自律组织权责进行明确阐发，例如，《数据安全法》第10条规定："相关行业组织按照章程，依法制定数据安全行为规范和团体标准，加强行业自律，指导会员加强数据安全保护，提高数据安全保护水平，促进行业健康发展。"其二，还有一部分社会组织，则按照"以权利为导向"的模式（Rights-oriented Model）发挥作用，以人权为主要关注点。以人权保障为宗旨的社会组织不同于自治型社会组织，并没有明显基于合意产生规则并进而产生权利义务的机制。如果社会组织的功能完全由其设立宗旨或者成员（组织成员与经费或捐款的来源方）决定，那么其持续的行为能否给个人带来合理预期呢？从理论层面上来讲，以人权为主要关注的社会组织对人权责任的承担，或许是比自治型社会组织承担人权责任更难解释的问题，而角色责任可以提供一种合理的思路：其人权责任是由其设立宗旨决定的，其人权促进行为的持续性是其宣称扮演与已经扮演的角色所决定的。在其作用领域，针对其作用人群，这种角色也可能产生须负法律责任的合理预期。典型的例证为北京蓝天救援队，其作为民间专业、独立的公益紧急救援机构，在生命救援、人道救助、灾害预防、应急反应、灾后恢复等诸多事项上发挥着重要作用。[2]

---

[1] 关于社会组织的分类方式有很多，"联合国国际标准产业分类体系"（the UN International Standard Industrial Classification System，ISIC），列举了17个门类中的教育类、卫生和社会工作类、社会和私人的其他服务活动类中的33种活动视为对非政府组织的分类；还有学者将美国的社会组织分为互益性与公益性两类；日本将社会组织分为公益法人、特别法人、NPO法人（非营利组织法人）、中间法人等。笔者则是根据其发挥作用的方式，按照不同方式对人权责任承担合理性理据的影响进行的分类。关于其他分类方式的讨论，参见程玥、马庆钰：《关于非政府组织分类方法的分析》，载《政治学研究》2008年第3期。

[2] 关于其介绍详可见"蓝天救援网"，http://www.bsr.net.cn/，2023年1月1日访问。

当然，角色责任的合理配置需要规则制定主体的妥善考察，国家须对不同主体的人权责任履行情况进行评估与监管；避免发生部分主体囿于其角色，在致力于某一特定类型的人权发展的同时，忽视了与其他权利发展相平衡的情形。

（二）基于能力的责任配置

1. 能力责任的理论阐发

在角色责任的基础上，对责任主体能力的考量成为责任秩序建构的另一个重要因素。在法律概念体系中，"能力"是耳熟能详的概念。民法学说将权利能力定义为人能成为权利主体的能力，是自然人与法人独立从事民事活动的基础。[1] 而本部分中基于能力的责任配置的着眼点并不相同，它指向不同主体基于其能力差异而承担不同程度的人权责任。相关主体越是具有更强的资源调动能力，就越有可能在权力运行过程中损害个体的合法权益；也应当承担相应的更高程度的人权保障责任。与此同时，人权责任的设定不能超越相关主体所能实际承受的责任能力的范围，而应当与促进多元主体可持续发展的目标相统一。[2]

能力责任在很多领域具有广泛应用，例如，在前文述及的气候变化领域"共同但有区别"的人权责任中，"区别"很大程度上取决于不同主体的发展水平，亦即不同国情下各国的责任承担能力。[3] 类似地，国际气候治理法律原则在国内法论域亦有体现，例如，在《固体废物污染环境防治法》

---

[1] 参见［德］卡尔·拉伦茨：《德国民法通论》（上册），王晓晔等译，法律出版社2003年版，第48页；冯珏：《自然人与法人的权利能力——对于法人本质特征的追问》，载《中外法学》2021年第2期。

[2] 参见王堃：《发展权的另类功能：缓和商业活动与人权的冲突》，载《学术界》2020年第1期。

[3] 《巴黎气候变化协定》为"国家自主贡献"赋予了新含义，形成了"共同但又区别责任—各自能力—不同国情"的责任配置样态。参见邵莉莉：《碳中和背景下国际碳排放治理的"共同责任"构建——共同但有区别责任的困境及消解》，载《政治与法律》2022年第2期。

中多次提及相关主体"根据经济、技术条件"承担相应的环境责任。[1]

但如果以此为主要理据将相应的人权责任自然而然地归于这些作为社会中的强力者的私人主体，很容易受到质疑。受到质疑的主要理由在于，民法自身已经有大量抑强扶弱的制度，如诚实信用原则、公序良俗原则、禁止权利滥用原则、意思表示瑕疵制度、格式条款的规制、危险责任、强制缔约等，将原本适用于国家的人权责任适用于私域，有弱化国家人权责任同时冗余于私法体系之嫌。[2] 概言之，弱化国家责任并冗余于民法秩序，是基于能力的责任面对的主要批评。

一方面，能力责任的体系建构不应弱化国家责任。国家人权责任的承担，是一种概括性的不可推脱的责任，即使国家在很多领域不再直接履行人权责任，但仍旧通过保障与监管承担人权责任。国家放弃直接履行的方式，转向更多地以承担监管和保障责任的方式确保民众权利的实现，是人权责任承担方式的革新，而非一种推卸人权义务的方式。在这个意义上，人权保障的责任并不是一种从国家向社会的"转移"，而是一种"分担"；从微观角度观察，权利与责任的对应并不是一对一，而是一对多，个人直接请求给付或服务的主体或许是私人主体，但确保其得到普遍服务的则是国家。同时，国家还负有保障个人权利不受其他平等主体侵害的义务。总之，人权责任的分担与合作，是为了应对人权责任的深化与扩展，是为了更好地保障人权，建立更连贯、更统一的人权保障体系。

另一方面，能力责任的体系建构并非冗余于民法秩序。从人权的维度解释民法中的抑强扶弱条款，不仅能溯至公平正义的自然法要义，也能引申至人权对法律的整体形塑。人权理论可以成为民法中这些制度的渊源，而并不与其相互竞争。在人权织就的宽松网络中，每一个主体都可以基于

---

[1] 其第40条规定："产生工业固体废物的单位应当根据经济、技术条件对工业固体废物加以利用；对暂时不利用或者不能利用的，应当按照国务院生态环境等主管部门的规定建设贮存设施、场所，安全分类存放，或者采取无害化处置措施。贮存工业固体废物应当采取符合国家环境保护标准的防护措施。建设工业固体废物贮存、处置的设施、场所，应当符合国家环境保护标准。"

[2] 参见于飞：《基本权利与民事权利的区分及宪法对民法的影响》，载《法学研究》2008年第5期。

一些要素找到自己的位置,而不是将国家放在一端,将其他所有私人性质的主体置于另一端。尤其是针对影响较大的"私权力"主体,区分不同主体在承担人权责任中的能力差异具有相对独立的重要意义,有助于解释其人权责任的范围、程度与边界。

2. 能力责任的实践映射

从现有文献观察,在论证企业人权责任的过程中,绝大多数论著都首先提及现代企业规模之大、财力之雄厚以及影响力之巨,集聚了经济与科技财富。因此,能力责任的实践映射,主要体现于企业人权责任方面。根据美国学者统计分析,多达70%—80%的国家力量遭到严重削弱,几乎不能满足原来我们认为一个国家必须达到的标准,可被称为"半国家";同时,2000多个私人主体影响力比占到70%—80%的国家还大,可被称为"超级公民阶层"。[1] 该统计和对比的标准当然可以商榷,但该结果却可以反映出私人主体的能力在一些领域之巨大。

令以企业为代表的私人主体承担人权责任或其他社会责任是晚近才出现的重要趋势。早在1800年,亚当·斯密即在《国富论》中否认了企业人权责任,认为"一个人追逐自己的利益便是为推进社会做的最好努力,远甚于为了推动而推动。我从不知道谁是为了公共利益从事商业的"。直到二十世纪七十年代,仍有相当多的学者认为企业唯一的社会责任就是充分利用其资源获取利润以免被淘汰,投入开放而自由的竞争而非欺诈。但正如前一章所竭力论述的,在现代社会中,私人主体在很多情形下扮演着规制者的角色,发布标准、执行规则、解决纠纷,掌握着认证认可等对当事人进入行业与否至关重要的权力,在共同体内部还有可能享有奖惩的权威。因此,企业在劳动者保护、环境保护等方面承担人权责任,才能真正确保人权目标的实现。

然而,基于能力的责任是十分难以确定的,因为能力的范围和强度本

---

[1] 参见〔美〕戴维·罗特科普夫:《权力组织——大公司与政府间历史悠久的博弈及前景思考》,梁卿译,商务印书馆2014年版,第15页。

身就是一个很难量化的概念。对此，有学者认为能力可以根据不同主体在政治上、经济上的权力与影响（Impact）来衡量。[1]当然，虽然能力很难量化，但强调能力更强大的私人主体承担人权责任，并不是宽泛的，没有边际的，还先要受到上述基于角色责任的制约，换言之，即使一个企业规模再大，财力再雄厚，影响的民众数量再多，也不能强制其承担超越其角色责任和能力边界的义务。在这样的背景下，充分了解企业能力，平衡其发展与企业人权责任之间的关系，是立法者要重点关注的。

此外，前文多次论及的平台企业，在基于能力承担人权责任方面亦呈现出诸多新特点。平台企业具有很高的整合社会资源能力并创造了巨大的经济价值，但也带来了新型的社会责任问题。例如，阿里滥用市场支配地位[2]、滴滴的数据泄露[3]、百度竞价排名的"魏则西事件"[4]以及联合虚假宣传、用户信息交易与隐私泄露、虚假好评、网络侵权等，参与者与受害者众多、影响范围广、危害性大。[5]鉴于此，现有法律体系也在逐渐将"能力越大、责任越大"的一般性原则嵌入规制网络。例如，《最高人民法院关于审理侵害信息网络传播权民事纠纷案件适用法律若干问题的

---

[1] See Jill Murray, *The Sound of One Hand Clapping? The "Ratcheting Labour Standards" Proposal and International Labour Law*, 14 Australian Journal of Labour Law 306, 309（2001）.

[2] 2021年4月10日，国家市场监督管理总局对阿里巴巴集团控股有限公司作出国市监处〔2021〕28号《行政处罚决定书》，详可参见徐嵩、程操：《阿里巴巴的天价罚单——中国互联网反垄断第一案》，载《人民之声》2021年第4期。

[3] 2022年7月21日，国家互联网信息办公室依据《网络安全法》《数据安全法》《个人信息保护法》《行政处罚法》等法律法规，对滴滴全球股份有限公司处人民币80.26亿元罚款，对滴滴全球股份有限公司董事长、总裁各处人民币100万元罚款。详可参见《国家互联网信息办公室有关负责人就对滴滴全球股份有限公司依法作出网络安全审查相关行政处罚的决定答记者问》，载中国网信网，http://www.cac.gov.cn/2022-07/21/c_1660021534306352.htm，2023年1月4日访问。

[4] "魏则西事件"发生于2016年，西安电子科技大学计算机专业魏则西同学经百度搜索后就医死亡事件引发广泛关注，同年，国家网信办制定出台《互联网信息搜索服务管理规定》。详可参见李建良、李冬伟、张春婷：《互联网企业负面事件信任修复策略的市场反应研究——基于百度"魏则西"与"竞价排名"事件的案例分析》，载《管理评论》2019年第9期。该事件详情可参见白剑峰：《魏则西留下的生命考题》，载《人民日报》2016年5月6日，第19版。

[5] 参见辛杰、屠云峰、张晓峰：《平台企业社会责任的共生系统构建研究》，载《管理评论》2022年第11期。

规定》第9条将网络服务提供者"应当具备的管理信息的能力"作为判断其是否"应知网络用户利用网络服务侵害信息网络传播权"的标准。从另一个角度来看，正是由于平台企业在组织能力等方面无与伦比的优势，因此，《国家发展改革委等部门关于推动平台经济规范健康持续发展的若干意见》等规范亦写入"引导平台企业开展数字帮扶，促进数字技术和数字素养提升"，表达了政府的柔性支持，鼓励企业在更大程度上承担促进人权的责任。

总之，在劳动权益保护、消费者权益保护、环境保护等方面的法律法规所设置的法律义务之上，企业还应在自身权力范围内承担努力预防、降低相关权益受侵害风险的人权责任。具体而言，企业影响力越大，人权侵害可能发生的概率以及严重程度越高，侵害因果关系贡献越大，那么该企业所负有的避免与终止侵害的人权责任标准则越高。[1]

（三）基于获益的责任配置

1. 获益责任的理论阐发

基于获益的责任分配，将人权责任指向在公共治理网络中获益最多的部分主体。从公平的视角进行观察，相关主体所获得的利益与其相应的人权责任之间可以建立明确的因果关系，因此需要采取补偿性措施。例如，如果以经济利益进行衡量，获取利益的企业在改善劳动者生活条件、保护当地环境上应当承担更大的责任；而从相反的角度来看，部分劳动条件较差的劳动者、生活环境受到额外影响的区域民众，基于其私益所遭遇的特别牺牲有权利请求进行直接补偿或采取补救措施。除去企业在劳动保护、环境保护等方面的人权责任，参与公用事业运营的企业之所以仍须承担普遍服务等人权义务也可以通过基于获益的责任分配获得解释。这些企业之所以承担这样的义务，其中固然有公用事业本身公

---

[1] 参见张怀岭：《德国供应链人权尽职调查义务立法：理念与工具》，载《德国研究》2022年第2期。

共性质的原因，但还有一个非常重要的原因是企业在特许经营公用事业本身中获得了排他性的经济利益，这种获益与所必须承担的人权责任是有直接关联的。

基于获益的责任分配原则较之于基于能力的责任分配原则更加精细，它通过获益结构细分指向许多不同类型的获益者，同时识别许多不同类型的被补偿者。例如，在行政补偿的视野下，地方政府作为公共利益代表有义务针对遭到特别牺牲的个人利益展开合理补偿，事实上也属于获益责任的题中之义。又如，面对供应链中不同的企业和市场参与者，"基于供应链地位的利益分配模式"所建构的社会责任治理框架处于核心地位，人权责任的程度与利益分配的结构高度正相关。[1]

在国际人权法的视野中，大量与保障发展权相关的规则围绕获益责任展开。例如，发达国家在相当多的国际秩序内承担更多的人权义务，不仅仅是由于其经济发展程度更高，更是由于其历史上长期在国际经济秩序中的获益，这也是在国际援助、减少碳排放谈判等议题上常常被提及的理据。以应对气候变化的国际政策为例，由于发达国家已经进入后工业化阶段，产业结构较为完善，适应气候变化产生的产业转型对其冲击较小，且已经从工业化中获益良久，因此，理应在合作治理的过程中承担更大的责任。[2] 此外，有研究者还提出了"从非正义中获益"的概念，认为发达国家或处于优势地位的经济体基于其长期获益，对解决一系列不公正问题负有更大的责任。[3]

概言之，基于获益的责任具有资源配置正义的属性。资源配置正义在

---

[1] 参见吴定玉：《供应链企业社会责任管理研究》，载《中国软科学》2013年第2期；李卓伦：《全球供应链治理视角下跨国公司人权尽责的法律规制》，载《人权法学》2022年第4期。

[2] 参见林俊：《应对气候变化国际法治理模式的创新：统筹发展与安全的进路》，载《国际经济法学刊》2023年第1期。

[3] 参见郑智航：《全球正义视角下免于贫困权利的实现》，载《法商研究》2015年第1期。

发展权语境下，已经成为一种公认的人权要求。[1]

2. 获益责任的实践映射

获益者基于补偿义务而承担人权责任，在实践中非常常见。相当多领域的法律制度以此为理据予以展开，例如，在环境保护领域，根据相关法律制度，排污者已经成为重要的私人治理主体。[2]

由于部分产业的发展与环境保护之间客观存在一定的紧张关系，因此环境领域生发出一系列规则要求获益者将其收益的一部分纳入环境治理活动之中。例如，《环境保护税法》规定大气污染物、水污染物、固体废物和噪声均属于应税污染物，并划定了计税标准。由此，企业通过环境保护税的缴纳承担了其基于获益的环境保护责任。又如，在生态治理补偿议题上，过去一段时期我国主要以行政区为空间单元，采取纵向补偿、横向补偿、区域内部补偿等多种方式，加强江河源头、饮用水保护地、水土流失治理区等重要生态功能区的保护；目前已经开始运用全流域"区际众筹"思路对涉及多个行政区、生态利益关系复杂的流域实施生态补偿，大型水力发电企业亦被纳入生态补偿责任主体。[3] 受益区域政府通过调动企业、社会的力量运用多种方式进行生态补偿，有利于环境人权责任更高程度地实现。

此外，即便在同一领域产生的补偿情形，亦有可能分属于不同的法律性质和归责标准。例如，在疫苗领域，根据《疫苗管理法》第56条第2款的规定，自然人接种免疫规划疫苗致害由政府补偿，接种非免疫规划疫苗

---

[1] 有研究者进行总结，无论是罗尔斯（Rawls）的社会正义中初级产品的公平分配，还是阿马蒂亚·森（Amartya Sen）的保障每个人的可行动能力（Capability），或是诺齐克（Nozick）的程序和权利公平，都在强调资源配置正义的人权意义。参见吕炜、王伟同：《发展失衡、公共服务与政府责任——基于政府偏好和政府效率视角的分析》，载《中国社会科学》2008年第4期。

[2] 参见杜辉：《论环境私主体治理的法治进路与制度建构》，载《华东政法大学学报》2016年第2期。

[3] 黎元生：《基于生命共同体的流域生态补偿机制改革——以闽江流域为例》，载《中国行政管理》2019年第3期。关于生态补偿机制相关政策，可见《关于建立健全长江经济带生态补偿与保护长效机制的指导意见》《支持引导黄河全流域建立横向生态补偿机制试点实施方案》等。

致害由疫苗上市许可持有人补偿。国家补偿责任源于相对人为公共利益作出特别牺牲；而企业补偿责任直接源自侵权行为，同时与基于获益的人权责任承担义务密切相关。相关法规范致力于让风险规制政策的形成者、风险规制措施的具体决定者、风险领域的生产经营者均承担相应的责任，公平地配置多元主体的人权责任。[1] 在这个意义上，获益责任可以作为角色责任、能力责任的补充，增进人权责任网络的公平性。

从更广阔的视角来观察，政府采取市场性工具来进行产业调控从另一个侧面也可以被理解为调配不同主体"获益"的数额与概率，进而增进公共利益。例如，政府常用的价格、税收、信贷、补贴与政府采购意向等典型工具，均可明确彰显其经济政策偏好。[2] 而因此获益的相应主体，亦应基于公共资金的取得而承担相应责任，遵守政府扶持措施所附随的公益要求。

总之，当人权与追求幸福生活的权利相关联，与发展的权利相关联，在理论中分属于不同种类的人权就发生了交织与竞合，权利保障的具体要求也在不同情境下殊为不同。政府义务只是人权责任的概括指向，在面向真实生活的公法语境中，透过人权的要义来解释不同主体的行为和责任，需要通过责任、能力、获益等不同的维度来配置人权责任。当然，这只是一个责任配置的基础形态，在具体的实践领域中，还需要不断地调适与发展，进行更加精细的研讨。

四、本章小结

为探究人权责任分担与合作的理论基础，本章溯至原本相互独立的两个理论渊源，即治理理论与平衡理论。

针对私人主体缘何承担人权责任，治理理论能够为此提供深刻的理论

---

[1] 参见杜仪方：《日本预防接种行政与国家责任之变迁》，载《行政法学研究》2014年第3期。

[2] 参见李沫：《激励性监管的行政法思考》，载《政治与法律》2009年第10期。

资源与研究基础。本章借用了治理网络的结构来阐发人权责任的结构，将责任性作为治理网络的核心关注之一。概言之，每一个承担治理角色的主体均应依据其治理角色承担相应的人权责任，人权责任网络即为将人权作为普遍标准和原则嵌入治理网络。如此"各司其职"的人权责任网络基础架构具有相当程度的公平性，尤其是对于在公共治理网络中承担关键角色的私人主体而言，即便其并非政府机构的一部分，它也应当基于其治理角色承担尊重与保障相关个体人权的责任。

治理网络并非天然就是协商、合作、善治的网络，也有可能是新的不公正、不平等的结构，致使普通个体的权利受到更加严重的侵犯。因此，责任配置应当以平衡为核心要义。在包含诸多主体的人权责任分担与合作机制中，平衡成了至关重要却殊为不易的关键点。如果忽视了权力与权利之间的平衡，那么更多的主体参与，或许会带来新的压制，也或许会带来所谓"责任赤字"等无人负责的局面，而非理想中的各司其职、协商合作。于是，将平衡置于整个人权责任分担与合作机制中，在一个连贯性的人权理论中注入"辩证统一的权利/义务关系和良性互动的权力/权利关系"，是本章的第二个落脚点。实现整体意义上的平衡殊为不易，在社会连带的视野下，每一个节点权利义务或权力责任的配置失衡，都会产生难以预计的可能与影响，也正因为如此，人权责任的配置必须得以规范。

本章基于相关理论铺陈，提出了人权责任分担与合作的模型。这一模型的基础形态，是公共治理语境下的治理网络模型，国家承担担保与保障的人权责任，扮演掌舵者与最终责任人的角色，对所有的基本权利类型均须保障，覆盖尊重、保护与发展不同的维度。其他主体依据自己的角色、能力与获益进行责任配置。在基本权利实现的过程中，不同主体的合作须被额外强调。法律制度须在国家责任的基础上，将人的尊严与人权考量嵌入治理网络，使之成为平衡的人权责任实现机制。当然，这只是一个模型的理想型，在具体的实践中，还需要不断的调适与发展，更重要的是，它需要稳定而可预期的规范机制。第五章即聚焦于人权责任分担与合作的规范机制，尤其注重阐发软法的作用。

第五章

人权责任的规范机制

人权责任的分担与合作依赖于政府、市场与社会的良性互动。一方面，法规范须充分保障多元主体的自主性，对于合作关系而言，合作主体的自主性是合作的基本前提；另一方面，法规范须保障多元主体各司其职，确保其行为受人权法相关原则的约束。[1] 分担与合作并不是指国家将由私人主体行使的社会权力事无巨细地控制起来，更不是指法规范直接将国家义务加诸私人主体。由此，探究确保人权责任有序实现分担与合作的法规范至关重要。

相较于由国家单一地承担人权义务，责任的分担与合作面临了更多的规范难题，需要更加多元、有效的规范机制。在该机制中，软法扮演着举足轻重的角色。在人权责任不断深化以及责任主体不断扩展的过程中，始终交汇着硬法与软法的共同作用。软法之"软"，并非指向执行力的缺失与实效的不尽如人意，而是源于政府对市场、社会的尊重，源于

---

[1] 参见汪锦军：《合作治理的构建：政府与社会良性互动的生成机制》，载《政治学研究》2015年第4期。

通过更宽容、更温和、更适宜的方式实现人权责任的基本理念。多层次的、回应性的规制与治理体系需要精细设计，弱制裁惩戒性、强劝服激励性的软法也是其中重要的组成部分。软法通过"更少强制、更多协商、更高自由"的方式，与更加强调惩戒与秩序的硬法一道，共同构成了规制与治理的规范基础。

一、人权责任与软法治理

（一）人权责任的规范难题

1. 人权责任分担与合作的硬法框架

传统上，国家立法机关颁布法律、法规将不同政府机构在不同领域中的人权保护责任固定下来，再由行政机关执行这些法律，由司法机关进行裁判，通过审查行政行为的合法性来保护相对人权利，是典型的行政运行形态。政府仿佛"传送带"一般运转，立法、行政、司法各司其职，互相影响又相对独立。与人权相关的权利义务，亦在这样的体系中由立法机关写入法律，由行政机关执行，由司法机关审查；在中央与地方的分工方面，法律体系也有一套具体的安排。这样一个复杂却有序的图景，是国家立法对人权责任进行规范的基本框架，发挥了最基础性的重要作用。在这样的背景下，以国家正式立法为核心的法规范占据核心地位。

在约束公权力主体尊重人权方面，我国已经通过一系列立法系统约束立法权、行政权和司法权的行使，建立了相对完善的救济体系。与此同时，在要求私人主体尊重人权方面，部分立法也已经对私人主体须承担的底线义务作出明确安排。例如，《民法典》对民事主体所规定的民事权利与私法义务之中，很大一部分具有人权属性。尤其是《民法典》采用人格权独立成编的创新体例，突出体现了"人的保护"

的价值定位。[1]

在保障公权力主体尊重人权方面，我国已经通过与保障经济、社会和文化权利相关的一系列法规范，确立了政府通过积极作为践行人权保障责任的诸多制度。与此同时，在要求私人主体保障人权方面，部分立法也已经对私人主体承担公共任务所应肩负的法律责任进行了明确规定。例如，根据《个人信息保护法》第 51 条的规定，个人信息处理者有义务制定内部管理制度和操作规程以确保个人信息处理活动符合法律、行政法规的规定。

2. 硬法规范的艰难应对

公共治理是一个团结、认同和合作的场域，但也是权力、冲突、异化和分离的场域；是稳定的期待、结构、体制、习惯、信任和信心得以形成的场域，但也是不可预见的行为、突变、暴力、分裂和断裂得以发生的场域。[2] 多元主体共同发挥作用的公共治理模式常常陷于多元化的责任网络，造成"多重责任失序"（Multiple Accountability Disorder）的治理失灵困境。[3] 早有学者指出，治理理论预想的协调和合作是对诸多主体的优势进行优化组合，国家、市场与社会的缺陷正好可以通过其他主体的作用予以弥补。但是这更多地表现为一种理想化的设计，在机制整合的过程中，如果缺乏有效的整合机制与制度设计，公共治理不但不会显现三方的比较优势、实现系统最优化效应，反而会导致三者比较劣势的叠加。而有效的规范性虽然不能解决全部的问题，却是建立治理秩序、规范治理责任的最重要依托，这也或许是法学界为此问题提供的最重要解决方案。

---

[1] 例如，其第 990 条明确规定："人格权是民事主体享有的生命权、身体权、健康权、姓名权、名称权、肖像权、名誉权、荣誉权、隐私权等权利。除前款规定的人格权外，自然人享有基于人身自由、人格尊严产生的其他人格权益。"详可参见张翔：《民法人格权规范的宪法意涵》，载《法制与社会发展》2020 年第 4 期。

[2] 参见［英］罗杰·科特雷尔：《社会理论中的法律和法律研究中的社会理论》，俗僧译，载高鸿钧、何增科主编：《清华法治论衡》第 11 辑，清华大学出版社 2009 年版，第 24—46 页。

[3] 参见龙宁丽：《非政府组织治理中的问责研究》，载《国外理论动态》2013 年第 4 期；邱忠霞、胡伟：《公共治理何以失灵？——基于结构—功能的逻辑分析》，载《学习与实践》2016 年第 10 期。

在这样的背景下，如果立法过程漫长，就可能出现规范供给不足的局面，亦即"日益复杂的社会对法律的步步紧逼将继续维持下去，因为法律的有效回应还没有展开"[1]。概言之，即便硬法在划定公私主体人权责任框架方面已经取得了长足进展，具体人权保障领域仍然存在大量的规范需求。虽然立法维艰，但人权责任的分担与合作绝不能仅仅是空泛的理论主张，而必须在法治的规范性体系下具体实现，否则将陷入混乱的"三个和尚没水喝"的"责任赤字"泥淖，治理体系也将陷入宽泛脆弱的不稳定状态。

可以看出，前文将这种规范性的取得，首先指向了传统的规范——国家立法（也就是与软法相对的硬法）。然而，正式程度较高、立法周期较长、修改较为困难、规定较为原则的硬法规范不足以充分供给人权责任分担与合作语境下的规范需求——在国家内部的公共治理中，硬法只是规范中的"塔尖"部分。[2]

更重要的是，当今政府所面临的规制事务往往处于"决策于未然之中"的风险社会背景下。由于风险具有不确定性和可变性，因此国家要履行其人权保护义务，使人民的生命、自由和财产免受威胁的难度显然增大；更加灵活、具有弹性、持续更新的动态化规制方案必不可少。[3] 在这样的背景下，硬法难以对不断变化的情形作出迅速的回应，规范性的供给明显需要依托国家正式立法之外的渊源。

于是，在正式的国家立法之外，大量软法规范不断涌现。一方面，部分规范虽然源自政府，但它是以指导性、建议性文件形式发布的强制执行性更弱的规范，并非《立法法》规定的具有强制执行力的法规范。例如，人力资源和社会保障部、国家发展改革委、交通运输部、应急部、市场监管总局、国家医保局、最高人民法院、全国总工会联合发布了《关于维护新就业形态劳动者劳动保障权益的指导意见》，针对保障依托互联网平台就业的网约配送员、网约车驾驶员、货车司机、互联网营销师等新就业形态

---

[1] ［英］马丁·洛克林：《公法与政治理论》，郑戈译，商务印书馆2002年版，359页。

[2] 参见罗豪才、宋功德：《软法亦法——公共治理呼唤软法之治》，法律出版社2009年版，导言。

[3] 参见王贵松：《风险行政与基本权利的动态保护》，载《法商研究》2022年第4期。

劳动者的合法权益发布指南。另一方面，部分规范源自私人主体，是以私人主体自治规范、私人标准等形式发布的自愿性规范。甚至部分规范以行政协议或民事合同的形式展开，通过协议表达合作意愿并明确双方权利义务，对相关主体的人权责任予以强化。例如，《2023年滴滴（北京）网约车司机协商恳谈会专项协议》约定了6项内容23条具体措施，以框架性协议的方式强化企业保障"零工经济"群体劳动权利的责任。

概言之，以硬法为基础与后盾，充分发挥软法作用的规范体系，更容易与开放、多元的治理制度以及人权责任的分担与合作体系相融合。由于强调层级性与国家强制执行力的硬法并不具有足够的规范供给能力，因此，更强调自愿遵从与实际效果的软法成为建构其规范性的另外选择。不具有强烈的等级性、并非依靠国家强制力的软法，强调自愿遵从与协商，对徘徊在法律与道德之间的更广泛、更深刻的人权责任进行了整合。当然，传统的管理形式和新的治理模式并非尖锐对立的，国家与非国家、强制与自愿，并非急转生硬、非此即彼的选项。

（二）人权领域的软法规范

在很多情境下，软法已经成为影响相对人权利的重要规范形态，但人权论域中的软法究竟包括哪些规范，是一个必须厘清的问题。而在这项工作之前，对软法的含义与基本发展脉络进行简单的交代也是必要的。

1. 软法概念界定

软法概念的界定并非一项容易的工作，主要是由于软法规范数量众多，列举易却归纳难。不少权威的英文法律辞典都曾对软法下定义，[1] 一些著名

---

[1] 譬如，《布莱克法律大辞典》对软法下了两个定义，第一，软法是指相对而言，没有严格约束力或没有法律意义的规则；第二，软法是指指南、政策声明或行为规范等不具有法律约束力的行为标准。See Bryan A. Garner, Black's Law Dictionary（Ninth Edition），West Publishing Co, 2009, p.1519. 在《牛津法律辞典》中，软法是指行为指南，如没有强制力的条约、联合国决议或者国际会议决议等，尽管其自身没有法律效力，但比对政治意愿的简单声明更有效（它们往往处于两国法律/政治的中间状态）。软法是相对于硬法而言的，硬法是指条约或国际法惯例中有约束力的法律义务。See Elizabeth A. Martin, Oxford Dictionary of Law（Fifth Edition），Oxford University Press, 2002, p.467.

的学者和研究机构也对软法进行过界定，这些定义主要是从"法定约束力"（或者"国家强制力"）与"实际效果"（或者"影响"）两个角度出发，强调法源上的"软"或国家强制执行上的"软"。例如，有学者将软法界定为不由政府制定与保障实施却被国家与社会实际遵守的规则[1]；有学者强调软法源自私人主体[2]；还有学者强调软法的非正式性[3]。在这些域外软法概念中，获得广泛认可的定义兼顾软法的非正式性和实际影响，即"软法是以文件形式确定的、不具有法律约束力但可能具有某些间接法律影响的行为规则，这些规则以产生实际效果为目标或者可能产生实际效果"[4]。

以我国法治实践为基础，结合比较法文献对相关概念的讨论，罗豪才教授和宋功德教授将软法界定为那些不能运用国家强制力保证实施的法规范；软法（Soft Law）是相对于硬法（Hard Law）而言的，后者是指那些能够依靠国家强制力保证实施的法规范。[5] 软法概念为国家正式法源之外的规则生成生长、规范化、法治化提供了理论基础和研究框架。

第一，软法概念为国家机器内部运作的规范化、法治化提供了理论支

---

[1] 东京大学软法研究者认为，软法是指国家与企业在真实经济与社会实践中遵守的一套规则，尽管事实上这些规则可能并不是由政府制定的，也不是由政府保障实施的。软法范围十分广泛，包括成文与不成文，政府与非政府，规则、章程、指南、协议，去控制、规制或协调人类行为的方方面面。参见软法项目网站，http://www.gcoe.j.u-tokyo.ac.jp/en/publications/index.html，2023年1月1日访问。

[2] 譬如特拉维夫大学软法研究者认为，"在过去二十年来，跨国公司自我规制的新形式，以及由非政府组织（NGO）与金融机构进行等私人主体为首的社会规制新形式层出不穷。这些新的规制形式通常被统称为'软法'，如企业行为规范、可持续发展指数、国际标准以及认证项目，等等"。See the Associate Editor and Assistant Editors, Mapping the Hard law/Soft Law Terrain: Labor Rights and Environmental Protection: Introduction, 12 Theoretical Inquiries in Law 1, 1-5（2011）.

[3] 在一些人类学家看来，软法是灵活的或者非正式的法律工具。软性遵从机制，有羞辱（shaming）、一致性（conformity）、说服力（persuasion）、自益性、时机、恐惧等，从而使得不具有裁判性和正式程度很低的程序或者机制却能够获得遵从。See Filippo M. Zerilli, The Rule of Soft Law: An Introduction, 56 Focaal-Journal of Global and Historical Anthropology 3, 3-18（2010）.

[4] Linda Senden, *Soft Law*, *Self-regulation and Co-regulation in European Law: Where Do They Meet?*, 9 Electronic Journal of Comparative law 20, 20-28（2005）.

[5] 参见罗豪才、宋功德：《软法亦法——公共治理呼唤软法之治》，法律出版社2009年版，导言。

撑。无论是立法机关、参政议政机关、行政机关、司法机关，还是中央政府、地方政府，国家机器的内部运转规则并不是完全公布于人大颁行的法律之中，除了宪法和组织法的框架性规定，大部分国家机器的内部行为规范是没有立法的，学界对党内规范的研究[1]、对行政机关自我规制[2]的研究，都可以归为在内部规则和行为惯例中发现软法的研究；并且，在行政法对行政过程着眼更多时，必然对非正式的程序、规则或规范机制更加重视。可以说，软法规范在灵活性、非正式性的基础上致力于规范性的努力，是对行政过程本身的复杂多变的一种回应。[3]

第二，软法概念为政府施行柔性治理提供了理论支持。"刚柔并济"是中国传统的政治理念，柔性治理不应当是去法治化的、只强调灵活性的治理模式，并非逸出于法治之外。相反，柔性治理的法治化是一种通过软法的规范化，劝告、说服、沟通、协商等柔性治理手段很难一一固定下来，并被详细规定与约束，但政府可以通过一系列的惯例、章程、准则或其他软法规范来推行、完善、规范之。

第三，软法概念是针对日益兴起的公共治理、私人规制进行的理论回应。私人主体的崛起意味着在公权力之外，社会与市场权力已经越发重要；硬法只是为规制与治理体系提供了行为边界，而具体的运行与监督规范则须依靠软法供给。在这样的理念下，任何团体、组织或制度——不管是不是国家，都可以行使"法"的职能。当法被看成起联结"职能"的一般规范准则，"私立"法律制度和非正式的规范体系则有可能被看作公共治理网

---

[1] 参见姜明安：《论中国共产党党内法规的性质与作用》，载《北京大学学报（哲学社会科学版）》2012年第3期；宋功德：《坚持依规治党》，载《中国法学》2018年第2期；姜明安：《论党内法规在依法治国中的作用》，载《中共中央党校学报》2017年第2期。

[2] 参见姜明安：《论行政裁量的自我规制》，载《行政法学研究》2012年第1期；高秦伟：《论行政裁量的自我拘束》，载《当代法学》2014年第1期；沈岿：《行政自我规制与行政法治：一个初步考察》，载《行政法学研究》2011年第3期；[美]伊丽莎白·麦吉尔：《行政机关的自我规制》，安永康译，宋华琳校，载姜明安主编：《行政法论丛》第13卷，法律出版社2011年版，第515页。

[3] 戴维斯教授在论述裁量正义时曾指出，"行政过程的生命之源是非正式程序"，还对行政裁量过程的中的中间环节进行了简明的列举。参见[美]肯尼斯·卡尔普·戴维斯：《裁量正义——一项初步的研究》，毕洪海译，商务印书馆2009年版，第22页。

络中的核心规范。[1]

2. 软法理论的发展溯源

不仅软法的概念较难界定，软法的溯源也殊为不易。[2] 有学者将软法溯至中世纪"商人法"或十九世纪末二十世纪初兴起的"社会法"。[3] 但这样的观点亦面临诸多质疑，因为如果以"非强制约束力的规范"的单一特征来追本溯源，事实上很难精确到某个时间和某个制度；且彼时语境下的不具强制约束力的规范与二十世纪七十年代开始兴起的全球治理语境下的软法若以同一种制度沿革的进路进行解释，也着实十分牵强。

虽然比较法视野下的软法研究起源仍存在颇多争议，但较少被质疑的是，当代意义上的软法始于二十世纪六七十年代。例如，1972 年的联合国人类环境宣言（斯德哥尔摩宣言）就是重要的国际软法规范。在环境软法规则的形成与发展过程中，联合国环境规划署（Unites Nations Environment Program）、经济与合作发展组织（Economic Cooperation Organization）等正式国际组织以及国际法协会（International Law Association）、国际法学会（Institute of International Law）等非政府组织，都发挥了重要作用。[4] 从比

---

[1] ［美］劳伦斯·M. 弗里德曼：《法律制度——从社会科学角度观察》，李琼英、林欣译，中国政法大学出版社 1994 年版，第 10 页。

[2] 鉴于软法思想渊源难以精确考量，一些学者试图去考证"软法"的词源。不少学者认为英语世界中"软法"一词的创造者是英国法学家 Lord McNair，McNair 教授不仅是剑桥大学最具盛名的国际公法学者之一，亦为国际法院的法官，同时于 1959—1965 年担任了欧洲人权法院的第一任院长。不过，据他的学生 Jennings 撰文指出，他在二十世纪三十年代使用该语词时并不是意指不具强制约束力的软性文件，他当时用 Soft Law 和 Hard Law 指代的是现行法与拟议法。See Jennings, *An International Lawyer Takes Stock*, 39 International & Comparative Law Quarterly 513, 516（1990）.

[3] 参见［美］安娜·迪·罗比兰特：《软法的谱系》，张世泰、林玲译，载罗豪才、毕洪海主编：《软法的挑战》，商务印书馆 2011 年版，第 22—46 页。

[4] See Pierre-Marie Dupuy, *Soft Law and the International Law of the Environment*, 12 Michigan Journal of International Law 420, 420-435（1990）. 二十世纪七十年代，国际法学者开始广泛使用软法这个与硬法相对的概念时，对其的早期解释很含糊，认为它就是与硬法相对的事物；二十世纪八十年代和九十年代早期，理论界才开始在"法与非法""约束力有无"方面开始一个新的二元定义阶段（legal/illegal, binding/non-binding）. See Jan Klabbers, *Reflections on Soft International Law in a Privatized World*, 16 Finnish Yearbook of International Law 313, 313-328（2005）.

较行政法的角度观察，西方政府监管模式从二十世纪六十年代开始转向，产生了用软性法治取代硬性法治的规范需求。[1]

暂且抛却孰先孰后的纷争，我们可以想象的是，在二十世纪六七十年代，软法概念的发展给法学学者带来了相当大的冲击，因为它是一个如此充满矛盾的术语，来用以定义一种如此难以界定的现象。人们很容易发现这样的悖论：从一个一般的或者古典的视角来看，法律规则都是硬的，自愿性规则是不存在的。但令人困惑又不得不面对的是，现实中的规则效力却通常难以厘清，作为一种社会现象，软法已经成为现代造法工具的一部分，逃避它无法解决任何问题。虽然软法的概念在法学界引起了巨大的争论与分歧，有的学者坚定地支持软法，有的学者认为软／硬二元划分无法囊括"法"的整个范畴，这种分歧和对抗源于对法的核心与实质特征的理解差异，但现代研究在很多时候已经超越了传统的对软法的支持与反对之争，直接进入相关领域进行研究，而共享一个默认的立场，那就是软法是不可或缺的现代治理工具。[2]

从软法的理念与发展中，我们可以看到软法的重要任务是给最难合意情形提供规范理论，为社会自治提供规范理论，为规范自下而上的流转提供规范理论。可以说，在立法条件较高而较难达到的情况下，在道德等法律之外的规范不能完全约束的情况下，在并不具备立法权威的主体分享了治理权能的情况下，在社会自生自律的规则没有（或者不能、没有必要）上升为硬法的情况下，对规范的需求与规范赤字的现状之间在客观上存在紧张关系，这种紧张关系是软法发展的内在推动力。"软法的浪潮"（Soft Law Wave）可以反映出两个侧面，一个是对新的法律形式的需求，另一个是对现有的僵化法律形式的忧虑。软法不仅是多元合作带来的结果，也是多元竞争的结果，软法是当代世界共同体中彼此迥异的个体之间协商与竞

---

[1] 参见［美］诺内特、塞尔兹尼克：《转变中的法律与社会》，张志铭译，中国政法大学出版社1994年版，季卫东序言。

[2] See Robert Y. Jennings, *An International Lawyer Takes Stock*, 1 University of Miami Yearbook of International Law 1, 1-16（1990）.

争的结果，也就是说，是一种博弈平衡的产物。[1]当软法的概念与理论体系将原本已经存在的一些规范统合起来时，就能够解释为何对原先只具有秩序功能或调整功能的正式立法之外的规范也可以提出法治化要求。

3. 软法理论与行政法治模式的变革

硬法治理模式更关注国家管理，较少关注市场、社会的自治；更注重自上而下的单一规范体系，而并非主体多元层级多元、自律与他律相结合的规范体系；旨在通过相对封闭的制度进行管制，而并非建立开放、多元的治理制度。总体上，硬法治理模式的国家包揽性更强、制度灵活性更弱。

而政府将软法作为重要的治理工具，将更具参与性、回应性、灵活性的要素注入原先的管理模式。纳入了软法之治的混合法模式具有很强的包容性，为不同主体、不同规则形态、不同行为方式提供了兼容共存的规范性保障。传统的管理形式和新的治理模式并非尖锐对立的，国家与非国家、强制与自愿，并非急转生硬、非此即彼的选项。对软法治理模式的主张，是在正视软硬法融合的现象、关注不同参与者角色的基础上提出的。这样的混合治理模式并非在提出软法术语以统合相关研究现象之后才形成的，而是对相近学术议题的一种整合。在行政法学术脉络上，它至少与关于行政法上法源的讨论、行政法疆域扩展的讨论、公私合作的讨论、新的规制与治理工具的讨论相汇合，指向了规则规范的多元化、治理主体的多元化以及政策工具、治理方式手段的多元化等不同维度。换言之，公共治理不仅是人权责任迈向多元化的重要基础，也是规范渊源迈向多元化——软法兴起的重要基础。

这至少可以从两个角度来加以理解：其一，在公共治理的背景下，治理主体趋向多元化，规范渊源也趋向多元化。于是，针对国家—控制法范式中法定义的"体现国家意志、由国家制定或认可、依靠国家强制力保证实施"三个方面，"软法亦法"的论断对照公共治理的需要，对法作出了相

---

[1] See Pierre-Marie Dupuy, Soft Law and the International Law of the Environment, 12 Michigan Journal of International Law 420, 420-435 (1990).

应修正，亦即，法是体现公共意志的、由国家制定或认可、依靠公共强制或自律机制保证实施的规范体系。其二，在公共治理的背景下，审批、收费、处罚等强制性行政手段往往不再是政府行为的最优选择，更具协商性、灵活性，更加柔性、高效的治理工具不断涌现，譬如行政指导、政府购买服务、自愿性认证等。这些更尊重市场、社会的规制与治理工具既不能处于法治的真空地带，也很难通过正式立法进行详细规定，甚至行业协会、社会组织也可能成为这些规制与治理工具的使用者，而并非政府。于是，治理工具的多元化也成为对软法需求增加的重要原因，如果将正式行政执法手段称为硬法工具，这些治理工具也可以被称为软法工具。[1]

由此可见，围绕着对非国家正式法规范的关注，软法理论至少在这样几个方面整合了相关学术研讨，更新了传统的行政法治模式。

第一，更多的主体成为在一定共同体内具有影响力的规则制定者。这些分享了规则制定权力的主体，应当在尊重与保障利害关系人甚至公众的权利、公平公正行事、遵照正当程序等方面受到更严格的要求和监督，但这种监督机制不一定来自国家，也有可能来自社会组织、相关行业、自我规制以及消费者。

第二，更多的政策工具纳入了规制者的视野。在行政许可、行政处罚等典型的事前禁止、事后处罚的框架之外，越来越多的软的工具，通过协商、对话、劝告等形式发挥作用。规则的执行者可以是志愿者、消费者、同行业者、行业协会等，更简化的信用机制、评价机制、分级机制使得规则执行既有效率，又有效果。

第三，多元的纠纷解决机制成为多元规范发挥作用的制度保障。在具体的软法规范作用领域，与其效力机制相匹配的简易纠纷解决机制将大量纠纷化解在治理过程中。在此基础上，软法研究不仅提出其基本主张、构建了基础理论模型，并逐渐迈向精细化，在更为精细的研究领域解释更多的现象、提出更多的解决方案。

---

[1] 参见邢鸿飞、韩轶：《中国语境下的软法治理的内涵解读》，载《行政法学研究》2012年第3期。

4. 人权领域软法规范的基本类型

人权论域下的软法规范殊为庞杂，很难被周延地类型化。笔者尝试依据软法的生成机制、软法与人权的关系等标准对其进行分类。

（1）基于软法生成机制的分类

根据软法的生成机制，人权论域的软法规范大致可以分为两类。

第一类是由公权力主体发布的关于人权的非正式规则，亦即发布主体具有颁行硬法的权力，但以软法为规范工具来保障人权。该类规范是一种自上而下的生成机制，其中又可以三分。一是正式的国际政府间组织发布的与人权相关的软法规范。例如，1948年在法国巴黎召开的联合国大会第三次会议上通过的《世界人权宣言》是人权法史上的标志性文件，也是一个多边国际软法规范，在人权领域被广泛接受，凝聚了思想共识。[1] 软法至今仍是联合国人权规范的重要发布形式，2018年10月，联合国人权事务委员会在《关于生命权的一般性意见（第36号）》中明确了气候变化与生命权之间的关系，该意见被国际社会定性为软法。[2] 二是正式的区域政府间组织发布的与人权相关的软法规范。例如，在数字监管领域，欧盟通过发布《人工智能白皮书》鼓励企业强化数字安全标准，表达了对人类信息安全的关切。[3] 三是主权国家的有权机关发布的与人权相关的软法规范。例如，为规范新兴的智能制造产业，工业和信息化部与国家标准化管理委员会联合发布《国家智能制造标准体系建设指南（2021版）》，为增加标准有效供给提供指引，更加充分地保障人身健康和生命财产安全。[4]

第二类是由私人主体发布的关于人权的非正式规则，亦即发布主体不

---

[1] 参见何志鹏：《作为软法的〈世界人权宣言〉的规范理性》，载《现代法学》2018年第5期。

[2] 参见何志鹏、张昕：《气候变化救济的审思与突破：以人权法为视角的展开》，载《北方法学》2021年第5期。

[3] 参见王兰：《全球数字金融监管异化的软法治理归正》，载《现代法学》2021年第3期。

[4] 《标准化法》第1条规定："为了加强标准化工作，提升产品和服务质量，促进科学技术进步，保障人身健康和生命财产安全，维护国家安全、生态环境安全，提高经济社会发展水平，制定本法。"

具有颁行硬法的权力，是由于其社会或市场中的权威而使其规则可以获得自愿遵从。该类规范是在社会与市场论域中自生自发的，其可以分为两部分。一是跨国私人治理主体发布的与人权相关的软法规范。相关规则并不需要国家的签署或纳入国内法范畴即可获得跨国界的遵从。例如，纳入环境保护、社会责任等可持续发展因素的《赤道原则》（Equator Principles）已被全球主要金融机构普遍采纳，我国的兴业银行、江苏银行等亦加入其中。[1] 二是在国内法的视野下，由私人主体发布的关于人权的软法规范，私人主体的分类与角色在上一章中已有详细论述，相关主体是否遵循该软法规范主要是基于自愿选择。

这里的"自愿"，表达的并非完全为内心愿望上的自愿，而是没有法律强制执行为后盾、基于自身利益的自愿选择。譬如，有比较法文献指出，相当多的律师即便其内心并不情愿，但出于职业发展考虑，在没有任何法律强制要求的情况下仍会主动进行义务法律援助。有学者将这种现象称为"超尊重"（Supercompliance）——人们超越法规范强制要求的程度来自愿履行社会责任。在相当多的情形下，"超尊重"意义上的"自愿"更多的是人们相信遵守这样的规则能够给自己带来更多的后续利益，即使这些利益的可预期性是模糊的。[2] 同时，有学者指出，软法能够改变行为，能够产生一种"遵从推力"（Compliance Pull）。在这样的情况下软法或许能够构成一种"自足机制"，将相关各方的法律意图有效而灵活地融合。[3]

（2）基于人权类型的分类

以前述三类人权的划分为基础，下文试列举数方面的软法规范，以说明晚近人权保障采软硬法相结合之进路。笔者所列举的软法规范均出自国

---

[1] 参见梁咏：《论中国海外投资治理中的软法方案》，载《法学》2022年第11期。

[2] See Brian Sheppard, *Norm Supercompliance and the Status of Soft Law*, 62 Buffalo Law Review 787, 787-880（2014）.

[3] See Harmut Hillgenberg, *A Fresh Look at Soft Law*, 10 European Journal of International Law 499, 499-516（1999）.

家机关之外的其他主体，有助于管窥多元主体以软法为媒介参与人权保障的丰富场景。

第一，软法在尊重与保障第一类人权方面发挥着辅助硬法的作用。以生命权为例，刑法与刑事诉讼法是保障生命权的坚实屏障，行政法也起到了重要的作用。但软法在相关权益保障的细节落实方面也提供了重要的规范支持。它们并非重述法律中禁止他人侵权的条款，而是致力于更好地约束多方主体行为、完善生命权保障的规范机制。例如，广东省应急管理服务协会发布并持续更新《广东省安全生产专业服务机构行业自律公约》，针对安全评价和检测检验专业技术从业者与服务机构提出具体要求，并规定有警告、向监管部门提出建议等相关处理措施。

第二，软法在尊重与保障第二类人权方面发挥着更为重要的作用，在相当多的情境下扮演相对独立的角色。以劳动权为例，国际与国内软法互动机制在劳动权保障领域业已成型，包括各类国际组织、政府、各类企业在内的诸多主体发布大量规范用于自我约束、外部规制或相互合作。[1] 例如，我国人力资源和社会保障部于 2019 年与国际劳工组织签署备忘录，据此"双方将面向'一带一路'国家就公共就业服务、技能开发和职业培训、社会保护、劳工治理和应对新技术革命挑战开展合作"。

第三，软法在尊重与保障第三类人权方面扮演着更为重要的角色。其一，集体人权往往具有超越国界和超越地区的性质，与强调对话性与协商性的软法之治相契合。在世界范围内，集体人权的保障不能仅仅依靠某一个国家和某一个区域的力量；在一国范围内，集体人权的保障也不能仅仅依靠公权力主体的力量。在一些情形下，面对复杂的平衡、对话、协商、妥协过程，僵化的、自上而下的硬法规范的订立举步维艰；而灵活的、自下而上的软法路径更有利于达成共识。其二，以食品权、环境权保障为核心关切的风险规制领域，技术性要求和治理主体多元化需求显著提高，多

---

[1] See Yossi Dahan, Hanna Lerner and Faina Milman-Sivan, *Global Justice, Labor Standards and Responsibility*, 12 Theoretical Inquiries in Law 439, 439-464（2011）.

中心的治理模式呼唤软法之治。在风险社会的背景下，行业标准、行业自律准则这些软法规范犹如雨后春笋般迅速生长。国家固然在人权保障中占据主导地位，但其他参与者也积极投入进来。例如，不少企业以承担社会责任的方式，承担了高于硬法要求的劳动权和环境权保障义务。[1]越是在多元主体发挥作用的领域，取得共识就越需要依靠商谈与对话，如果缺少激励、引导、协商与妥协，即便具有强制约束力的硬法出台，得到有效贯彻的可能性亦颇为堪忧。[2]

（3）基于软法与人权关系的分类

依据软法与人权的关系，人权论域中的软法规范大致可以分为两类。

第一类是倡导人权理念、规定人权责任或协调人权领域合作的软法规范，亦即内容关涉人权的软法规范。内容关涉人权的软法规范又能大体二分。一是整体性的、涉及各项人权的较为宽泛的人权规范，例如《维也纳宣言和行动纲领》（1993）[3]。二是就某一种基本权利进行规定的软法规范，例如《世界消灭饥饿和营养不良宣言》（1974）、《老龄问题宣言》（1992）和《关于艾滋病毒/艾滋病问题的承诺宣言》（2001）等。[4]

第二类是受人权影响与形塑的软法规范，是一个更广的范畴，意指在软法规范制定中有人权因素的衡量与注入。现代国家将人权作为深嵌于宪制的核心价值，人权责任亦随着公法疆域的扩展而扩展。在这一类规范中，人权以一种理念与价值成为规则正当性的内在要求与条件。

更具体地，仅针对人权分担与合作框架下的软法规范进行分析，关涉人权的软法又可以粗略分为两类。

---

[1] 参见蒋建湘：《企业社会责任的法律化》，载《中国法学》2010年第5期。

[2] See Rebecca H. Hiers, Water: A Human Right or a Human Responsibility, 47 Willamette L. Rev. 467, 467-494（2011）.

[3] 《维也纳宣言和行动纲领》明确强调各类人权拥有平等地位，重申发展权是一项不可剥夺的权利。详可参见王孔祥：《国际人权法的里程碑：〈维也纳宣言和行动纲领〉》，载《法治研究》2013年第2期。

[4] 参见申天娇：《全球治理中国际软法的认知澄清与应用完善研究》，吉林大学2022年博士学位论文。

其一，列明不同主体相关人权责任的规范，包括政府与私人主体。例如，《关于加快实施老年人居家适老化改造工程的指导意见》要求政府采取补贴等形式，与装修装饰、家政服务、物业等相关领域企业合作，针对高龄、失能、残疾老年人进行适老化改造服务，以更好地实现老年人权益保障。

其二，协调不同人权主体如何承担人权责任的软法工具，包括如何沟通、协商、合作、制约等。例如，中国出租汽车暨汽车租赁协会网约车专业委员会与多家平台企业共同制定《网络预约出租汽车行业自律公约》，约定网约车平台应采取多项确保透明度的方案以保障驾驶员和乘客的合法权益，并由中国出租汽车暨汽车租赁协会网约车专业委员会监督执行。[1]

软法对人权责任主体的规范作用与硬法是不能完全割裂的。

一方面，软法的规范作用不同于硬法，但与硬法规范有着十分重要的关联，软法规范不能违反硬法规定，软法的规范作用与具体机制须符合相关领域法律的规定，同时，软法的效力机制有时也与硬法相关联。软法与硬法作用场域、作用机制虽然不同，但彼此的互通联结仍然十分紧密，因此才有"软硬法混合治理"的研究进路。[2] 例如，在国际政府采购领域，主要发挥作用的是世界贸易组织发布的硬法规范《政府采购协定》以及联合国国际贸易法委员会发布的软法规范《公共采购示范法》，二者共同发挥作用。[3]

另一方面，虽然软法与硬法有所关联，但更重要的是，软法具有与硬法相互独立的空间，软法对人权责任的规范性不仅体现于在硬法的基础上

---

[1] 该公约第5条规定："网约车平台公司主动向社会公开定价机制、动态加价机制、派单机制和服务协议，合理设定本平台抽成比例上限并公开发布，同时在驾驶员端实时显示每单的抽成比例，确保清晰透明易懂，降低过高的抽成比例。规范用工合作单位管理，不以高额风险抵押金、保证金转嫁经营风险，不以冲单奖励等方式诱导驾驶员超时劳动，保障网约车驾驶员合法权益。"

[2] 不仅中国有"刚柔并济"的提法，西方也有"胡萝卜加大棒"的谚语，美国著名学者 Evert Vedung 在其1998年主编的著作中，还使用了"胡萝卜、大棒与说教"（Carrots, Sticks and Sermons）三分的用法。总之，软法与硬法的混合治理进路，在中西方都具有历史基础，更具有现代价值。

[3] 参见成协中：《公共采购国际规制的软法治理》，载《上海交通大学学报（哲学社会科学版）》2023年第3期。

提出更高的要求，还体现于在自上而下推行的硬法体系之外，软法自生于政府权威之外，对不同主体提出规范性要求。

概言之，在软硬法混合治理的模式下，软法对不同主体人权责任承担的种类、程度、方式的规范，必须满足法律划定的底线规定。事实上，软法与硬法的分工也大抵如此，硬法为人权责任设定底线要求与基本框架，软法旨在推动人权的高级实现。

5. 人权价值对软法的形塑

（1）避免软法成为"恶法"

已有现象明确表明，软法中也有可能存在恶法，有可能造成人权的减损。例如，根据上海黄金饰品行业协会于 2004 年制定的《上海黄金饰品行业黄金、铂金饰品价格自律暂行办法》的规定，各金饰经营者须在其确定的中间价基准上下浮动不超过 3%，该行业协会在组织各金店达成、实施垄断协议中起到了主导作用，于 2013 年被处以 50 万元罚款。在该案中，行业协会违反《反垄断法》的规定，以自律公约为名行限制竞争之实。[1]

于是，人们在对行政机关宽泛的规则制定权以及参差的规则制定能力深表忧虑的同时，更加对私人主体设定规则有所疑虑。正如罗豪才教授所指出的：

> 与硬法一样，软法本身也有善恶之分。我们在一般意义上所讲的软法是指通过广泛的民主协商和公共参与形成的，体现公共意志，具有柔性、可接受性等特征的"良"软法。但是现实并非总是如此，由于人类本性的缺陷等原因，软法在现实中也可能异化为"恶"软法。例如，社会共同体形成的自治性软法可能产生多数人"暴政"问题、负外部性问题；政府的计划、规划可能产生公众参与不充分，缺乏科学性和民主性的问题；裁量基准可能硬化

---

[1] 关于行业协会限制竞争行为的法律规制，可参见梁上上：《论行业协会的反竞争行为》，载《法学研究》1998 年第 4 期；鲁篱：《行业协会限制竞争行为的责任制度研究》，载《中国法学》2009 年第 2 期。该事件详情可参见《上海黄金"协会价"出炉始末 名为自律实为自肥》，载人民网，https://finance.people.com.cn/n/2013/0813/c1004-22538642.html，2023 年 12 月 6 日访问。

从而产生压缩裁量空间使裁量僵化的问题；等等。软法可能是"恶法"的现实要求我们必须将软法置于宪法之下，必须接受相关硬法框架的约束，满足法制统一、法律保留、基本权利保护、软硬法衔接等要求。[1]

此外，部分软法规范虽然以引导共同体向善为基本导向，不属于"恶法"范畴，但仍存在部分可能造成人权减损的缺漏。例如，有研究者统计指出，在深圳市相对成熟完善的 61 个行业协会诚信自律公约中，仅有 6 个示范性公约规定了针对内部惩戒的申诉制度，且可操作性堪忧。[2]

这提醒我们，将人权内核嵌入软法的设定与实施过程中具有非常重要的意义。软法并不能因其灵活性而放松合法性要求，仍须在目的合法性、程序合法性、执行手段与机制符合比例原则等维度上，受道德性、民主性、规范性等方面的约束。软法理念并非将非正式的规则笼统地赋予"法"的地位，而是更加关注将法的价值和原则注入非正式的规则。对此，有学者认为，透明度、可及性（accessibility）、一致性以及避免不合理与不公正，是软法与硬法规则均应当普遍遵循的价值。[3]

只有将人的尊严的价值注入整个公共治理网络中，落实到包括硬法与软法在内的全部规则中，才能更好地实现人权责任。具体而言，为预防软法可能是恣意的、不公正的，使软法之治成为法治的有机组成部分，"就必须通过硬法对软法的创制和实施进行规范；保障社会共同体成员对软法创制和实施过程的广泛和直接参与；保证国家和社会对软法创制和实施过程的全面和有效监督"[4]。人权责任共担的机制方法的设计必须具有合理性、

---

[1] 罗豪才：《直面软法的问题》（代序），载罗豪才主编：《软法的理论与实践》，北京大学出版社 2010 年版，第 1 页。

[2] 参见高俊杰：《行业协会内部惩戒的公法限制》，载郭春镇主编：《厦门大学法律评论》第 33 辑，厦门大学出版社 2022 年版，第 159 页。

[3] 参见［英］科林·斯科特：《规制、治理与法律：前沿问题研究》，安永康译，清华大学出版社 2018 年版，第 70 页；［美］凯斯·R. 桑斯坦：《权利革命之后：重塑规制国》，钟瑞华译，中国人民大学出版社 2008 年版，第 193 页。

[4] 姜明安：《软法的兴起与软法之治》，载《中国法学》2006 年第 2 期。

正当性，综合考量不同的权利、权益，而不能以软性、不具备强制执行力为名，推行侵犯人权的规范。在人权责任分担与合作的议题下，具有规则制定权的主体，应当严格受到人权原则、规则的制约，保护弱势群体与广大民众的基本权利。

（2）软法应当遵守人权法要求

虽然相较于硬法而言，软法所受到的实体与程序法约束更加模糊。但其在相当多的情境下亦须以实现公共利益为目标、满足正当法律程序要求、保护利益受影响者的合法权益。在比较法的视野下，软法影响力越大，则其所受约束越严格。例如，欧盟相关机构的软法制定过程已经由较少受到法律控制迈向通过制度—程序—司法（Institutional-Procedural-Judicial）的全面法律控制框架，以确保软法符合合法性（Legitimacy）以及善治（Good Governance）的要求。[1]

在我国法治视野下，软法规范也受到越发明确的法规范约束或法律原则限制。软法研究者提炼出"名义软法"混合"实质硬法"的现象，指出那些名称中出现"指导""指引""指南"等词汇的文件有可能内含强制性命令或要求，并作为行政机关对违反者进行惩戒制裁的依据、司法机关纠纷解决的依据。[2] 对此，行政机关以软法形式发布的规范不能逸出《立法法》《行政处罚法》《行政许可法》《行政强制法》等相关法律的约束，不能以软法之名实质性地影响相对人的权利义务；同时，软法制定者还须完善专家咨询程序、恰当汲取专业人士的专业知识、听取利益相关方的意见。[3] 此外，不少重大行政决策以位阶很低的规范形式发布，例如曾受到热议的深圳市小汽车一夜限牌，所涉规范性文件《深圳市人民政府关于实行小汽

---

[1] See Linda Senden, A. van den Brink, Checks and Balances of Soft EU Rule-making, European Parliament（Aug.3, 2012），https://www.europarl.europa.eu/RegData/etudes/etudes/join/2012/462433/IPOL-JURI_ET（2012）462433_EN.pdf.

[2] 参见沈岿：《软硬法混合治理的规范化进路》，载《法学》2021年第3期。

[3] 参见宋华琳、牛佳蕊：《指导性文件是如何制定和演进的？——对新冠肺炎七版诊疗方案的跟踪研究》，载《公共行政评论》2020年第3期。

车增量调控管理的通告》的制定程序就颇受公众质疑。[1] 为避免"名义软法"减损相对人权利、增加相对人义务，《重大行政决策程序暂行条例》致力于对以不同形式发布重大行政决策的行为进行全面约束；[2] 全国范围内建立起行政规范性文件合法性审核机制；[3]《行政复议法》《行政诉讼法》中的"一并审查"规范性文件制度亦能发挥相应的控制功能。

相较于源自行政机关的软法而言，对私人主体软法进行法律控制，是一个更难得到统一解决的问题。从理论上而言，虽然外包大大提高了公共治理效率，许多程序和原则亦得以简化，但出于对公共事务民主性、责任性的维护，核心的程序性原则亦应当得以遵循。[4] 虽然这些私人主体的权力可能是"软性的"，权威可能是不正式的，但一旦承担公共任务，本质却是类似的。[5] 公平、公正等核心的实体要求以及信息公开、听取意见等核心的程序要求，应当同样注入私人主体形成软法规范的过程。如果一项由私人主体发布的软法规则，闭门造车、没有协商、独断恣意、科学性匮乏、民主性不足、程序不正义、可接受性低且公众无法参与监督，那么也就不会获得自愿遵从了。

在很多情境下，软法规范所包含的更多灵活性、适应性与更高要求，

---

[1] 该事件详情可参见《广东省法制办：启动对深圳"限牌令"合法性审查》，载央视网，http://news.cntv.cn/2015/01/24/ARTI1422042158826695.shtml，2023年12月6日。

[2] 参见李洪雷：《科学决策、民主决策、依法决策——贯穿〈重大行政决策程序暂行条例〉的红线》，载《中国司法》2019年第7期；王万华、宋烁：《地方重大行政决策程序立法之规范分析——兼论中央立法与地方立法的关系》，载《行政法学研究》2016年第5期。

[3] 对此，在中央层面，《中共中央关于全面深化改革若干重大问题的决定》提出，要完善规范性文件合法性审核机制；中共中央、国务院印发的《法治政府建设实施纲要（2015—2020年）》要求完善规范性文件制定程序，落实合法性审核制度；《国务院办公厅关于全面推行行政规范性文件合法性审核机制的指导意见》进行全面安排。在地方层面，全国各省市纷纷通过地方政府规章等形式对规范性文件制定程序与备案审查展开约束，如《贵州省行政规范性文件制定和监督管理规定》。

[4] See PL Posner, Accountability Challenges of Third Party Governance, in L.M. Salamon eds., The Tools of Government, Oxford University Press, pp. 523–551.

[5] 参见［美］丽莎乔丹、［荷兰］彼德·范·丽埃尔主编：《非政府组织问责：政治、原则与创新》，康晓光等译，中国人民大学出版社2008年版，第3页。

是硬法规范所不能取代的；软法所体现的共同体协商与自治，是难以通过国家法逐一规定的；软法在商谈规则和制度构建中体现出的常规性，在新旧规范转换过程中发挥着不可替代的作用。[1] 从应然的角度来看，软法规范必须受人权价值的约束，其柔性、合作、协商的优势应当被充分发挥，而不应通过非正式的形式来侵犯个体权利。它在保持其固有优势的同时，必须将尊重人的尊严、有利于人的发展等人权价值嵌入其中，为弱者的合理需要和正当诉求提供权利的配给与保障，而不应仅为强者权力的便利化行使提供支持。[2] 人不能够被贬抑至客体与纯粹的手段，即使在商业社会，人也不是某种金钱价值的等价物；即使在信息社会，人也不能成为可任意替代的数值。[3]

（三）与人权目标相适配的软法工具

人权责任的分担与合作需要多元治理主体的协同参与，与软法治理模式更加契合。软法治理模式着眼于公共治理视野下协商、合意的治理过程，强调在软硬兼施的混合治理模式中发挥软法之治的作用。在其实现过程中，软法工具扮演了非常重要的角色。与软法概念一脉相承，软法工具指代那些不以法律强制执行的方式直接发挥作用，但具有实际效果的治理工具。

在信息、数据技术高速发展的当今时代，政府活动方式也在日新月异地发展演变，涌现出越来越多威慑程度极大的新型监管工具。在这样的背景下，在正式规制体系之外同时强调软法治理的理念和软法工具的运用，具有越发重要的现实意义。软法工具是政府或市场、社会主体为实现公共治理目标采行的，不以法律强制执行的方式直接发挥作用，但具有实际效果的治理工具。它往往通过强制性更低的方式影响与纠正人们的行为，具体表现为教育指导、劝服警示、协商合意、激励助推等形式。软法工具是

---

[1] 参见张龑：《软法与常态化的国家治理》，载《中外法学》2016年第2期。
[2] 参见胡玉鸿：《新时代民生保障法治中的"弱有所扶"原则》，载《法学家》2022年第5期。
[3] 参见李洪雷：《行政法释义学：行政法学理的更新》，中国人民大学出版社2014年版，第99页。

符合软法治理理念的工具。软法治理理念对行政活动方式提出了谦抑与审慎的要求，尤其强调尊重行政相对人的自主性以及保持、培育其可持续发展的能力。软法治理理念不仅强调政府在监管过程中采用协商、沟通、合作等方式选择规制工具，还强调市场主体和社会主体的自我规制与第三方规制作用的发挥。扮演治理角色的私人主体在选择治理工具时，不仅须遵守法律底线要求，还应当注重人文精神、尊重人的尊严、有利于人的发展。软法工具概念绝非主张以极端工具主义的视角来看待非正式治理工具，相反，软法工具的适用须格外警惕极端的工具主义理念："目的正当则可以不择手段。"[1]

软法工具箱应当尽量丰富，使得政府和其他扮演治理角色的市场主体、社会主体能够根据具体情境进行回应。但软法治理并非主张将所有新型的、非正式的规制与治理工具（很多情形下是披着创新与非正式"外衣"的治理工具），或者私人主体参与合作的治理工具杂乱地放入工具箱。软法工具包含着尊重与宽容的精神内核，主张选择适当的政府活动方式时尽量谦抑审慎；主张扮演治理角色的私权力主体行为高度注重弱势群体的权利保障。下文将提供一个或可参考的软法工具适用进路，以更好地适配尊重与保障人权的善治目标。[2]

1. 确定具有正当性的合理目标

虽然法律体系已经设置了不同情境下的行政任务与治理目标。政府选择何种活动方式，以及相应行政决定的实体与程序性规定，均由相应的法

---

[1] See Jan Klabbers, *Reflections on Soft International Law in a Privatized World*, 16 Finnish Yearbook of International Law 313, 313-328（2005）.

[2] 在经典的西方规制理论研究中，Christopher Hood、Henry Rothstein 和 Robert Baldwin 教授提出了一般控制体系分析框架来进行描述规制过程。即（1）某种标准、目标以及价值，用以对其所控制的环境中的进程进行衡量；通过（2）某种监控和反馈机制，进而触发（3）某种形式的措施，去根据既定目标对控制变量进行调整。下文对软法工具的选择的讨论，借鉴了这一框架。See Christopher Hood, Henry Rothstein and Robert Baldwin, The Government of Risk: Understanding Risk Regulation Regimes, Oxford University Press, 2001, pp.23-27. 还可参见［英］科林·斯科特：《规制、治理与法律：前沿问题研究》，安永康译，清华大学出版社 2018 年版，第 114 页。

律框架来予以框定。但在当今行政国家和公共治理的时代，行政与治理的根本特征早已不再是法律执行，在任务导向的行政法面向之下，确定行政目标是政府活动的前提，其中蕴含了复杂的目标权衡与综合考量过程。目标正当性要求探究规则制定者和执行者真意，确保其真实目的为维护公共利益、提高公共福祉、保护公众权利等，而不是推诿责任、施行"懒政"、实现小团体利益等。[1]

目标合理性则要求对相互关联的诸多因素进行合理考量。"一管就死""一放就乱"的说法，不仅形象地描述了执法手段的严厉与宽松对市场与社会的影响，更从深层次的角度质疑目标单一性的危害后果：政府规制目标有时只关注秩序，进而希冀通过全面限制来阻却违法行为；有时又走向了只关注发展的另一端，进而希冀通过全面放松规制政策来释放活力。软法理念要求在制度设计的初始即对不同的公法价值取向加以合理考量，贯彻尊重主体尊严、自治、发展等价值，否则过分严苛而硬性的目标很难适配适当的软法工具。

2. 建立适当的信息获取与分类机制

行政检查、行政调查、信息收集、行政评级等均为常见的信息获取与分类机制，政府通过获取相对人与所监管事项的准确信息来建立可靠的问题发现机制。而很多扮演治理角色的市场主体，尤其是平台企业，更是在很大程度上通过信息的大量占有、处理来建构运营模式、形成组织权力。虽然信息获取与分类机制并不直接具有制裁与执行属性，却是几乎所有治理工具的基础。严密的监控本身也是一种规制，并非只有规制手段才能影响民众的行为与选择。软法理念主张治理主体应当充分尊重信息主体权利，遵循信息与数据收集的必要性与最小化使用原则。在信息获取机制上，治理主体应当严格遵守个人信息保护相关原则，尊重信息主体的自主权，留给其更多的选择可能性；[2]在信息分类机制上，治理主体应当注重尊重信息

---

[1] 参见刘权：《目的正当性与比例原则的重构》，载《中国法学》2014 年第 4 期。
[2] 参见马长山：《互联网 + 时代"软法之治"的问题与对策》，载《现代法学》2016 年第 5 期。

主体的尊严，尽量避免基于算法的歧视。[1]

3. 选择恰当的行为影响工具

政府和其他公共治理主体可以分别或同时采用制裁性工具、激励性工具与倡导性工具等实现相关目标。制裁性工具、激励性工具与倡导性工具是治理工具的通行分类，不能简单地将前者认为是硬法工具，后两者为软法工具。正如前文所强调的，软法工具之"软"，并非仅指向形式上的非正式性，而更在于其核心内涵的尊重与宽容。因此在三类工具的适用上，软法理论和理念均倡导更具柔性、更尊重自主性、更有利于人的发展的手段，将人权损益作为规制工具选择的核心考量要件，在尽量少减损、不剥夺人的发展机会的前提下实现规制目标。

第一，制裁性工具中的宽容手段。为纠正相对人违法行为，政府设置了以刑罚和行政处罚为核心的制裁性工具体系。强制性的制裁工具，亦即硬法工具，赋予了政府明确的执法权，是实现秩序的基础性手段。在精细的制裁梯度中，严厉的制裁只能对应程度最为严重的违法行为，强制程度更低的软法工具的适用情形则更为广泛，制裁体系应当能够回应复杂的违法情境和行政任务。制裁性工具无论法律属性为何，是通过行政行为还是行政合同制裁条款的方式施加，均选择性或全部地作用于相对人的财产、人身、资格或声誉之上。

在法定权限之内，行政主体应当优先采用单一的、劝服性的、影响程度较小的措施，譬如行政主体在权限范围内建立"首次不罚"制度，[2]对经济确有困难的违法相对人给予减轻处罚，[3]均是良好的范例。在针对严重违法行为进行复合性制裁时，行政主体亦须审慎考量制裁影响，不应当随意采行多部门、长时间、不确定、覆盖面广泛的制裁手段。在政府规制越发依赖于个人信息与数据的时代，制裁性手段也越来越多地作用于限制人的

---

[1] 参见张凌寒：《算法权力的兴起、异化及法律规制》，载《法商研究》2019年第4期。

[2] 参见章剑生：《罚抑或不罚？——基于行政处罚中"首次不罚"制度所展开的分析》，载《浙江学刊》2011年第2期。

[3] 参见谭冰霖：《论行政法上的减轻处罚裁量基准》，载《法学评论》2016年第5期。

声誉和资格上，减损人的形象、限制人在一些领域的行为成为越来越便捷、影响力越来越大的制裁性手段，其威慑程度甚至超过了一般意义上的财产与人身限制措施。但无论技术如何发展，规制治理工具如何创新，严格的制裁性工具都只能与严重的违法行为相匹配，而不应当轻易适用。

此外，严厉的制裁方案不仅由政府主导，也可能由其他公共治理主体主导，或至少由其深度参与；制裁不仅可以产生于高权关系，也可以产生于契约关系，或者更为松散的联结。因此，在制裁性手段中如何选择适当严厉程度的工具，是一个跨越公私法的、一事一议的复杂议题。公共治理的网络属性还提示我们，治理主体的多元与合作，使制裁效果也得以网络化扩大。因此，其他公共治理主体在软法治理过程中采用的制裁性工具也应当将人的尊严置于核心位置。社会主体与市场主体采行的制裁性工具不仅须审慎作用于人的财产权利，也须格外审慎作用于人的声誉、形象与资格。

第二，激励性工具。政府在规制过程中，常常适用激励性工具引导私人主体作出符合政策导向的选择，譬如政府通过贷款担保、税收优惠、直接金钱义务给付等方式发放行政补贴，对相关主体进行经济激励。[1] 激励性工具能够发挥重要的公共资源配置功能，不少情境下能够对特定产业、企业产生至关重要的影响。从工具效果来看，在一些情境下对某些主体而言，没有获得相应激励类同于受到制裁；而获得相应激励则能够产生巨大的附随利益。因此，政府采用激励性工具引导相对人行为同样应当以谦抑为前提，尊重市场与社会自主性，运用成本收益分析等理论与制度工具进行合理考量。

其他公共治理主体也常常通过激励性工具达成治理目标，譬如社会组织通过建立高于法律要求的自愿性认证体系来引导企业行为，相关认证标

---

[1] 参见［美］莱斯特·M.萨拉蒙：《公共服务中的伙伴——现代福利国家中政府与非营利组织的关系》，田凯译，商务印书馆2008年版，第20—21页。

识能够起到声誉激励的功效。[1] 治理网络中的不同主体有各自的核心利益与关切，它们的动机与激励性工具的样态也十分迥异。但激励性工具无论以何种形式呈现，均须从尊重个体自主性、加强个体参与能力、尊重人的发展出发，以引导符合市场价值、社会价值的行为。

第三，倡导性工具。倡导性工具非常庞杂，包括各种形式的宣传、教育、建议、指导形式，彰显政府或其他公共治理主体希冀采用更加温和的、潜移默化的方式影响民众选择的努力。[2] 倡导性工具需要经过精心规划与理性设计才能发挥理想功效。譬如，在食品规制领域，不同国家的监管部门不约而同地采取了发布图文并茂的典型事例的方式与民众进行风险交流，使得复杂的风险与收益情况能够被民众了解、理解与关注，并引导其在充分知情的基础上作出理性的自主选择。[3] 倡导性工具更加关注对象行为选择背后的理性倾向与情感倾向，通过引导自愿遵从来实现相应目标，蕴含了看似隐形但实质上十分强烈的干预。[4] 因此，无论是政府还是其他公共治理主体，都应将人的自主自治、人的尊严与发展作为倡导性工具适用的核心考量价值。须十分警惕的是，部分表面上非正式的倡导性工具，却在实践中向相关主体施加了不合理且具有强烈压迫性的遵从压力。

此外，在信息、数据技术高速发展的当今时代，以信息、数据为载体的规制与治理工具层出不穷。新的规制与治理工具往往没有法律的直接规定，常常是制裁性、激励性与倡导性工具的整合。譬如，近年来日益受到广泛关注的信用联合奖惩措施，包含了针对违法失信主体的声誉制裁、资格制裁等种种限制，也包含了针对守法守信主体的声誉激励、资格优先等

---

[1] See Gary E. Marchant, Douglas J. Sylvester and Kenneth W. Abbott, *A New Soft Law Approach to Nanotechnology Oversight: A Voluntary Product Certification Scheme*, 28 UCLA Journal of Environmental Law & Policy 123, 123-152（2010）.

[2] See Brian Sheppard, *Norm Supercompliance and the Status of Soft Law*, 62 Buffalo Law Review 787, 787-880（2014）.

[3] 参见沈岿：《风险交流的软法构建》，载《清华法学》2015 年第 6 期。

[4] 参见张力：《迈向新规制：助推的兴起与行政法面临的双重挑战》，载《行政法学研究》2018 年第 3 期。

种种激励，还通过广泛的信用教育、信用宣传发挥作用。崭新的综合性工具建立了广泛的透明度，实现了广泛的威慑，极大地提高了政府规制的强度与密度。但与此同时，应当强调软法理念和软法工具理性对新型综合性工具的形塑，无论科技如何发展，监控如何便捷，尊重与保障人权的全面实现需要贯彻"更少强制、更多协商、更高自由"的治理理念。

概言之，"'好的监管者'往往比'强硬的警察'更有效，这个监管者应当懂得合适容忍比严格的控制更有效"[1]。软法治理理念需要谦抑、审慎、宽容、温和的治理工具，强调尊重主体尊严、有利主体发展。

二、责任分担的规范路径

（一）政府承担人权责任的规范路径

通过硬法来设定规则，可以理解为一个双向度的问题。以国家通过立法设定私人主体的责任与义务为例：一方面，私人主体须遵守该法律；另一方面，国家负有保障该法律实施的义务。但如果以相同的视角来观察通过软法来设定人权规则，会发现这种双向度却指向了一个悖论：其一，软法所包含的是被规制者可以自愿选择是否遵从的人权责任；其二，软法的制定者却往往并没有监督保障责任。这部分的责任似乎凭空蒸发了一般：各个主体不过是在执行与适用标准和规则，所以不应当承担责任；而作为私人主体的标准制定者，又不过是在制定没有法律强制约束力的软法规则。甚至在软法的视野下，即使规则是由政府制定的，也通常为行政机关发布的指南等非正式规则，几乎逸于司法审查之外，且事后审查的方式对于其制定程序的透明度与合理性很难有实质性的影响效果。于是，在公私权威

---

[1] EugeneBardach and Robert A. Kagan, Going by the book: The Problem of Regulatory Unreasonableness: A Twentieth Century Fund Report, Temple University Press, 1982, p.123. 转引自［美］莱斯特·M. 萨拉蒙主编：《政府工具：新治理指南》，肖娜等译，北京大学出版社2016年版，第14页。

越发相互渗透的软法论域，反而产生了更严重的责任缺失疑虑。

解释这一疑虑还是要从软法本身的特性谈起，软法并非自上而下强制实施的。因此，虽然由于发布主体的权威性、共同体内共识程度、所包含的制约与激励因素等原因，相关规则在时间、地域、对象、事项等方面实际效果存在重大差异，[1] 但软法规范的合法性总体来说是没有等级的，或者说并不是通过层级来区分的，这一点与硬法殊为不同。也正因为如此，不仅政府可以通过软法来进行自我规制与外部规制，私人主体也可以发布软法规范对政府与其他主体产生影响力。这种相互作用的规范方式，不是依靠有形的国家强制力自上而下，不拘泥于强制性的遵从与保障，而是发生在无形的公共治理网络中。[2] 不同主体彼此之间相互监督、相互制约，通过信息的有序流通发起自觉的市场与社会主体"用脚投票"，从而在硬法秩序的基础上建立标准更高的自愿性软法秩序。这样的规范秩序也是与权威分散后的监管难题相连的，自愿性与强制性相结合的规范体系才有可能解决合作所带来的监督与保障问题，有可能给人权责任共担的治理网络进行持续的规范供给。

1. 外部规范

与政府承担人权责任相关的软法规范，既有可能来自政府本身，也有可能来自国际社会与私人主体。

国际人权规范蔚为大观，其中软法规范发挥了重要作用，前文已有论及，在此不再赘述。值得一提的是，在正式的国际监督机制之外，推荐性的指标体系与非正式的评估机制在考察政府履责水平方面扮演了重要角色。例如，世界银行从 2002 年开始，逐步建立了一套可量化、可比较、可竞争、可改革的营商环境评价指标体系。[3] 该指标体系聚焦于营商环境

---

[1] 参见江必新：《论软法效力——兼论法律效力之本源》，载《中外法学》2011 年第 6 期。

[2] 参见［英］安德鲁·克拉帕姆：《非国家行为人的人权义务》，陈辉萍等译，法律出版社 2013 年版，第 31 页。

[3] 参见罗培新：《世界银行新旧营商环境评估规则及方法的比较——兼论优化营商环境的道与术》，载《东方法学》2023 年第 4 期。

建设，与公民与企业财产权、经营自由权、公平获得公共服务等权利直接相关。它并非强制性作用于主权国家，具有软法的属性；同时，在世界范围内提供了科学、清晰而详尽的评价标准指南，迅速发挥了"扩散"效应。我国《优化营商环境条例》以及各地方立法基本涵盖了世界银行营商环境评估的核心要义，同时，各级政府建构的指标体系也基本从世界银行体系之中发展而来。[1]

此外，私人主体基于软法规范来考察政府责任的履行水平，是晚近政府规制与公共治理中的常见现象。私人主体以相对独立的角色承担规范与监督的功能，而并非旨在为硬法的出台铺陈准备工作。在这一维度上，诸多非官方机构提出的关于政府治理的标准体系或者评估实践属于软法治理的范畴。例如，《〈国家人权行动计划（2016—2020年）〉实施情况评估报告》由中国人权研究会、西南政法大学人权研究院组织完成[2]；中国政法大学法治政府研究院开展的"中国法治政府评估"项目在全国范围内展开评奖评优活动，取得了广泛的社会影响[3]；中国社会科学院法学研究所法治指数创新工程项目组连续多年对各级人民政府政务公开情况发布第三方评估报告[4]。相关排名、评奖所遵循的指标体系事实上相当于非政府机构设置的专业标准，基于相关指标体系的持续性的排名会对名列前茅的行政机关产生激励与褒奖作用，也对排名靠后的行政机关产生警示作用，提供了一种通过声誉机制发挥作用的民间规范。

事实上，公权力主体之外的其他主体已经在与人权保障工作密切相关

---

[1] 参见滕宏庆、苏红：《我国营商环境立法的比较研究——以〈广州市优化营商环境条例〉为例》，载《中国司法》2021年第5期。

[2] 《〈国家人权行动计划（2016—2020年）〉实施情况评估报告（全文）》，载西南政法大学新闻网，https://news.swupl.edu.cn/mtkxz/308281.htm，2022年10月29日访问。

[3] 中国政法大学法治政府研究院于2010年发起设立"法治政府奖"；2022年4月，中国政法大学第六届"法治政府奖"终评评审会在北京举行，载人民网，http://society.people.com.cn/n1/2022/0418/c1008-32401563.html，2022年12月20日访问。详细资料可参见中国政法大学法治政府研究院主编：《中国法治政府发展报告（2021）》，社会科学文献出版社2022年版。

[4] 例如，中国社会科学院法学研究所法治指数创新工程项目组：《中国政务公开第三方评估报告（2021）》，中国社会科学出版社2022年版。

的诸多领域承担了绩效考核和外部监督工作，并在指标体系设计、量化评估结果拟定等方面具有相对独立的地位。以精准扶贫为例，第三方评估被作为增强脱贫工作绩效可信度的重要方案。[1] 其所依据的科学标准往往由评估机构结合法律与政策相关要求、通过科学方法予以测定。例如，中国科学院组成的精准扶贫评估组"采取随机分层抽样方法，在满足全国 95% 置信区间和 3% 抽样误差的统计要求下，调查总抽样规模 2 万户左右"。[2] 其随机抽样方法与计算模型不受行政机关直接控制，评估结果亦具有独立性。通常而言，非官方机构主导的具有影响力的政府行为评价工作必须高度注重指标设计的科学性与公众参与的程序，借此获得更广范围、更为持续的支持。例如，《关于推进政府购买服务第三方绩效评价工作的指导意见》明确提出第三方评价应当特别对服务对象满意度指标赋予较大权重。

概言之，多元主体基于不同的软法规范对政府在不同领域是否有效履行尊重与保障人权的责任展开监督，以确保政府在人权责任的实现过程中始终扮演核心的担保角色。

2. 自我规范

政府常常通过软法来规范与促进不同政府部门各司其职、更好地履行尊重与保障人权的责任。从功能的意义上，相关软法规范大体可以分为三类：其一，发挥"前法律的功能"（Pre-law Function），着眼于未来硬法的出台；其二，发挥"后法律的功能"（Post-law Function），着眼于对正式立法的解释与细化；其三，发挥"与法律并行的功能"（Para-law Function），具有独立的作用。[3] 这三类规范在政府履行人权责任论域均较为常见。

---

[1] 参见李清宇、马腾：《精准扶贫第三方评估的法治化保障：实证与完善》，载《甘肃理论学刊》2020 年第 6 期。

[2]《2019 年国家精准扶贫工作成效第三方评估有新变化：强化"三减、三增"》，载湖南省乡村振兴局网站，http://hnsfpb.hunan.gov.cn/hnsfpb/xxgk_71121/gzdt/fpyw/201912/t20191220_10997591.html，2022 年 12 月 12 日访问。

[3] 参见罗豪才、毕洪海：《通过软法的治理》，载《法学家》2006 年第 1 期。

第一，试验性软法规范。软法在规范生成过程中一直扮演着重要角色。正如有研究者在比较法语境下的研究所揭示的：一项权利从权利诉求到基本人权，可能要受到国外立法、国际条约、本国社会需求以及不同团体博弈等多方因素影响，从没有规范到政府发布软法规范，再逐渐进入法律，甚至进入宪法。[1] 而面对日新月异的监管对象以及不断更新的权利保护诉求，政府越发倾向于使用试验机制来调试尚未成熟的政策方向与强度。[2] 在传统的政策试验之外，政府还通过非强制的形式将部分试点经验向全国推荐，而非直接在试验取得阶段性成果后制定或修改相关法律。例如，《国务院办公厅关于做好优化营商环境改革举措复制推广借鉴工作的通知》以清单方式区分了"在全国复制推广"与"供全国借鉴"两种不同类型的审批改革试验举措，以软法的形式削弱了强制扩散潜在的消极效应。[3] 在未来修改行政许可法时，相关经验可以在进一步总结提炼的基础上进入硬法规范。

第二，解释性与具体化软法规范。政府在行政解释或将规范具体化的过程中，往往通过更加详细、位阶更低的规范形式进行，其中相当一部分属于软法规范。对此，各期《国家人权行动计划》可以提供一个讨论的范例。"从法律上说，国家人权行动计划属于政府关于人权保障的阶段性政策性文件，虽然本身并不像法律条文一样具有法律约束力，但是，它是落实尊重和保障人权的宪法原则以及相关法律法规的政策性措施，是结合政府职责和任务制定的国家规划，是宪法和法律在政府工作中的具体化。"[4] 它将政府在不同权利保障方面应予达成的目标进行细化安排，为相关部门人权保障工作的展开提供指引和参照。

---

[1] See Laura Carlson, *Constructing Human Rights from Soft Law: The Swedish Journey towards Protection Against Unlawful Discrimination*, 58 Scandinavian Studies in Law 75, 75-100 (2013).

[2] 参见陈玲、孙晋：《政府间规范秩序：一个扩展的政策过程理论》，载《公共行政评论》2023年第1期。

[3] 参见卢超：《行政审批改革政策试验机制的法治化图景》，载《法学研究》2022年第6期。

[4] 柳华文：《具有软法性质的人权事业新蓝图》，载《法制日报》2012年6月13日，第7版。

第三，独立性软法规范。部分规范基于其对灵活性与动态调整的必然需求并不适宜通过硬法的形式展开，因此独立于硬法规范之外发挥重要作用。通常而言，行政规划类软法规范更加适配在一定范围内厘定规制目标的规范任务，避免将对未来的规划异化为刚性的约束；指南类软法规范更加适配柔性引导相对人行为，避免将劝导性的意见异化为强制性的命令。当然，并非相关规范性文件名称中出现"指导""指引""指南"即必定属于软法规范，其判定标准应当为实质内容的柔性而非名称中所表明的非强制性。[1]

（二）私人主体承担人权责任的规范路径

在人权责任共担的语境下，通过软法为私人主体设定人权责任，是令私人主体承担人权责任的重要方案。由于私人主体中分类复杂，下文将主要讨论软法对企业设定人权责任，一种情况是外部规范，如国际社会、政府、社会组织或其他企业；另一种情况是企业的自我规制，如企业发布的人权责任的倡议、报告以及企业内部规范等。

1. 外部规范

国际社会对于企业人权责任的持续关注，多聚焦于劳动者权利与环境保护义务。[2] 如前所述，企业与人权的议题是一个充满悖论却必须推进的议题。一方面，对于公司法来讲，企业保护人权往往会提高成本而不会增加企业收益，颠覆了股东权益至上的理念；另一方面，对人权法

---

[1] 参见沈岿：《软硬法混合治理的规范化进路》，载《法学》2021年第3期。
[2] 以环境保护为例，能够轻易举出许多国际软法规范示例，譬如国际标准化组织第14001号标准（ISO 14001）、全球报告方案指南（Global Reporting Initiative）和可持续发展指数指南（Sustainability Indexes）。自愿性企业规范（Voluntary Corporate Codes）、环境管理体系（Environmental Management Systems）、"绿色标签"计划（"Green Label" Schemes）、环境报告标准（Environmental Reporting Standards）、绿色金融计划（Green Financial Schemes）以及绿色指数（Green Indexes），等等。See Oren Perez, *Private Environmental Governance as Ensemble Regulation：A Critical Exploration of Sustainability Indexes and the New Ensemble Politics*，12 Theoretical Inquiries in Law 543, 543-580（2011）.

而言，传统上国家对保护人权负有全面的义务，企业主动保护人权似乎冲淡了国家至上的原则。学界提出了"人权企业主义"（Human Rights Entrepreneurialism）的说法，并将其置于国家与市场的交界处，置于公法与私法的交界处。[1]

形成鲜明对比的是，二十世纪六十年代在联合国框架内倡导的规制跨国公司的国际公约，最终未能成型。相反，若干年后由联合国秘书长倡议的"全球契约"（Global Compact）却获得了成功：它没有约束力，并且在很大程度上没有效力渊源；联合国仅仅是为企业自愿承担人权、环境与劳工保护责任提供了一个广阔的空间。[2]《关于跨国公司与其他企业人权责任的相关规范》（*Norms on the Responsibilities of Transnational Corporations and Other Business Enterprises with Regard to Human Rights*, 2000） 是联合国软法规范中极具代表性的文件之一，它通过对企业利害关系人（Stockholders）进行广义解释，将人权责任广泛扩展到了企业。根据其规定，企业的利害关系人不仅包括股东，还包括企业所有者、工人以及他们的代表，以及其他受到企业行为影响的个人或团体。这种扩展人权责任的路径也被称为"规范利害关系人理论"（Normative Stakeholder Theories）。同样十分重要的是 2011 年 7 月联合国人权委员会专门就企业的人权责任问题所发布的指导性原则。[3] 该原则是联合国人权与跨国公司和其他工商企业问题秘书长特别代表（Special Representative for Business and Human Rights）六年工作的突出成果，也是为了执行其于 2008 年提出的"保护、

---

[1] 该学者指出，对于人权法我们不应过分拘泥于所谓的公法与私法的分野，而是要直面全球化的两个面孔：一个是国际贸易不断扩张；另一个是人权理念不断加深影响。See Ralph G. Steinhardt, *Soft Law, Hard Markets: Comparative Self-Interest and the Emergence of Human Rights Responsibilities for Multinational Corporations*, 33 Brooklyn Journal of International Law 933, 935（2008）.

[2] 对于更深的讨论可参见 Viljam Engström, Realizing the Global Compact, University of Helsinki Press, 2002。

[3] See Human Rights Council, Human Rights and transnational corporations and other business enterprises, UN Doc.A/HRC/RES/17/4,（July.6, 2011）.

尊重、救济"（Protect，Respect，Remedy）的人权框架，旨在鼓励（而不是要求）企业遵守人权规则、承担企业责任。对此，国际法学研究者指出，之所以在推进企业人权责任的议题中软法规范数量众多，与硬法规范很难向企业课以直接的法律义务密切相关。[1] 为了弥补法律空白，近年来，国际组织与各国政府针对企业的软法规范逐渐发展起来。国际标准化组织、国际劳工组织等均针对企业人权责任发布过颇具影响力的软法规范。譬如，ISO 26000 是国际标准化组织发布的社会责任标准指南，由不同的国家和国际组织共同参与制定；其强调对多元利益相关方的关注，高度重视透明度和可持续发展，并聚焦于人权保障与包容多样性。[2]

社会与市场主导制定的软法规范是为企业设定人权责任的重要依据。慈善组织、公益组织等社会组织是对企业人权责任具有重要影响的私人主体，它们常常以扮演规制角色的公共利益集团样态出现，而不仅仅是呼吁、宣传或者募捐机构。社会组织既有可能在一个整体的意义上发挥作用，也可以用于更为具体的层面上，专注一个特定的问题。譬如，在比较法的论域下观察，人权非政府组织（Human Rights NGOs）已经成为美国网络言论监管中实质意义上的规制者。这些社会组织通过生成、监督并执行不同于传统法律的软法机制对网络上的仇恨言论进行治理，网络服务提供商出于维护自身声誉的考虑，通常会主动尊重或迫于压力尊重社会人权组织的监管。[3]

现代社会组织在行动策略上不仅高度关注传统诉讼工具，而且更多地运用新型软法治理工具。一方面，社会组织关注企业对人权的侵犯，采取对抗性策略谴责企业不负责任的行为，例如通过各种形式的媒体收集和发

---

[1] See Justine Nolan, *the Corporate Responsibility to Respect Rights*：*Soft Law or Not Law?*，in S Deva and D Bilchitz eds, Human Rights Obligations of Business：Beyond the Corporate Responsibility to Respect?，Cambridge University Press，2013.

[2] See Halina Ward, The ISO 26000 International Guidance Standard on Social Responsibility：Implications for Public Policy and Transnational Democracy，12 Theoretical Inq. L. 665，665-718，2011.

[3] See Ian Smith, *More web slave than web master*：*Internet hate speech*，*corporate ISPs and hard and soft law in the United States*，62 Telecommunications Journal of Australia 1，1-16（2012）.

布关于企业行为的信息，高调组织"点名与羞辱"（Naming and Shaming）的污名运动，精心安排世界范围内的消费者抵制；另一方面，建立起自愿遵守的标准与指标、评估与认证体系。总之，多种私人软规制方案的综合运用能够形成合力，促进某项人权标准积极与稳定地实施，很多情境下其效率并不低于公权力主导的硬规制。[1]

当然，公权力主导的也并不都是硬规制，软法治理模式在促使企业承担人权责任中扮演了越发重要的角色。这在很大程度上是由于政府向企业提出了人权责任要求，能够更加深刻地触及国家与市场的边界问题，触及国家监管角色的问题。面对这样复杂的立法环境，也就更需要软法成为规范供给者。政府通过提供一种自愿性的认证体系，来激励企业行为，使之成为常用的治理工具。在比较法的视野下，美国对纳米技术的监管就采用了自愿性认证体系的思路，加入政府自愿性认证体系的企业，应当向政府披露其产品安全指数、数据变量以及风险管理措施，接受政府监督下的安全测试。[2]

在促进企业承担社会责任方面，政府也运用多种软法治理工具实现治理目标。例如，浙江省提出劳动关系和谐企业十大标准，并组织企业参评。[3]杭州市针对和谐劳动关系企业与园区进行自愿性行政评级，共有85家企业被认定为2021年杭州市企业社会责任建设A级企业。[4]杭州市萧山区政府则在此基础上发布了更加详细的规则，其《企业和谐劳动关系标准》对企业提出了8个方面计29条要求，包括劳动合同、工资、社会保险、劳

---

[1] See Oren Perez, *Private Environmental Governance as Ensemble Regulation: A Critical Exploration of Sustainability Indexes and the New Ensemble Politics*, 12 Theoretical Inquiries in Law 489, 489-515（2011）.

[2] See Gary E. Marchant, Douglas J. Sylvester and Kenneth W. Abbott, *A New Soft Law Approach to Nanotechnology Oversight: A Voluntary Product Certification Scheme*, 28 UCLA Journal of Environmental Law & Policy 123, 123-152（2010）.

[3] 参见《浙江省政府公布劳动关系和谐企业十大标准》，载中国政府网，https://www.gov.cn/govweb/fwxx/sh/2006-05/24/content_289342.htm，2021年1月1日访问。

[4] 参见《85家企业被认定为2021年杭州市企业社会责任建设A级企业》，载《杭州日报》2022年3月10日，第16版。

动保护、企业文化、民主管理、企业工会、企业党建等，这些要求基于法律又高于法律的底线标准。萧山对申报"劳动关系和谐企业"进行公示、认证，授匾挂牌，并进行动态管理，每年进行审核。获得劳动报酬权、福利权、平等协商权都是劳动权的重要内涵，而劳动权又是生存权、发展权的核心权利。萧山区政府颁布的《和谐劳动关系标准》，作为一项软法实践，为保障劳动权权益提供了一道屏障。类似地，江苏省发布地方性标准《劳动关系和谐企业评价规范》，政府将对通过认证的"劳动关系和谐企业"在法定范围内予以政策奖励，譬如在评奖中优先推荐、在政府服务方面开辟绿色通道等。[1]

2. 自我规范

私人主体通过发布自身的人权行动规范与社会责任宣言，主动参与人权保障实践，是晚近的重要趋势。企业自我规制，意在为自身行为提出更高的标准和要求，并且规范性地履行之，它建立在企业追求长期发展的良好愿景之上。

企业自我规范可以采取多种不同的类型和方式，其范围、标准、监督与执行机制往往都差别很大。既有可能由某个企业单独发布规范，也有可能由相关行业的诸多企业联合发布相关规范，还有可能由若干企业选择接受国际组织、非政府组织或贸易协会已有的规范。这些被视为软法的规范，从范围来讲，涵盖了诸多企业相关议题，譬如企业治理、预防腐败、劳工标准、环境保护等，从含糊的声明到具体的承诺，形式内容多样。尽管有许多不同之处，但是这些准则核心的相似之处即它们是由企业自愿遵守的，并高于国家法律要求达到的水平。[2]

晚近许多企业出于与政府保持良好关系的考虑、出于更好声誉的建构以及建立行业内优势地位等考虑，主动在企业人权责任的框架下通过软法约束自己的行为。如前所述，早有研究企业社会责任的学者指出，"超越法

---

[1] 参见《关于对劳动关系和谐企业给予正向激励的意见》。

[2] See Zvi IR. *You Are Too Soft*！: *What Can Corporate Social Responsibility Do For Climate Change?* 12 Minnesota Journal of Law, Science & Technology 527, 527-570（2011）.

律"的企业社会责任，是企业承担的那些超出法律强制性义务规定且符合社会价值和期望的责任。而确认这种责任的法律规范实为软法，它主要通过责任目标内化于企业的商业行为和治理结构之中，以实现企业的"自我管制"；通过保护利益相关者的实质性和程序性权利，提高利益相关者的谈判抗衡力量以实现市场的自发对抗；同时以声誉机制和非政府组织的作用作为责任的实施机制的补充。[1] 当然，这也引起了一些学者的批评，认为这些软法规范的生成只是一种对新市场秩序的回应，而不是真正面向需要保护的群体，没有真正面向人权，因此也被总结为"伪善"。[2] 但这些批评在很大程度上忽略了公共治理语境下不同主体相互作用、相互监督，共同实现善治目标的可能性。在公共治理语境下，大多数自我规制本来就是基于压力而产生的，无法归因于企业盈利的本身驱动，亦即自我规制并不排斥国家与社会的监督。

尽管私人主体的人权承诺是自愿性质的，很难受到硬法的制约，但是政府倾向、公众意见、利害相关人，甚至国内外的非政府组织，都有可能就人权原则、规则的适用向企业施加影响。行业之间的"趋同压力"也是其普及蔓延的重要原因，这种"趋同压力"的可能动机包括"合法性""遵从性""自尊感"等多元因素。[3] 企业借由发布市场承诺等形式强化自我约束，成为新型规制实践的积极参与者。[4] 概言之，企业自我规制的动因并非完全源于国家法或来源于合同约定，而是属于依靠市场与社会监督的自愿、自律型软法责任。

---

[1] 参见周林彬、何朝丹:《试论"超越法律"的企业社会责任》，载《现代法学》2008 年第 2 期。

[2] See Rocío Alonso Lorenzo, *Untangling the "transnational social": Soft affirmative action, human rights, and corporate social responsibility in Brazil*, 56 Focaal-Journal of Global and Historical Anthropology 49, 49-61（2010）.

[3] 参见刘志云:《赤道原则的生成路径——国际金融软法产生的一种典型形式》，载《当代法学》2013 年第 1 期。

[4] See Neil Gunningham, *Environmental Law, Regulation and Governance: Shifting Architectures*, 21 Journal of Environmental Law 179, 179-212（2009）.

三、增进合作的规范路径

人权责任的有序分担是多元主体展开后续合作的基础，与此同时，合作亦具有其独立的要素与价值。多元主体共同完成目标的过程实质上也是它们不断沟通、协商以及相互监督、促进的过程。如果希望将政府、市场和社会之中相互关联又彼此独立的不同主体组成环环相扣的合作网络，那么通过软法来协调不同主体之间的合作关系是非常重要的。这些软法规范大体可以分为两类。

第一类是促进协商、交流与沟通的软法规范。相关规范通过一系列制度安排，使得相关主体能够及时、有效地获得增进自身良性决策、更好地融入公共治理网络的相关信息。不同主体在充分信息共享的基础上能够有效展开对话与交流，通过沟通协商来实现合作。

第二类是进一步明确不同主体权责、落实监督机制的软法规范。相关规范通过不同治理工具的运用，将相关主体在合作中的权责进一步明确化。即便不具有公权力的治理主体，亦有可能基于部分软法工具的运用获得有效的监督与约束权力。

在多元主体合作机制中发挥黏合、协助、疏通、引导作用的软法规范与治理工具众多，它们有助于划分多元主体的人权责任、促使不同主体恰当履责，更大程度地确保人权价值嵌入治理网络。下文即粗略地对相关软法规范按上述分类进行阐述，试图勾勒软法治理视野下多元主体有序合作的基本路径。

（一）与协商对话相关的软法工具

应当明确的是，政府机构改革以及治理体系改革的目的并不是片面强调多元化和社会化，而是着眼于整体服务水平和能力的提高。[1] 政府虽然

---

[1] 参见樊鹏：《公共服务体系"非公化"须谨慎——基于德国医院体系改革成效的经验分析》，载《经济社会体制比较》2013年第3期。

掌握大量资源和专业知识，但是并不足以满足公众的所有需求。将社会不同部门的资源和专业知识整合到一起，共同面对公共议题，才是解决公共问题的最佳办法。在公共治理网络中，许多政府部门也积极参与到私人主体的活动中来。不过与传统政府管理方式不同的是，这部分治理活动往往只在被约束者同意的情况下政府才介入，被约束者有权拒绝政府不具有约束力的指导。[1]在这样强调"同意"的治理体系下，协商对话是沟通多中心治理主体的纽带。

一方面，协商是塑成规则的重要前提。当规则的形成并不仅仅依靠国家强制力时，权威就必须是开放性、参与性的，鼓励协商，说明理由，欢迎批评，将同意当作对合理性的一种检验。[2]另一方面，协商也是规则执行的重要基础。既然多元治理网络的形成源于政府一己之力难以承担日益复杂的治理任务，那么任何的其他私人主体、社会组织也很难以一己之力承担起公共任务，因此以协商与合作为基础的共担机制则更显重要。下文将协商对话基于主体进行粗略分类，分别探讨合作治理中的协商机制。

1. 政府与被规制者的协商对话

协商对话是合作的重要基础。公权力机构与被规制者之间的协商对话可以修正具体规则的不足，缓解确定性与灵活性之间的紧张关系，在具体情境下最大程度地解决现实难题、实现公共利益。

虽然在规制协商的许多情形下，政府通过硬法与软法相结合的方式，将人权价值注入整个规制过程中。但不得不承认的是，无原则、不规范的协商也有可能使行政机关陷入复杂的规制困局，甚至增加了其被俘获的风险。在比较法的语境下，日本学者提出的"对话型行政法学"[3]、英国学者

---

[1] See Kevin Kolben, *Labor Rights and Environmental Protection: Transnational Labor Regulation and the Limits of Governance*, 12 Theoretical Inq. L. 403, 2011.

[2] 参见[美]P.诺内特、P.塞尔兹尼克：《转变中的法律与社会》，张志铭译，中国政法大学出版社1994年版，第111—112页。

[3] 参见[日]大桥洋一：《变革中的日本行政法理论和体系》，田思源译，载高鸿钧主编：《清华法治论衡》第9辑，清华大学出版社2008年版，第304页。

提出的"规制中对话"[1]，都在表达其优益性的同时，阐发了其不当运用可能带来的风险。

正因为如此，为确保协商沟通在人权责任合作之中发挥积极作用，它必须在规范框架内运行。从比较法的角度观察，部分国家政府在规制企业行为时，创制了"遵从或解释"（Comply-or-Explain）规制工具。该方案要求企业"要么遵守，要么就解释为什么不遵守"。也就是说，政府将就推荐性规则的适用与企业保持充分的交流，企业可以通过对偏离规则的行为进行合理解释而免责。[2] 这种软法实施机制不同于完全的硬法，也不同于完全的倡导性准则。它有助于实现最低限度的统一性，同时能够实现一定程度的灵活性。[3]

在我国法治实践中，关于政企沟通的标准、指南、准则亦十分常见。政企沟通大体可以分为两个方面。一是政企之间的常态化沟通。例如，《建立健全崇明区民营企业家协商沟通机制的实施意见》列举了企业家恳谈会、走访调研、常态化座谈、教育培训和定期通报等多项常态化沟通机制。二是政企之间就特定监管事项进行沟通。尤其在约谈作为一种规制工具兴起后，针对约谈进行法治约束的规范亦随即增加。行政约谈通过劝服与对话促成了被规制主体的遵从行为，在大多数情境下能够发挥提醒和沟通的作

---

[1] See Julia Black, *Regulatory Conversations*, 29 Journal of Law and Society, 163, 163-196（2002）.

[2] 企业治理规范（Corporate Governance Code）最先于1978年出现在美国，这也是"遵从或解释"规则的肇始，这一方案在尊重灵活性的基础上促进了善治，有助于克服由规制机构进行统一硬性规定的弊端。See Nerantzidis, Michail and Filos, John and Tsamis, Anastasios and Agoraki, Maria-Eleni K., The Impact of the Combined Code in Greece Soft Law: Evidence from 'Comply or Explain' Disclosures（December 10, 2013）. 关于在政府规制的同时尊重企业的自主权，可参见谭冰霖：《论政府对企业的内部管理型规制》，载《法学家》2019年第6期。

[3] See Hooghiemstra and Hans van Ees, *Uniformity as response to soft law: Evidence from compliance and non-compliance with the Dutch corporate governance code*, 5 Regulation & Governance 480, 480-498（2011）.

用。[1] 虽然其强制色彩较弱、法定程序拘束较松，但为避免其滥用而扰乱企业正常经营秩序，更好地发挥其对话与预防的功效，相关规范仍然对其主体、基本程序作出原则性规定。例如，《广东省安全生产委员会安全生产约谈办法》和《广东省道路交通安全工作约谈办法》等规范对相关领域的行政约谈制度进行了详细规定。

2. 政府与多元主体的协商沟通

在我国晚近实践中，行政机关为实现促进产业发展、降低执法阻力、优化营商环境的目的，越发倾向于将多元主体的沟通机制通过软法的方式予以倡导和规范。例如，《国务院关于深化"互联网＋先进制造业"发展工业互联网的指导意见》中着重提及建立政府、产业联盟、企业等多层次沟通对话机制，同时倡导加强与国际组织的协同合作。又如，《国家税务总局关于建立税务机关、涉税专业服务社会组织及其行业协会和纳税人三方沟通机制的通知》对于税务领域最重要的三方主体如何加强沟通交流、建立健全信息反馈及解决问题的渠道予以详细阐发。

在更广阔的维度上，以沟通、交流与对话为代表的公众参与机制本身也是保障公民知情权、参与权的重要手段。它们以传统媒体、互联网新媒体、公众咨询、沟通会议等为渠道，同公众参与、利益代表、信息公开、理由说明等行政程序要求密不可分。[2] 目前在部分领域，法规范中已经对公众参与沟通协商的权利进行了明确规定。例如，《环境影响评价公众参与办法》第 32 条第 3 款规定，"大型核动力厂建设项目的建设单位应当协调相关省级人民政府制定项目建设公众沟通方案，以指导与公众的沟通工作"。此外，一些更加详细的软法规范将相关沟通方案予以具体化。例如，

---

[1] 参见卢超：《社会性规制中约谈工具的双重角色》，载《法制与社会发展》2019 年第 1 期；刘若玄、樊博：《行政检查、行政约谈能提升平台规制的效果吗？——基于网约车平台的"大数据＋准实验"研究》，载《公共行政评论》2023 年第 3 期。

[2] 参见蒋红珍：《论协商性政府规制——解读视角和研究疆域的初步厘定》，载《上海交通大学学报（哲学社会科学版）》2008 年第 5 期。

在关于《推进环境保护公众参与的指导意见》中，充分协商沟通所需要的宣传动员、信息公开、渠道畅通、程序完善、发展相应社会组织等方面的制度支持被予以详细说明。

此外，多元主体还有可能在沟通中发挥主动、独立的作用，行政机关并不一定参与其中，或者仅发挥倡导性作用，扮演搭建平台的角色。例如，为促进人才培养与产业发展，院校与企业之间有可能展开常态化合作，就职业教育等议题展开深入对话与交流。[1]

概言之，更加具有开放性和回应性、更加有助于交流主体理解与应用的方式应予更大程度的挖掘。[2] 只有充分实现多元主体的沟通合作，公开与透明的原则才能得到真正贯彻，人权保障水平才有可能持续提升。

（二）与落实权责相关的软法工具

1. 合同

合同是最常见的合作机制组织形式。通过合同的治理，已经成为一种常见的治理形态，有助于厘清合作双方甚至多方主体的权责。日益获得广泛应用的公私合作，甚至政府不同部门之间的合作，不同区域之间的合作，许多都是通过合同达成的。可以说，现代国家犹如一个"契约化国家"（Contracting State），合同成为联结个人之间、个人与国家甚至国家机构内部之间日常关系的工具。[3] 当然，合同的订立须在法律的框架下进行，合同关系所须遵循的规范必然包括人权保护的相关法律原则，特别是分配正义、程序正义、自由、平等以及人

---

[1] 例如，《山东省人力资源和社会保障厅 山东省教育厅关于进一步加强高校毕业生就业指导服务工作的通知》列举多项促进校企合作的措施，指出将推动"民企高校携手促就业"等活动，为中小企业招聘高校毕业生搭建平台。

[2] 参见沈岿：《风险交流的软法构建》，载《清华法学》2015年第6期。

[3] 参见卢超：《经由"内部契约"的公共治理：英国实践——评戴维斯的"Accountability: A Public Law Analysis of Government by Contract"》，载《北大法律评论》第10卷第2辑，北京大学出版社2009年版，第569—581页。

的尊严。[1]

　　通过合同的治理，语词本身是从政府视角出发的，其所涉及的机制，其实仍是以政府为中心的，这一方面是由政府义务决定的，无论政府怎样将公共服务外包出去，都仍然需要通过监管保障、通过契约进行治理的方式再次进入，否则就违背了政府的法定人权保障义务；[2] 另一方面也与治理理论的发展相契合，治理理论不仅意味着治理任务的分担与合作，还有对于政府角色如何嵌入多中心治理的理论思考。如前所述，在治理理论提出之后，"元治理"概念主张将国家请回"中心"的位置，国家不仅要在治理过程中承担不可或缺的角色，而且在治理失败时，国家是唯一能对结局负责并承担后果的行动者。国家提供治理的基本规则，保证不同治理机制与规制的兼容性；它拥有相对垄断性质的组织智慧与信息资源，可以用来塑造人们的认知和希望，可以在内部发生冲突或对治理有争议时充当纠纷解决权威，可以为了系统整合的利益和社会凝聚的利益，通过支持较弱的一方或系统建立权力关系的新的平衡。

　　行政合同在我国行政法理论与实践中具有重要地位。而在"政府特许经营协议、土地房屋征收补偿协议等协议"于2014年写入修正后的《行政诉讼法》诉讼范围后，行政协议司法审查历经飞跃式发展。其后，《最高人民法院关于审理行政协议案件若干问题的规定》对相关审判规则进行了提炼与总结。在法律与司法解释对行政协议的列举中，政府特许经营协议、矿业权等国有自然资源使用权出让协议、政府与社会资本合作协议等均为政府与私人主体合作共担公共责任的常见形式。而在相关协议的签订与履行过程中，人权保障是公私责任履行的重心，它要求政府贯彻公开、公平、参与和问责的现代法治要求，确

---

[1] 参见 [美] 麦克尼尔：《新社会契约论——关系现代契约关系的探讨》，雷喜宁、潘勤译，中国政法大学出版社1994年版，第5页。

[2] 参见骆梅英：《通过合同的治理——论公用事业特许契约中的普遍服务条款》，载《浙江学刊》2010年第2期。

保相关事业的公益性；要求私人主体承担公共服务在价格、质量、普遍服务、公众参与和知情权保障等方面的人权义务。[1]对于落实这些人权责任，软法发挥了非常重要的功能。例如，《国务院办公厅关于政府向社会力量购买服务的指导意见》将保障人民群众切身利益、保障和改善民生作为制度建设的核心目标，明确指出承接主体应当严格履行合同义务，对于相关购买机制进行了详细梳理。

2. 自我规制与第三方监督机制

自我规制与第三方监督机制是促进多元主体有效合作的重要方案。晚近，发布自我规制规则、自我监控结果以及将独立审计报告提供给规制方等机制，逐步替代了原来由行政机关主导的"控制—命令型"仪式化、硬性的规制手段，更加适应人权责任分担与合作的现代模式。[2]换言之，政府逐步将自上而下的监督机制，转变为与第三方规制机构、被监管企业在部分监管事项上相互合作的方式，以提高监管的专业性、灵活性和高效性。

在公共治理的网络中，自我规制规范已经成为重要的落实权责渊源。企业基于法律的强制要求或者出于保持行业优势地位的考虑，发布高于法律的自我承诺、标准与其他规则来建立自我规制体系，同时承担相应的成本。[3]例如，《标准化法》第21条第2款明确规定，"国家鼓励社会团体、企业制定高于推荐性标准相关技术要求的团体标准、企业标准"；第27条则设定了企业标准公开规则，指出"企业执行自行制定的企业标准的，还应当公开产品、服务的功能指标和产品的性能指标"。而在具体规制领域，融合了自愿或自我规制要素的治理工具更是形式多样，例如在环境领域，企业环境承诺、企业社会责任报告、企业环保责任书等均是企业自我规制

---

[1] 参见李霞：《公私合作合同：法律性质与权责配置——以基础设施与公用事业领域为中心》，载《华东政法大学学报》2015年第3期。

[2] 参见卢超：《从规制国到规制资本主义》，载《二十一世纪》（香港）2011年2月号。

[3] See Ian Ayres & John Braithwaite, Responsive Regulation: Transcending the Deregulation Debate, Oxford University Press, 1992, p.106.

的体现形式。政府、行业组织以及广泛消费者均可以依据企业声明对企业相关行为进行监督和约束。

第三方监督机制对于审核合作治理效果具有显著意义，亦为公共治理网络中落实权责的重要方案。第三方评价机构基于专业知识与独立地位，可以针对合作双方，尤其是针对直接承担公共任务的责任主体展开监督。例如，《财政部关于推进政府购买服务第三方绩效评价工作的指导意见》提出推进政府购买服务第三方绩效评价工作的具体方案，以确保财政资金效益和政府公共服务管理水平。在这样的语境下，第三方监督机制不仅约束财政资金的有效运用，更对私人主体承担公共任务是否符合普遍服务、持续服务、合理价格服务等要求展开监督。与此同时，针对第三方监督机制的再监督也成为晚近制度建设的重要议题。例如，《大气污染防治法》第54条第2款明确规定，"生态环境主管部门和认证认可监督管理部门应当对机动车排放检验机构的排放检验情况进行监督检查"，申明了政府对第三方检验机构的监督义务。

3. 信息工具

在晚近规制与治理实践中，信息工具是促进多元主体合作共担人权责任，而非仅专注于自益并推诿责任的重要工具。在信息传播无比迅捷的当代社会，政府越发倚重以信息为基础（Information-based）的监管工具，致力于通过声誉机制影响企业行为，譬如违法事实公布、强制信息披露等。对企业而言，声誉打击会导致金钱损失与运营损失，其所带来的伤害在一些情境下甚至比高额罚款还严重。同时，私人主体亦通过信息工具来实现内部治理，例如电子商务平台经营者根据商品或者服务的信用来显示搜索结果，以增进平台治理的公平、平等与合理性。[1]

在多元主体共治的背景下，准确而必要的信息传播机制至关重要。如果信息存在过多的误导与隔膜，那么相关主体的合作将成为各说各话的

---

[1]《电子商务法》第40条规定："电子商务平台经营者应当根据商品或者服务的价格、销量、信用等以多种方式向消费者显示商品或者服务的搜索结果；对于竞价排名的商品或者服务，应当显著标明'广告'。"

"空中楼阁"，难以实现治理目标的一致性。鉴于此，有效发挥信息工具的作用，对于需要大规模、分散化治理主体共同参与的复杂领域有序运转大有裨益。正是由于权威性信息的常态化流转，多元主体才能各取所需、各司其职地完成其在公共治理体系中的任务，而无须在甄别信息真伪、请求信息来源方面耗费极大资源。例如，《公司法》《证券法》《企业信息公示暂行条例》等法律法规针对企业设定了不同情境下的信息披露义务，相关信息既有可能被信用评级机构等市场中介组织加以整理利用，也有可能被行业协会、商会在履行自律监管职能时被参考，还有可能在上下游供应商、消费者等市场主体决策中被使用。

然而不容忽视的是，相关工具逸出法律框架而运用不当均有可能产生反向的效果，例如声誉机制有可能出现滥用而严重违反比例原则的情况。而贯彻比例原则是人权保障的重要基础，如果一项制度设计试图通过多元主体合作完成某一规制任务，但严重突破了比例原则的底线，那么其显然有违良法善治的目标。无论是在人格权的视野下，还是从商誉的角度出发，市场主体的声誉利益均是至关重要的权益。由此，影响他人声誉的权力也成为一种非常重要的权力，可以有效形塑企业行为，影响企业的运行模式。于是政府在调动多元主体参与治理体系的过程中，必须在任何节点与过程中均注重保障相对人与广泛公众的权利，注重人的尊严，有利于人的发展。

为确保信息工具充分发挥其效能，同时恪守法律原则与规则，专门针对信息披露的法治约束方案亦须不断发展。尤其是针对声誉制裁的法治约束机制已经引发了实务界与学术界的广泛关注，相关规范层出不穷。例如，在市场监管总局于2023年5月公开发布的《关于行业协会的反垄断指南（征求意见稿）》中，不仅禁止行业协会通过采取设置入会要求、设定违约金、取消会议资格等"硬性"手段组织本行业经营者达成垄断协议，作为声誉工具的"通报批评"亦明确在列。换言之，即便由行业协会主导的声誉规制，亦必须纳入法治框架。

值得一提的是，上述治理工具往往由多主体混合使用，排列组合出各种不同的样态，进一步形成新的治理工具。

四、本章小结

现代社会的公共治理离不开软法。在公共治理领域全面实施"依靠国家强制力保障实施"的硬法之治，既无必要，也不可能，还不合理。[1] 以现代公共治理的网络化结构为模型基础的人权责任的分担与合作机制，同样面临着相似的问题——硬法立法维艰且不足以对复杂的治理实践进行回应。软法能够在人权责任不断深化与扩展的背景下，情境化地对不同的微观论域的具体情形作出回应，对治理网络中的多元主体充分尊重并有效整合，并通过不同主体的协商沟通、规范之间的相互流转，促进更高程度的人权实现。

硬法框架与经典的以国家为中心的人权责任理论是两相契合的，绝大多数的人权立法均指向国家人权责任，并通过自上而下强制实施的方式来实现。而在软、硬法混合的治理模式中，硬法起到框架性作用和保障性作用，致力于通过不同类型的人权入法、不断提高底线责任、加强监管与救济等方式，为人权责任奠定基础。软法则以更加灵活的形式，并不完全依靠国家强制力来推动多元主体在实现人权责任议题上的合作，由此与开放的人权责任框架相契合。在多元主体共担人权责任的体系下，不仅政府可以通过软法来进行自我规制与外部规制，私人主体也可以向政府发布软法规范并产生影响力。

人权对软法的形塑，是对软法道德性的要求。由于人权的分担与合作需要软法来提供规范性，因此软法的制定与实施对权利的实现与责任的行使都有极为重要的作用。软法不能是随意的，理论与实践中无法通过硬法进行规定的内容更不能不假思索地通过软法来推行。软法必须具备正当性、

---

[1] 参见罗豪才：《直面软法的问题》（代序），载罗豪才主编：《软法的理论与实践》，北京大学出版社2010年版，第1页。

合理性，在对人权责任进行规范时，不能没有限度。这样的限度与前文所构建的人权责任分担与合作的模型息息相关，软法对人权责任的规范，是在合意协商合作基础上的自愿规范，须遵循基于角色、能力、获益等要素合理配置责任的基本原则。

结　语

　　人权理论的文献汗牛充栋，无数先贤从各个角度、各个方面对其进行过精到阐发，这些论述可见于哲学、政治学、法学等诸多学科；在法学一家，又散布于法理学、宪法学、国际法学等诸多分支之中。与人权相关涉的法律、法规、政策性文件更是不胜枚举。人权实践也遍布于发达国家和发展中国家，甚至在战乱频仍、极度贫弱的国家与地区，仍努力地落地生根。可以说，在全球化与本土化两个趋势上，人权都展示出越来越强的力量。一方面，人权得到国际社会的普遍承认，成为全球治理的基础性价值，国际人权制度不断发展，例如，"构建人类命运共同体"即为中国针对当今世界和平与发展等重大问题而提出的解决方案，并借此希望推动全球人权治理。[1] 另一方面，在国内法秩序中，人权成为宪法价值的核心。我国在 2004 年宪法修正案中写入"国家尊重和保障人权"条款，尊重和保障人权成为一系列公法制度与规范的基础。例如，打赢脱贫攻坚战以及建立完善社会保障体系均以保障人民生存权、发展权为核心关切。[2]

---

[1] 构建人类命运共同体理念已被写入党的十九大、二十大报告，载入党章和《中共中央关于党的百年奋斗重大成就和历史经验的决议》。在构建人类命运共同体理念下探索全球人权治理的研究可参见肖君拥：《以"人类命运共同体"理念推进全球人权治理》，载《人权》2018 年第 1 期。

[2] 参见仲音：《生存权和发展权是首要的基本人权》，载《人民日报》2022 年 7 月 6 日，第 4 版。

整体性地观察人权的发展史，人权在经历了自由权中心主义之后，转向了自由权与社会权并重的时代，且其重心不断向发展权转移。几乎所有的人权理论都建立在一个共识之上，即国家是人权义务的核心与基础。无论是在国际公法还是在国内公法论域，私域中的权利冲突和权利侵害得到的关注都很微弱，因为人们大都认为那可以通过侵权法和刑法来解决，与人权义务无涉。然而，人权在当今的正当诉求是获得普遍承认的价值体系之一，它在整体上为人际关系提供了一张宽松织就的最低标准和规则网络。深嵌入这些标准与程序规则的要义，包括尊重与保障个人权利，规范与制约权力的行使，致力于社会正义，等等。它们不仅应当适用于国家，而且原则上应当适用于国家之外的私人主体。在这个意义上，认知一个开放性的人权责任体系，是本书研究的起点。诸多行政法现象与行政法研究都在支持一个开放性的人权责任体系，指向人权责任的分担与合作。许多方面的研究成果，例如对"控制—命令""自上而下"的僵化管理机制的批判与摒弃，对私人规制兴起、多元主体共同参与治理过程的描摹与细化，都指向了"国家—社会—市场"关系的调整，指向了国家人权责任走向多元化的分担与合作。

以司法裁判为中心，厘清具体的权利侵犯，判定相关各方的权利义务，是非常重要的法学研究进路，但本书所希望的却并非通过基本权利的第三人效力理论来深入民事、刑事领域，筑造一个范围宏大的人权理论框架。这里所提出的开放性的人权责任与连贯性的人权理论，是以人权实现过程为着眼点，以设计人权实现机制为核心理论关注的，不以主体性质是公抑或私来考虑问题，而是认真考察主体行为、能力与角色，考察其对人权损益的影响，促进不同主体之间的合作，将人权看作重要的合作目标。

全球治理与公私合作是与人权责任迈向分担与合作关系最密切的两个维度。全球治理理念的产生与全球化趋势的发展密不可分。全球化表明的是一种世界在经济、文化、科技等方面不断耦合的趋势。虽然近年来"逆全球化"逐渐抬头，某些国家在一些领域、一些方面对全球化的成果进行否定或拆解，但"再全球化"的新局亦已萌芽。[1] 全球治理则表达了一种这样的应对全球化的态度——多元主体应当以善治为目标进行合作治理。因此，在全球治理的视野下，只有多元主体有序分担、共同促进人权责任的履行，才能实现更大范围、更深程度的人权保障。公私合作理念的产生与私权力崛起的趋势密不可分。在公私合作的背景下，承担公共服务的企业是落实人权责任的直接履行者，而国家则退至担保与监督的角色之上。私权力主体在性质上并非剥离自公权力，却能够产生巨大的公共影响，譬如互联网平台性权力。而个体基本权利越发敏锐而隐蔽地受到影响，则是这些趋势的必然结果。

人权责任分担与合作机制，很难再像将人权责任理解为国家对公民的单向责任那样，构建垂直的，或者说自上而下的责任结构。"扁平化"与"网络化"，成为其简明模型的两个选择。在更多的情境下，"网络化"或许是更适当的模型，因为权利义务交织、权利权力对比复杂的多主体的交互关系，只有在与政府垂直规制相对比的情形下用扁平化来概括才较为合适，从整个治理过程来考察，"扁平化"很难将多元主体有效联结在一起，也较难解释共同体内部成员的权力不对称问题。在权威分散、主体多元的情境下，主体关系、责任关系与规范关系，都有可能呈现网络化的样态。主体关系的网络化，表达了不同角色构成的组织形式，在很多情况下，国家通常扮演着基础性的领导、调控与担保角色，在不同的微观论域下，也有可能由私人性质的主体扮演这样的角色。

扮演规制者角色的私人主体，在当代社会已存在诸多类型。人权责任既可以看作其规制角色的伴生责任，也可以看作为平衡权利义务或权利权力关系而对其配置的责任。责任关系的网络化，是治理理论对人权责任配置的一种启发。它并不专注于侵权责任、赔偿责任、救济责任这些事后归责原则，而是聚焦于治理过程的责任配置。这样的责任配置是一种平衡考

---

[1] 参见何志鹏：《全球化、逆全球化、再全球化：中国国际法的全球化理论反思与重塑》，载《中国法律评论》2023年第2期。

量的结果，是对其角色、能力的平衡考量，对多主体间权利义务、权利权力关系的平衡考量。

然而，多元主体之间的关联并不一定是合作关系，多元主体也并不会均主动以人权为目标进行合作。事实上，在机制设计的过程中，时刻警醒不同主体的自益性才是更加清醒恰当的进路。"三个和尚没水喝"的"责任赤字"提醒我们，多主体并不一定带来合作，还有可能给目标的实现带来新的障碍。在这样的情况下，国家切实履行协调监管与保障监督的责任至关重要。国家通过立法来为不同的行为主体提供基础的、框架性的、底线的规则，这些规则也就是我们常常说的硬法。但硬法只是规范中很小的一部分，国家也需要软法来协调不同主体的行为，其他主体也会通过软法来发挥作用、形成秩序。通过观察可以发现，在多元主体形成的网络中，不仅人权责任的配置呈现了网络化的趋势，规范也呈现出网络化的样态。在人权目标的实现过程中，责任的分担与合作是依靠规范的交互发挥作用实现的。人权责任分担与合作机制的底线规则是由硬法创设的，一切规范的基础，都是在硬法底线要求之上行事。但具体的规范则是由软法构筑的，软法的合法性不是通过层级来区分的，不仅政府可以通过软法来进行自我规制与外部规制，私人主体也可以向政府发布软法规范并产生影响力。这种相互作用的规范方式，不拘泥于强制性的遵从与保障。

软法与人权的关系，在强调合作的公共治理背景下得以深深契合。国家与社会关系的变迁，行政法组织形态的变化，人权责任主体及其责任履行方式的变迁，规范形式的变迁，都在同一个通顺的逻辑框架内得以相互印证。仍须再次强调的是，法治化包括两个层面，一个是硬法意义上的法治化，另一个是软法意义上的法治化。软法不是混淆秩序，不是架空硬法框架，恰恰相反，软法是为了法治化，为了将法的要义注入那些并不具有国家强制性约束力，却能产生广泛影响的规范。软法给最难合意情形提供规范，为社会自治提供规范，为规范自下而上的流转以及沟通提供规范。不具有强烈的等级性、并非依靠国家强制力的软法，强调自愿遵从与协商，以一种相互作用的方式，通过柔性的工具机制，对更广泛、更深刻的人权责任进行了整合。

人权与软法之间的关系，并不仅仅是一个目标与规范的问题。在国家与社会的合作关系中，在行政法组织形态多样化的背景下，在人权责任日益深化、人权责任主体不断多元化的背景下，在规范的协商性、灵活性与合法性、正当性并重的要求下，软法是人权责任的分担与合作的重要规范供给者，人权则为形塑规范网络的核心价值。将人权作为核心要素深嵌入软法规范中，注重软法在规范人权责任分担与合作中的合理性与正当性，具有尤其重要的意义。软法规范必须具有合理性、正当性，综合考量不同的权利、权益，而不能以软性、不具备强制执行力为名，推行正当性不足的规范，反而对人权产生负面的影响。于是，人权对软法的形塑也是一个重要的问题，软法规范须遵循一定的规则与限度。

软法的规范作用，在人权责任不断深化与扩展的背景下，既作用于对政府人权责任的规范，也作用于对私人主体承担人权责任的规范，还在人权责任的合作过程中发挥作用，自我规制与外部规制相结合，呈现出许多不同的形式与样态。私人主体通过规范自我规制或进行外部规制，向其他主体甚至政府输出规范，实现优势规范的自愿性扩张，这样的规范化的努力是一种十分可贵的软法实践，既是人权责任开放性的一个侧面，也是法治化的一个侧面。总之，不仅在人权责任的议题上摆脱了以主体性质是公还是私来进行思考的定式，也在规范效力上摆脱了以主体性质进行区分的思维定式。民间规范的效力并不一定弱于国家规范，软法规范也并不必然在硬法之下。

在全书勾勒人权责任分担与合作的背景缘由、基本原理、样态模型与规范机制的基础上，笔者尝试总结人权责任议题在行政法学研究中的定位与价值。

人权法的核心关切在法学体系中的精准定位一直呈现出模糊的样态，法理、宪法、国际法等学科的研究者从各自学术旨趣出发，均有可能关注人权法议题的某一侧面。相较于上述学科，行政法学者直接关注人权理论的著述明显较少。但事实上，如何落实尊重与保障人权的宪法要求，一直是行政法学科的核心学术任务之一，属于行政法学研究中的基础理论问题，对于辨明行政法的基本任务至关重要。在复杂的多元主体共同参与的公共治理网络中，人权责任如何配置则为关涉个体权利得到有效保护、治理权力得到有效约束的关键议题。在公共规制与治理的过程中嵌入人权价值与核心要求，是当代行政过程、治理过程实现合法性与合理性的基础。发掘在新型规制结构与治理模式中是否存在个体权利更加隐蔽地受到影响与侵害，同时对于公私权力主体课以明确、合理的人权责任，是行政法学研究应当完成的理论任务。

由此，本书尝试基于对人权责任分担与合作议题的探讨，在一定程度上推进行政法基础理论问题的研究。

第一，晚近行政法实践中与公私合作、私权力崛起的新发展业已反映出人权责任承担主体的日趋多元化，并已经有一系列理论在微观的层面上对其进行回应与总结。为使人权责任不能因此而消弭或减弱，开放的人权责任概念与连贯的人权责任理论成为宏观层面行政法基础理论应当回应的议题。只有多元主体之间的权利与权力遵循平衡要义，才能真正实现对人权的尊重与保障。

第二，晚近合作规制与公共治理的概念业已由政治学、行政管理学理论研究进入行政法学，成为规制法研究学术话语体系的重要支撑。人权责任的探讨有助于辨明规制法研究与其他学科政府规制研究的不同侧重点，在效能等要素外强化合法性、合理性的要求。公共治理语境下的治理网络模型应当是与人权责任的配置模型同构的。国家扮演掌舵者与最终责任人的角色，承担整体性与最终性的担保责任；其他主体依据自己的角色、能力与获益等要素进行责任配置。

第三，晚近行政法研究不仅关注"自上而下"出台的国家正式立法，同时关注源于多元治理主体的规则。而合作治理的重要难题是多元主体承担责任难以受到有效监督，这在人权责任的分担与合作方面亦非常突出。于硬法之外，在自我规制与外部规制共同发挥作用的情境中，软法是人权责任配置的重要载体。以不具有强烈的等级性、强调自愿遵从与协商为特征的软法，能够更广泛、更深刻地整合人权责任的分担与合作机制。由此，以软、硬法相结合的规范模式对人权责任的分担与合作机制进行回应，既有助于解决人权责任无人承担或承担不充分的难题，也对行政法治过程中什么是"法"、"法"如何运行等议题有所回应。

当然，本书所讨论的人权责任的分担与合作机制，仍是一种理念上的模型，也是一种理想模型。而选取一个具体的领域，将相关模型进行试验、修正与具化，将是本书工作的延伸，也是未竟的思考。

参考文献

英文文献

论文

1. [美]亚历山大·沃洛克:《新私人规制怀疑论：正当程序、不授权与反垄断挑战》，载《哈佛法律与公共政策杂志》2014年第37卷，第931—973页。

   Alexander Volokh, *The New Private-Regulation Skepticism: Due Process, Non-Delegation, and Antitrust Challenges*, 37 Harvard Journal of Law and Public Policy 931, 931-973 (2014).

2. [匈牙利]安娜·福加斯:《软法在美国与欧盟行政法体系中的法律与实践效果》，载《法律研究》2016年卷，第308—318页。

   Anna Forgács, *The Legal and Practical Effects of Soft Law in the Administrative Law Systems of the United States and the European Union*, 2016 Jogi Tanulmanyok 308, 308-318 (2016).

3. [荷]安特诺尔·哈洛·德·沃尔夫:《人权与对基本服务私有化的规制》，载《荷兰国际法评论》2013年第60卷，第165—204页。

   Antenor Hallo de Wolf, *Human Rights and the Regulation of Privatized*

Essential Services, 60 Netherlands International Law Review 165, 165-204（2013）.

4.[美] 布莱恩·谢泼德:《超越规范的尊重与软法的地位》，载《布法罗法律评论》2014年第62卷，第787—880页。

Brian Sheppard, *Norm Supercompliance and the Status of Soft Law*, 62 Buffalo Law Review 787, 787-880（2014）.

5.[荷] 胡姆斯特拉、汉斯·凡·埃斯:《统一性作为对软法的回应：源自遵守与不遵守荷兰企业治理规范的实践》，载《规制与治理》2011年第5卷，第480—498页。

Hooghiemstra and Hans van Ees, *Uniformity as Response to Soft Law: Evidence from Compliance and Non-compliance with the Dutch Corporate Governance Code*, 5 Regulation & Governance 480, 480-498（2011）.

6.[英] 朱莉娅·布莱克:《规制对话》，载《法律与社会杂志》2002年第29卷，第163—196页。

Julia Black, *Regulatory Conversations*, 29 Journal of Law and Society, 163, 163-196（2002）.

7.[美] 肯尼斯·W.阿伯特、邓肯·斯奈德尔:《国际治理中的硬法与软法》，载《国际组织》2000年第54卷，第421—456页。

Kenneth. W. Abbot, Duncan Snidal, *Hard and Soft Law in International Governance*, 54 International Organization 421, 421-456（2000）.

8.[美] 莱斯利·K.麦卡利斯特:《通过第三方审核的规制》，载《波士顿学院法律评论》2012年第53卷，第1—64页。

Lesley K. McAllister, *Regulation by Third-Party Verification*, 53 Boston College Law Review 1, 1-64（2012）.

9.[美] 莱斯利·K.麦卡利斯特:《控制私人规制》，载《密歇根环境与行政法杂志》2014年第3卷，第291—419页。

Lesley K. McAllister, *Harnessing Private Regulation*, 3 Michigan Journal of Environmental and Administrative Law 291, 291-419（2014）.

10.［荷］琳达·森登:《欧洲法中的软法、自我规制与合作规制：它们何处汇聚？》，载《比较法电子期刊》2005年第9卷，第20—28页。

Linda Senden, *Soft Law, Self-regulation and Co-regulation in European Law: Where Do They Meet?*, 9 Electronic Journal of Comparative law 20, 20-28（2005）.

11.［美］拉尔夫·G. 斯坦哈特:《软法、硬市场：比较自益与跨国公司人权责任的产生》，载《布鲁克林国际法杂志》2008年第33卷，第933—953页。

Ralph G. Steinhardt, *Soft Law, Hard Markets: Comparative Self-Interest and the Emergence of Human Rights Responsibilities for Multinational Corporations*, 33 Brooklyn Journal of International Law 933, 933-953（2008）.

12.［美］蒂莫西·F. 马洛伊:《软法与纳米技术：一个功能性视角》，载《法学》2012年第52卷，第347—358页。

Timothy F. Malloy, *Soft Law and Nanotechnology: A Functional Perspective*, 52 Jurimetrics 347, 347-358（2012）.

13.［以色列］约西·达汉、汉娜·勒纳、费娜·米尔曼·西万:《全球正义、劳工标准和责任》，载《法律理论探究》2011年第12卷，第439—464页。

Yossi Dahan, Hanna Lerner and Faina Milman-Sivan, *Global Justice, Labor Standards and Responsibility*, 12 Theoretical Inquiries in Law 439, 439-464（2011）.

专著

14.［美］本杰明·卡修、格雷姆·奥尔德、狄安娜·纽瑟姆:《通过市场的治理：森林认证与非国家权威的出现》，耶鲁大学出版社2004年版。

Benjamin Cashore, Graeme Auld, Deanna Newsom, *Governing through Markets: Forest Certification and the Emergence of Non-State Authority*,

Yale University Press，2004.

15. [美] 丹尼尔·P. 凯斯勒主编:《规制与诉讼：经济学与法学视角》，芝加哥大学出版社 2010 年版。

Daniel P. Kessler ed., *Regulation vs. Litigation*: *Perspectives from Economics and Law*, University of Chicago Press，2010.

16. [澳] 伊恩·埃尔斯、约翰·布雷思韦特:《回应性规制：超越放松规制的争论》，牛津大学出版社 1992 年版。

Ian Ayres & John Braithwaite, *Responsive Regulation*: *Transcending the Deregulation Debate*, Oxford University Press，1992.

译著和译文

17. [奥] 曼弗雷德·诺瓦克:《国际人权制度导论》，柳华文译，北京大学出版社 2010 年版。

18. [澳] 皮特·凯恩:《法律与道德中的责任》，罗李华译，商务印书馆 2008 年版。

19. [德] 施密特·阿斯曼:《秩序理念下的行政法体系建构》，林明锵等译，北京大学出版社 2012 年版。

20. [德] 沃尔夫、奥托·巴霍夫、罗尔夫·施托贝尔:《行政法》(第三卷)，高家伟译，商务印书馆 2007 年版。

21. [德] 贡特尔·图依布纳:《匿名的魔阵：跨国活动中"私人"对人权的侵犯》，泮伟江译，高鸿钧校,《清华法治论衡》第十辑，清华大学出版社 2008 年版。

22. [美] 戴维·罗特科普夫:《权力组织——大公司与政府间历史悠久的博弈及前景思考》，梁卿译，商务印书馆 2014 年版。

23. [美] 杰瑞·L. 马肖:《行政国的正当程序》，沈岿译，高等教育出版社 2005 年版。

24. [美] 凯斯·R. 桑斯坦:《权利的成本——为什么自由依赖于税》，毕竞悦译，北京大学出版社 2004 年版。

25. [美]凯斯·R. 桑斯坦:《权利革命之后：重塑规制国》，钟瑞华译，中国人民大学出版社2008年版。
26. [美]约翰·法比安·维特:《事故共和国——残疾的工人、贫穷的寡妇与美国法的重构》，田雷译，上海三联书店2008年版。
27. [美]朱迪·弗里曼:《合作治理与新行政法》，毕洪海、陈标冲译，商务印书馆2010年版。
28. [日]米丸恒治:《私人行政——法的统制的比较研究》，洪英、王丹红、凌维慈译，中国人民大学出版社2010年版。
29. [新西兰]迈克尔·塔格特:《行政法的范围》，金自宁译，中国人民大学出版社2006年版。
30. [英]安德鲁·克拉帕姆:《非国家行为人的人权义务》，陈辉萍等译，法律出版社2013年版。

中文文献

论文

1. 毕洪海:《国家与社会的限度——基于辅助原则的视角》，载《中国法律评论》2014年第1期。
2. 常健:《发展主义人权理论及其基本建构》，载《学术界》2021年第12期。
3. 车浩:《责任理论的中国蜕变——一个学术史视角的考察》，载《政法论坛》2018年第3期。
4. 陈爱娥:《事物本质在行政法上之适用》，载《中国法律评论》2019年第3期。
5. 陈可翔:《互联网公域治理结构转型与行政组织法发展》，载《东方法学》2022年第5期。
6. 陈明辉:《以劳动者为本位——关于共同富裕的一条思考路径》，载《法治社会》2022年第3期。

7. 陈越峰:《关键信息基础设施保护的合作治理》,载《法学研究》2018 年第 6 期。

8. 陈征:《基本权利的国家保护义务功能》,载《法学研究》2008 年第 1 期。

9. 成协中:《公共采购国际规制的软法治理》,载《上海交通大学学报(哲学社会科学版)》2023 年第 3 期。

10. 戴昕:《理解社会信用体系建设的整体视角——法治分散、德治集中与规制强化》,载《中外法学》2019 年第 6 期。

11. 丁晓东:《法律如何调整不平等关系?论倾斜保护型法的法理基础与制度框架》,载《中外法学》2022 年第 2 期。

12. 杜辉:《面向共治格局的法治形态及其展开》,载《法学研究》2019 年第 4 期。

13. 杜仪方:《公私协作中国家责任理论的新发展——以日本判决为中心的考察》,载《当代法学》2015 年第 3 期。

14. 高俊杰:《行业协会内部惩戒的公法限制》,载郭春镇主编:《厦门大学法律评论》第 33 辑,厦门大学出版社 2022 年版。

15. 高秦伟:《私人主体的行政法义务》,载《中国法学》2011 年第 1 期。

16. 高薇:《美国平台公用事业管制的理论及其发展》,载《江西师范大学学报(哲学社会科学版)》2022 年第 5 期。

17. 顾昕、赵琦:《公共部门创新中政府的元治理职能——一个理论分析框架》,载《学术月刊》2023 年第 1 期。

18. 关保英:《论行政合作治理中公共利益的维护》,载《政治与法律》2016 年第 8 期。

19. 郭春镇:《数字人权时代人脸识别技术应用的治理》,载《现代法学》2020 年第 4 期。

20. 郭道晖:《人权的国家保障义务》,载《河北法学》2009 年第 8 期。

21. 韩大元:《宪法文本中"人权条款"的规范分析》,载《法学家》2004 年第 4 期。

22. 何志鹏:《逆全球化潮流与国际软法的趋势》,载《武汉大学学报(哲学社会科学版)》2017 年第 4 期。

23. 胡斌:《私人规制的行政法治逻辑:理念与路径》,载《法制与社会发展》2017 年第 1 期。

24. 胡凌:《从开放资源到基础服务:平台监管的新视角》,载《学术月刊》2019 年第 2 期。

25. 胡敏洁:《论政府购买公共服务合同中的公法责任》,载《中国法学》2016 年第 4 期。

26. 胡玉鸿:《新时代民生保障法治中的"弱有所扶"原则》,载《法学家》2022 年第 5 期。

27. 季卫东:《社会变迁与法制》,载《社会学研究》1993 年第 4 期。

28. 江必新:《论软法效力——兼论法律效力之本源》,载《中外法学》2011 年第 6 期。

29. 姜明安:《全球化时代的"新行政法"》,载《法学杂志》2009 年第 10 期。

30. 焦洪昌:《"国家尊重和保障人权"的宪法分析》,载《中国法学》2004 年第 3 期。

31. 解志勇:《基于中国式扶贫实践的给付行政法治创新》,载《法学研究》2022 年第 6 期。

32. 雷磊:《新兴(新型)权利的证成标准》,载《法学论坛》2019 年第 3 期。

33. 李海平:《论基本权利对社会公权力主体的直接效力》,载《政治与法律》2018 年第 10 期。

34. 李洪雷:《中国行政法学的发展趋势——兼评"新行政法"的兴起》,载《行政法学研究》2014 年第 1 期。

35. 李年清:《私人行政司法审查受案标准的美国经验——兼论我国私人行政责任机制的建构》,载《法制与社会发展》2015 年第 3 期。

36. 李蕊佚:《私人主体受公法约束的裁判模式》,载《浙江社会科学》2021 年第 4 期。

37. 李莎莎:《企业人权责任边界分析》,载《北方法学》2018 年第 3 期。

38. 李霞:《公私合作合同:法律性质与权责配置——以基础设施与公用事

业领域为中心》,载《华东政法大学学报》2015年第3期。

39. 凌维慈:《给付行政中的行政行为》,载沈岿主编:《行政法论丛》第28卷,法律出版社2022年版。

40. 刘权:《网络平台的公共性及其实现——以电商平台的法律规制为视角》,载《法学研究》2020年第2期。

41. 卢超:《民营化时代下的信息公开义务——基于公用事业民营化的解读》,载《行政法学研究》2011年第2期。

42. 罗豪才、袁曙宏、李文栋:《现代行政法的理论基础——论行政机关与相对一方的权利义务平衡》,载《中国法学》1993年第1期。

43. 罗豪才、宋功德:《行政法的治理逻辑》,载《中国法学》2011年第2期。

44. 罗豪才、宋功德:《人权法的失衡与平衡》,载《中国社会科学》2011年第3期。

45. 罗英:《数字技术风险程序规制的法理重述》,载《法学评论》2022年第5期。

46. 骆梅英:《论公用事业基本服务权》,载《华东政法大学学报》2014年第1期。

47. 马英娟、刘振宇:《食品安全社会共治中的责任分野》,载《行政法学研究》2016年第6期。

48. 马长山:《智慧社会背景下的"第四代人权"及其保障》,载《中国法学》2019年第5期。

49. 齐延平:《当代中国人权观的形成机理》,载《人权》2022年第2期。

50. 沈岿:《行政法理论基础回眸——一个整体观的变迁》,载《中国政法大学学报》2008年第6期。

51. 石佑启:《论协会处罚权的法律性质》,载《法商研究》2017年第2期。

52. 宋华琳:《论政府规制中的合作治理》,载《政治与法律》2016年第8期。

53. 孙娟娟:《从规制合规迈向合作规制:以食品安全规制为例》,载《行政法学研究》2020年第2期。

54. 孙笑侠:《汉语"人权"及其舶来后的最初三十年》,载《法学》2022年第 3 期。

55. 谭冰霖：《论政府对企业的内部管理型规制》，载《法学家》2019 年第 6 期。

56. 王贵松：《风险行政与基本权利的动态保护》，载《法商研究》2022 年第 4 期。

57. 王军：《私主体何时承担公法义务——美国法上的"关系标准"及启示》，载《中外法学》2019 年第 5 期。

58. 王兰：《论互联网金融的公私协同共治》，载《厦门大学学报（哲学社会科学版）》2022 年第 4 期。

59. 王诗宗：《治理理论与公共行政学范式进步》，载《中国社会科学》2010 年第 4 期。

60. 王锡锌：《行政正当性需求的回归——中国新行政法概念的提出、逻辑与制度框架》，载《清华法学》2009 年第 2 期。

61. 王锡锌：《个人信息权益的三层构造及保护机制》，载《现代法学》2021 年第 5 期。

62. 王旭：《论国家在宪法上的风险预防义务》，载《法商研究》2019 年第 5 期。

63. 魏健馨：《女性人权保护的宪法学审视》，载《南开学报（哲学社会科学版）》2015 年第 1 期。

64. 谢增毅：《平台用工劳动权益保护的立法进路》，载《中外法学》2022 年第 1 期。

65. 徐靖：《论法律视域下社会公权力的内涵、构成及价值》，载《中国法学》2014 年第 1 期。

66. 阎天：《重思中国反就业歧视法的当代兴起》，载《中外法学》2012 年第 3 期。

67. 叶必丰：《公共服务连续性理论及我国的实践》，载《政法论坛》2022 年第 5 期。

68. 俞祺：《正确性抑或权威性：论规范效力的不同维度》，载《中外法学》2014 年第 4 期。

69. 于立深:《行政协议司法判断的核心标准:公权力的作用》,载《行政法学研究》2017 年第 2 期。

70. 于语和、白婧:《乡村振兴视域下乡贤治村的实践路径》,载《原生态民族文化学刊》2019 年第 5 期。

71. 余凌云:《英国行政法上的合理性原则》,载《比较法研究》2011 年第 6 期。

72. 张力:《迈向新规制:助推的兴起与行政法面临的双重挑战》,载《行政法学研究》2018 年第 3 期。

73. 张凌寒:《算法权力的兴起、异化及法律规制》,载《法商研究》2019 年第 4 期。

74. 张青波:《行政协议内容判准及其具体化》,载《南大法学》2022 年第 5 期。

75. 张守文:《经济法责任理论之拓补》,载《中国法学》2003 年第 4 期。

76. 张守文:《经济法新型责任形态的理论拓掘》,载《法商研究》2022 年第 3 期。

77. 张淑芳:《私法渗入公法的必然与边界》,载《中国法学》2019 年第 4 期。

78. 张文显:《人权事业发展的丰碑》,载《法制与社会发展》2020 年第 4 期。

79. 张翔:《基本权利冲突的规范结构与解决模式》,载《法商研究》2006 年第 3 期。

80. 张龑:《软法与常态化的国家治理》,载《中外法学》2016 年第 2 期。

81. 章志远:《公共行政民营化的行政法学思考》,载《政治与法律》2005 年第 5 期。

82. 赵宏:《主观权利与客观价值——基本权利在德国法中的两种面向》,载《浙江社会科学》2011 年第 3 期。

83. 赵鹏:《超越平台责任;网络食品交易规制模式之反思》,载《华东政法大学学报》2017 年第 1 期。

84. 郑玉双:《人格尊严的规范塑造:论人权的法理证成》,载《中国法律评论》2022 年第 5 期。

85. 周辉:《平台责任与私权力》,载《电子知识产权》2015 年第 6 期。

86. 周佑勇:《公私合作语境下政府购买公共服务现存问题与制度完善》,载《政治与法律》2015年第12期。

87. 左亦鲁:《社交平台公共性及其规制——美国经验及其启示》,载《清华法学》2022年第4期。

专著

88. 罗豪才、毕洪海主编:《软法的挑战》,法律出版社2011年版。

89. 沈岿主编:《谁还在行使权力——准政府组织个案研究》,清华大学出版社2003年版。

90. 俞可平主编:《治理与善治》,社会科学文献出版社2000年版。

91. 张文显:《二十世纪西方法哲学思潮研究》,法律出版社1996年版。

92. 张翔:《基本权利的规范建构》,高等教育出版社2008年版。

后　记

本书是在我的博士论文基础上修订而成的，选择人权作为博士论文的研究议题，是受我的导师罗豪才教授的影响。罗老师晚年钟爱"软法"，同时他一直主张"为了权利与权力的平衡"，多年来担任中国人权研究会会长，非常希望我能就"人权与软法"做一些文章。不过，罗老师极为宽厚，对于选题并不强制，只是希望我能够踏实研读基础理论，让我先阅读整理文献，尤其是比较法文献。

在攻读博士学位前两年的时光中，我并没有具体的研究任务，只是在相关的文献中徜徉，也随罗老师进行过许多调研。我慢慢发现，从"公共治理"的视角切入，实践在发展，理论也在更新，不仅国家应当承担尊重、保障和发展人权的责任，扮演规制角色的私人主体也应当承担相应的责任。亦即"为了权利与权力的平衡"——无论谁来行使"权力"，均应当为其向对方配置"权利"。而这样的人权责任机制又如何形成与规范呢？我发现这里存在巨大的规范难题——硬法由于其具有的原则性、滞后性等特征，不足以独自回应复杂的治理实践。我开始为这样的议题而着迷——一开始感觉宏大叙事而迷雾重重，深入进来却可发掘出无数理论与实践供研磨。于是，我的选题正式定为了"人权责任的分担与合作"，同时在书中对软法的角色予以阐发。

在罗老师和沈岿老师的指导下，我迈过了一个又一个困境台阶，逐渐完成了这并不完美但已尽力的博士论文。在之后的几年时光中，博士论文中的部分章节先后得以发表。并且，在博士论文写作过程中发掘的评级、排名等声誉工具成为我这些年新的研究主题，也取得了一些成绩。可以说，我一直在写作博士论文的路上，这些文字只是一个阶段的句号，也是新阶段的序章。

感谢我的博士生导师罗豪才老师和沈岿老师。转眼间，罗老师离开我们已经五年，可我还常常想起在罗老师身边学习的日子。我们是罗老师亲自授课的最后一届。罗老师每周五上午整整半天，与我们讨论软法的方方面面，如今想来何其珍贵。罗老师教导我如何治学，也教导我如何为人；教导我好好学习，也叮嘱我好好生活；让我更努力，也让我更平和，对我的无数关心帮助与言传身教都让我受益终身。感谢沈老师，沈老师对我的博士论文选题、结构、内容等耐心指点、悉心教导；对我的学术研究道路时刻关怀、长远规划、细致指导，给予我无限的鼓励与帮助。从沈老师的身上，我不仅学习到知识和方法，更学习到治学的严谨与认真的态度，还学习到承担社会责任的担当。

感谢导师组姜明安、王锡锌、湛中乐、王磊、陈端洪和甘超英老师对我的悉心教导与耐心栽培，老师们的谆谆教诲是我一生的财富。感谢我在澳大利亚新南威尔士大学联合培养的导师 Mark Aronson 和 Greg Weeks 教授，那时他们每周二上午都聚在 Aronson 老师的办公室，讨论我上一周的英文写作和研究成果。

感谢我在南开大学的老师宋华琳教授和傅士成教授。宋老师在本科时就带我读书，指导我翻译，鼓励我写作，引领我进入学术研究的殿堂。十几年来，宋老师对我时时关心与督促，篇篇文章指导与修改，点点滴滴传授与教导，为了培养我费尽心血。傅老师也是从本科开始就指导我，在我的成长道路上一直扮演着关键的领路人角色，倾尽心力栽培。感谢宪法学与行政法学教研室阎尔宝、屠振宇、李晓兵、李蕊佚老师长期以来对我的支持和帮助，感谢人权研究中心常健、唐颖侠等老师对我的指导和鼓励。

在我多年的求学和工作中，有幸得到许多渊博宽厚的师长的指导、志同道合的学友的扶持，内心充满感恩。尤其感谢朱芒、何海波、李洪雷、王贵松、罗智敏、张红、赵宏、陈越峰、毕洪海、成协中、彭錞、卢超、刘权、苏宇、谭冰霖、徐维、周强、陈国栋、杨尚东、高俊杰、卢永琦、胡玉桃、俞祺等师友对我提供的无私帮助。

　　本书的部分章节先后为《行政法学研究》《华东政法大学学报》《现代法学》《学习与实践》《人权研究》《浙江学刊》《财经法学》《人权》所刊发，在此对相关期刊与编审老师表达诚挚感谢。本书有幸入选中国法制出版社"青蓝文库"出版计划，感谢马颖老师的信任与王雯汀老师辛勤、专业的工作。

　　感谢我的父母、公婆、爱人和女儿，感谢他们永远无条件的爱。

　　最后，谨以此书致敬罗老师，再次深深怀念恩师。

2023 年 8 月 11 日
于南开大学法学院

图书在版编目（CIP）数据

人权责任的分担与合作 / 王瑞雪著 .—北京：中国法制出版社，2023.12

（青蓝文库）

ISBN 978-7-5216-4000-7

Ⅰ. ①人… Ⅱ. ①王… Ⅲ. ①人权—研究 Ⅳ. ①D082

中国国家版本馆CIP数据核字（2023）第251127号

| 策划编辑 马颖 王雯汀 | 责任编辑 王雯汀 | 封面设计 蒋怡 |

人权责任的分担与合作
RENQUAN ZEREN DE FENDAN YU HEZUO

著 者 / 王瑞雪
经 销 / 新华书店
印 刷 / 河北华商印刷有限公司
开 本 / 710毫米×1000毫米 16开
印 张 / 15
字 数 / 227千

版次：2023年12月第1版 / 2023年12月第1次印刷
书号：ISBN 978-7-5216-4000-7　　　　　　　　　　　定价：59.00元

北京市西城区西便门西里甲16号西便门办公区
邮政编码：100053　　　　　　　　　　　传真：010-63141600
网址：http://www.zgfzs.com　　　　　编辑部电话：010-63141824
市场营销部电话：010-63141612　　　邮购部电话：010-63141606

（如有印装质量问题，请与本社印务部联系。）